契丹学研究

第一辑

任爱君　主编

创于1897　商务印书馆
The Commercial Press

2019年·北京

图书在版编目（CIP）数据

契丹学研究. 第1辑 / 任爱君主编. — 北京：商务印书馆，2019
ISBN 978-7-100-17182-3

Ⅰ.①契… Ⅱ.①任… Ⅲ.①契丹－民族历史－中国－文集②契丹－民族文化－中国－文集 Ⅳ.①K289-53

中国版本图书馆CIP数据核字（2019）第043948号

契丹学研究
第一辑

任爱君　主编

商 务 印 书 馆 出 版
（北京王府井大街36号　邮政编码 100710）
商 务 印 书 馆 发 行
三河市尚艺印装有限公司印刷
ISBN 978 - 7 - 100 - 17182 - 3

2019年6月第1版　　　开本 710×1000　1/16
2019年6月第1次印刷　　印张 19 3/4

定价：78.00 元

发刊词

　　《契丹学研究》是目前首部以专门研究契丹辽文化及其资源转化为主的学术集刊，是辽史学界及辽代考古与契丹文字研究的一块亮丽园地。

　　内蒙古赤峰地区是契丹民族的发祥地，也是 10 至 12 世纪契丹辽王朝历史发展的策源地和根据地，在古代"丝绸之路"上占有重要地位。辽代的首都上京和中京以及辽祖陵、怀陵、永庆陵、永兴陵、永福陵等帝王陵墓都集中分布在赤峰地区。现在由赤峰学院契丹辽文化研究院主持发起这项旨在推动学术研究和学科建设的发轫之作，实属兼具天时、地利、人和诸方面的便利条件。

　　集中力量编撰和出版这样一部汇聚契丹辽文化及其相关研究的专门化程度较高、学术性很强的集刊，无疑也是当前学界所期盼的一项"善举"和一段佳话！值此出版发行之际，诚心希望：一是集刊的编撰出版者们深刻体会习近平同志《在哲学社会科学工作座谈会上的讲话》精神，要秉持务真求实的精神，坚决捍卫学术的纯洁性和严肃性，将这份艰苦的服务工作坚韧不拔地干下去。成绩就是干出来的。要始终秉持"不忘初心，牢记使命"的信念，使《契丹学研究》真正发展成为值得学界恒久纪念的"功德"，为构建中国特色哲学社会科学体系的使命不懈奋斗！二是诚心呼吁学界前辈和同仁们，应该像关心自己的事业一样，来共同呵护和帮助《契丹学研究》这株幼苗的成长，要踊跃向集刊提供高质量的稿件，并共同期盼它能够成为学界同仁集体的"庇荫"。因为，这也是我们的共同愿望！

刘凤翥

2018 年 10 月 25 日

目　录

文献资料研究

语言文字

学术动态

历史与文化

契丹、沙子里、托克马克与怒江
——历史上的契丹及契丹人 *

任爱君（赤峰学院历史文化学院）

契丹，是一个历史悠久的古代民族，是古代北方民族历史发展序列中的重要一员。契丹人的历史，是中华民族历史发展过程中不可缺少的重要组成部分，是中华民族大一统发展历程中的关键阶段。

契丹，不仅是一个古代曾经存在过的民族名称，也是中古史曾经存在过的一个强大的割据政权的名称，同时还是一个迄今仍在发挥着独特作用的、专门指称古代或当代地域的特有名词。说它是一个特有的名词，是因为迄今为止"契丹"一词，已经在各种文献中表现为四种基本形式，即 Kitan，Kitay，Katay，Katan。第一种形式 Kitan 是汉文、藏文和突厥文对契丹译名的转写，反映的是一个单数的形式；第二种形式 Kitay 是通过突厥语、拉丁文或俄文的转写，是用来对那时与现今"中国"的特指；第三种形式 Katay 是元代来华的基督教教士们采用的译写方式，是对契丹统治区域的专指；第四种形式 Katan 是个混合形式，仅见于北西伯利亚的某些方言，如芬兰—乌戈尔语的转写，用来指称当地的鞑靼人。一个固有的"契丹"语词或名号，实际上包含三重意义，即用来指称民族或人群的名称、用来指称固有的政权名称和专门用来指称固有的地域名称。这最后一种特指地域的名称的作用，即包含了对于固定的地域或国度的特指的意义，如俄语用它来称呼中国，还有

* 本文系"内蒙古自治区契丹—辽文化产业创新人才团队"基金项目成果。

植物学界也用它来命名一些与中国有关的植物品种。如 1954 年在广西临桂宛田圩村附近的原始森林 —— 花坪林区发现的一种杉树的新品种，就被植物学家用拉丁文命名为 *Cathaya Argyrophylla*，汉语名是"银杉"，但拉丁文的命名直译为"契丹的叶片是银色的"，或"契丹树"。[①]

　　因此，关于契丹人的历史及其作用和影响，值得学界深入探讨。

一、契丹史概说

（一）契丹人的历史

　　契丹人是对古代阿尔泰语系东胡族群历史文化的延续与传承，也是对于盛唐瓦解后的唐朝文化的延续和发展。契丹或契丹人的历史名号，最早出现于 4 世纪后半期。342 年前后，占据老哈河流域的盛极一时的宇文鲜卑部落，由于遭到占据辽西地区的慕容鲜卑部落的袭击，多数部众成为慕容部的属民，其残余势力遂逃匿于松漠之中。松漠，是北朝时期出现的地理名词，概指今大兴安岭西段以南、燕山山脉以东、努鲁儿虎山系以北、松辽平原以西的广阔区域。这是一处三面环山的半封闭地带，据文献记载："登高遥望，平林漠漠"，属于拥有稀疏森林景观的丘陵草原地貌，故名为松漠。当时，生活在松漠地域内的宇文部残余人口，至 4 世纪末已形成一支部落联合体 —— 库莫奚部落集团。388 年，北魏政权将军事攻击的矛头指向库莫奚。北魏军队取道滦源（今内蒙古锡林郭勒盟正蓝旗境内的闪电河流域）东进，击败库莫奚于饶乐水（今内蒙古赤峰西拉木伦河上游）南，俘获其四部落及牲畜百余万头；又挥师追击，但在饶乐水北遭到库莫奚部落的伏击，惨败而归。[②]这次战争，对于北魏政权是个教训，对于松漠诸部落却是具有标志性的历史事件。据《魏书》记载，登国三年（388）饶乐水之战，使契丹与库莫奚"分

---

① 刘凤：《南国的契丹树》，见刘凤：《植物名字的故事》，人民邮电出版社 2013 年版，第 91—94 页。
② 参见《魏书》卷二《太祖纪》，中华书局 1974 年版，第 22 页。

背"，双方从此走上各自独立的发展道路。① 这是契丹人历史的开端。

因此，根据文献的记载，契丹部落主要来源于宇文部，而宇文部又是1世纪以后，自阴山附近东迁至饶乐水及徒河流域的鲜卑部落。据出土的辽朝皇族出身的《耶律羽之墓志铭》记载：

其先宗分佶首，派出石槐，历汉魏隋唐以来，世为君长。②

现有关于鲜卑以及契丹早期历史的考古学资料，同样表明契丹人的历史文化传统延续了早期鲜卑文化的发展脉络。③ 但是，同时还应该注意到宇文鲜卑与阴山地带深刻的渊源关系，故在今内蒙古自治区中、南部发现的众多鲜卑考古文化遗存中，也可以看到其中某些因素与契丹早期文化极为相似的基本特征，而且这些特征甚至在拓跋鲜卑平城时代的一些遗物中也同样存在。这是由鲜卑文化共同性所决定的，绝非成为否定宇文鲜卑传统的有力证据，这是不可以混淆的基本事实。④ 鲜卑部落是古代东胡族系重要的一员，契丹文化对鲜卑文化的继承可以视为对于东胡族系文化传统的延续，譬如崇山拜日的习惯，不仅契丹部落保留下来，甚至还传承到蒙古等其他族系的风俗习惯中。因此，鲜卑人的历史和契丹人的历史以及蒙古人的历史，具有极大的共同性，学界同仁对相互间历史线索的探查可以做出勘验比证的尝试。契丹人和鲜卑人共同存在的"放偷日"习俗，就是对此最好的证明。"两翼制"（欧美学界称为"双王制"）是阿尔泰语系诸民族政治统治的传统，契丹人也不例外，蒙古人也是如此。因此，契丹人的存在和发展，客观上是对于古代阿尔泰语系东胡族群文化发展的传续，并为成吉思汗统一蒙古各部奠定

① 《魏书》卷一〇〇《契丹》，第2223页。
② 《耶律羽之墓志铭》，转引自盖之庸：《内蒙古辽代石刻文研究》，内蒙古大学出版社2002年版，第2页。
③ 张柏忠：《哲里木盟发现的鲜卑遗存》，《文物》1981年第2期；张柏忠：《科左后旗胡斯淖契丹墓》，《文物》1983年第9期；张柏忠：《内蒙古哲里木盟发现的几座契丹墓》，《考古》1984年第2期；张柏忠：《契丹早期文化探索》，《考古》1984年第2期。
④ 田立坤：《鲜卑文化源流的考古学考察》，见吉林大学考古系编：《青果集》，知识出版社1998年版，第361—367页。

了坚实的基础。这是一个承上启下的重要阶段。

不仅如此，契丹人在"因俗而治"的前提下，还将盛唐文化继承下来。以考古学发现为例，予以说明，像拥有巨大石室的耶律羽之墓葬和具有浓郁唐风壁画装饰的早期墓葬，还有在阿鲁科尔沁旗发现的水泉辽墓、宝山辽墓，以及赤峰市松山区境内发现的驸马赠卫国王墓葬等。1996 年，北京大学著名考古学家、历史学家宿白教授考察宣化下八里辽代墓群后，曾经指出：宣化下八里辽代张姓家族墓地，仍然沿用唐人习见的"五音五行"的安葬方法（即昭穆葬法），甚至其墓葬形制、壁画内容和随葬器物大部分都可以追踪它的唐代渊源：

> 还有 M2、M5、M10 三座墓室顶部绘画天象图，由内二十八宿、外十二宫，或者内十二宫、外二十八宿组成，外围都还布置一匝十二时；这样的图像，正可和晚唐五代墓室顶天象之下的四壁上安排的十二时形象相衔接。综此，宣化张家墓地所提供的情况，更形象地表达了在契丹统治下的汉人生活仍沿陷辽以前之旧，他们较同时期的居于中原的北宋人家更多地保有胜朝遗风。①

其实，这也正是置于中华民族历史大背景下的契丹辽文化的一大特征，是在不放弃自我的前提下，又整合与继承了唐朝文化根基的鲜明体现。

（二）契丹人的历史贡献

契丹人的历史贡献，第一是封建政治体制的创新。当燕云十六州纳入版图后，辽太宗将行政管理职责完全托付于投奔而来的汉族官员，保留了燕云地区既有的社会组织与管理方式。同时，又宣布将契丹国号更改为"大辽"，皇都更名为上京临潢府，改南京东平府为东京辽阳府，升幽州为南京幽都府，改年号为会同等。所谓"蕃汉分治"，其实就是将南、北两种政治体制

---

① 宿白：《宣化考古三题》，见宿白：《魏晋南北朝唐宋考古文稿辑丛》，文物出版社 2011 年版，第 183—184 页。

兼容并蓄。南方的政治体制即农耕社会的封建管理方式，北方的政治体制即游牧社会的封建管理方式。将原本两种对立交争不已的政治形态纳入一个统一的管理框架内，这就是体制创新的一种尝试，并进而形成辽朝独有的南、北面官制度。这是辽朝"蕃汉分治"或"因俗而治"的基本内容。分治暂时缓和了农耕民族与游牧民族之间的对立态势，有利于稳定和发展，成为以后南、北政治合流的基础。

第二是基于"分治"基础上的南、北方政治体制的合流。所谓南、北方政治体制的合流，即契丹皇帝兼具皇帝的威仪和可汗的身份，而且在体制创新的基础上，影响后世行政区划体制的演变，即省制的形成。同时，辽朝的建立，还深刻地改变了古代的政治结构以及诸割据政权间平行交叉的政治边际关系、各自内部的社会组织结构的错位变动，尤其是政治边际关系的变化，如长城失去政治分界线的作用，而燕云以南及黄河西岸成为新的政治分界线。这种现象，势必会引起各自内部经济结构的变化，如契丹本土游牧经济与农业经济的兼容，中原地区经济生产重心的南移。由经济结构的变化，刺激和改变着现实观念系统的变革。宋人洪迈在《容斋随笔》中慨叹：

> 南人不信北方有千人之帐，北人不信南人有万斛之舟，盖土俗然也。今无碍矣！ [1]

风俗是由社会诸阶层共同创造的文化的整体。"风"是上层引导的现象，"俗"是民间自发形成的主要形态。因此，高度根植于风俗基础上的社会观念形态，既是对自身生活经验的总结，也是最为顽固的存在，又是最容易被认知的具有典型意义的外在表现。当辽、宋双方对峙之际，只有文化这种无形的东西悄悄地发生着浸润。伴随着双方在文化上的沟通，逐渐形成打破地理环境、生活方式与民族限制的更高层面的群体认同意识。

---

[1] （宋）洪迈：《容斋随笔》卷九，上海古籍出版社 1978 年版。

第三是契丹人的宗教信仰传统，既有类似萨满教的原始宗教形态，也有来自中原的道教，来自中原、来自西域的佛教，来自中亚的摩尼教和聂思脱里教派（即也里可温，又名景教）等。因此，辽朝境内各民族的宗教信仰，处于自由选择的发展状态，如辽承天皇太后与辽圣宗母子信奉佛教，而辽圣宗之弟耶律隆祐却独好道教。虽然，目前尚未发现契丹人信仰聂思脱里教派的证据，但辽朝境内已经存在聂思脱里派教徒却是不争的事实。契丹人的宗教世界观反衬着他们对社会与现实生活的态度。947年春，耶律德光在开封城郊外，听到杜鹃的鸣叫，就询问随从这是何鸟。随从答曰杜鹃，并引用杜甫的诗句予以说明。谁知耶律德光闻曰：

> 许大世界，一个飞禽，任其拣选。要生处便生，不生处种也无！此即佛经所云观自在也。①

契丹人凭借内心的"自在"感觉来选择生活。他们将原本分立的佛教两大宗派显宗（即禅宗）与密宗兼收并蓄，倡导相互融通。辽圣宗调动国家力量编刻《大藏经》，辽道宗精研华严经典并亲自撰写修习精要《华严经随品赞》10卷；辽僧希麟在继承唐朝佛学成果的基础上撰写一部工具书《续一切经音义》，行均则撰写一部学习佛经的字书《龙龛手镜》等。

在这种相对豪放的情怀感染下，契丹科学技术也得到迅速发展。契丹人在吸收中原历法和天文学知识的基础上，发展出自身的历法和天文学观念。这在河北宣化下八里辽墓壁画中已有体现。北宋名臣苏辙出使契丹时，曾因冬至节气的推算而与契丹人交流，发现并纠正了北宋历法的错误。耶律俨还对古代的星命之学予以研究，完成一篇流传至今的星命之学总论，即《星命总括·序》。契丹人的纪年方式，不仅继承了中原以天干地支纪年法，还保留和传承了北方游牧民族以五行与十二生肖相搭配的五行纪年法。契丹

---

① （宋）陶谷撰：《清异录》卷上。

人掌握了中原地区先进的土木建筑技术与城市规划，不仅引进和出现了花园
式的庭院建筑模式，还出现了比较先进的城厢结合的引领城市建筑的新潮
流。契丹人的宫殿建筑技术，既保留与传承了古代中原的南北纵向中轴的建
筑布局传统，也保留和传承了游牧民族习惯的方位观与东方定向的传统理
念。科学技术的发展在辽朝同样大放异彩，史书记载中许多的精绝技术及其
产品，真实的样品许多都发现于辽朝故地。例如"花罗透背"、"细锦透背
合线绫"等纺织精品，在乌兰察布豪欠营辽墓的发现中，提供了这些丝织品
具体的纹样风格。据史料记载，商人贩运辽朝生产的"蕃罗"至中原，一出
手即是"奇货"。但这种"蕃罗"，直到豪欠营辽墓发掘之后，人们才有幸
目睹其实物：

> 在女尸身上只有一件轻罗衫，质薄透明，在现在各种最轻薄的丝织
> 品中，没有一种能与它作比较的。

这件轻罗薄衫，正是"花罗透背"或"细绢透背"系列的样品。质料一
流，应是当年奇货可居的"蕃罗"①。这是当时辽朝在充分学习中原技术的基
础上，生产出来的具有辽朝特色的丝织品。宋朝《营造法式》记载了当时先
进的木作、石作建筑技术，但"九脊小帐"的样品普遍地发现于辽墓。

（三）契丹人对周边地区造成的历史影响

1. 五代以及北宋时期"契丹样"流传中原

后汉天福十二年（947），大臣奏请禁止境内流行的"契丹样装服"。何
谓"契丹样"？即由契丹本土制造的产品式样。其原文曰：

> 臣伏见天下鞍辔器械，并取契丹样装饰，以为美好。安有中国之

---

① 王丹华：《契丹女尸的丝织品》，见乌兰察布盟文物工作站、内蒙古文物工作队编：《契丹女尸 ——豪欠
营辽墓清理与研究》，内蒙古人民出版社 1985 年版，第 78 页。

人，反效戎虏之俗？请下明诏毁弃，须依汉境旧仪。[1]

这里所谓"并取契丹样装饰以为美好"，说的就是时尚。这句话有两重含义：一是以购买契丹样产品为时尚，二是盛行制造效仿契丹式样的产品。说明在"鞍辔器械"等方面的制造技术，契丹领先于当时的中原地区。但根据文献记载，最早对契丹物产表现出抵触与防范心理者，应是高丽王朝的建立者王建。史称：王建临终遗嘱的第四件事，即：

> 契丹是禽兽之国，风俗不同，言语亦异，衣冠制度，慎勿效焉。[2]

此后，"契丹样"产品，仍然影响着中原地区的日常生活，并时常妨碍到中原封建社会政治秩序的安稳。北宋时期，将契丹人生产的镔铁刀、鞍具（即后汉时期感到麻烦的"鞍辔器械"一类）等誉为"天下第一"。宋朝也为此不断地发布禁令，甚至明确规定不许出入境的产品范围。但是，"契丹样"仍然不断地影响着宋朝的社会生活。譬如宋人还将契丹人生产的"蕃罗"视为奇货，甚至连当时的高丽王朝也将契丹人生产的丝织品誉为"丹丝"，而倍加珍视。北宋朝廷为此曾屡次下诏禁止"契丹样"装服，如庆历八年（1048）诏令：

> 诏禁士庶效契丹服及乘骑鞍辔、妇人衣铜绿兔褐之类。[3]

契丹人的产品及其习俗习惯，已如风雨般洒落至周围地区，这是政治强制手段也无法解决的问题。宋徽宗也曾数次诏令禁止境内百姓人等穿用契丹

---

[1] （汉）许敬迁：《请禁断契丹样装服奏》，见（清）董诰：《全唐文》卷八五四，中华书局1983年版，第3973页。

[2] 郑麟趾：《高丽史》卷二《世家（二）》，人民出版社、西南师范大学出版社2014年版，第43页。

[3] 《宋史》卷一五三《舆服志五》，中华书局1977年版，第3576页。

样服装，如头戴毡笠或妇女穿吊墩裤等。但每次禁令颁布之后，不是出现新的风尚，就是被禁止的东西又悄然兴起。如汴梁城流行的时尚发式，有"大鬓方额"、"急扎垂肩"、"云尖巧额，鬓撑金凤"等。朝廷要禁断的物品，除"契丹样"的服饰外，还有契丹歌舞与民谣。甚至在两宋及金元之际，契丹歌舞仍然是当时的时尚品牌。北宋王安石曾经留下"涿州沙上饮盘桓，看舞春风小契丹"的佳句；南宋范致能也讴歌"休舞银貂小契丹"的曲词；"小契丹"已经成为辽朝歌舞的品牌性标志。元朝诗人张翥又以简练的诗句，为后人描摹了一副"老契丹"的典型样貌："遮头犹戴狐皮帽，好个侬家老契丹。"

这些，已经形成一种比较突出的历史文化现象，而"契丹样"也正是契丹文化特点的直接物化的表现形式。

值得注意的是，北宋时期由北方草原地区传入的契丹文化信息，在当今长江以南地区的考古发现中，也偶有表现。如湖南省新邵一座券顶圆拱砖室墓发现的一组北宋时期壁画，共有各种动物与人物图案40余幅；其中，既有三条腿的黑鸟，也有墓主人的肖像，"头戴黑色纱巾，身着黑色服饰。在其左右两侧，各站立着一位官员；在他的头部上方，两只凤凰高低盘旋、尽情嬉戏，一只凶猛的鹰在翘首张望"，"这些壁画是用赭色、黑色颜料在白色的墙面上描绘而成。据专家介绍，这些北宋墓室壁画带有北方壁画风格，有可能是古代北方人迁徙到此，在此定居后精心绘制的"。① 新邵古墓蕴含的文化信息还有待进一步的考证，但壁画内容显示的北方文化信息，无疑与当时契丹文化传播存在密切的联系。

2. 宣示大一统意识，主动强化和凝固民族的政治向心力

契丹人建国之初，耶律阿保机就诏令立孔庙予以奉祀。天赞三年（924），阿保机大举征伐漠北诸部之际，又诏令扈从官兵：

> 取金河水，凿乌山石，辇至潢河、木叶山，以示山川朝海宗岳之意。②

---

① 龙军、禹爱华：《湖南新邵古墓中发现罕见北宋壁画》，《光明日报》2009年11月7日。
② 《辽史》卷二《太祖纪下》，中华书局1974年版，第20页。

这样做的目的，表露出契丹统治者的王者风范及其欲成就不世之功的政治梦想。所谓取水凿石都发生在漠北地区，阿保机此举目的十分明显，就是以此昭示契丹政权对漠北草原部落的宗主权（领属关系），宣示漠北与契丹草原的密切联系。因此，直到辽朝灭亡，漠北都与契丹人保持着非同一般的宗属关系。

除此以外，契丹人在参考回鹘文字制定契丹小字的时候，也没有采取回鹘文那种简单易学的拼音形式，而是一如契丹大字那样依然采用类似汉字的方块字形式。虽然已经不能推测其初始制作的根本目的，但其客观影响却是直接引领了后世一些少数民族文字的制作方式，如西夏文字、女真文字以及蒙古八思巴文，都是舍易（拼音文字）取难（方块字）地采用了类似汉字的造字方法。

938 年，辽太宗耶律德光接受后晋君臣册奉的"睿文神武法天启运明德章信至道广敬昭孝嗣圣皇帝"的尊号，并诏令改契丹国号为"大辽"，标志契丹统治者已经按照中原王朝的传统做法，将自己的统治身份主动调整到与历代中原封建王朝对等的政治地位。史载，辽道宗时，侍臣为其讲史读书，读至有"夷狄"字样之文时，侍臣不敢继续读下去。此时，道宗则曰："上世薰鬻、獫狁荡无礼法，故谓之'夷'。吾修文物，彬彬不异中华，何嫌之有？"卒令读之。这是拥有何等的政治自信与身份的自信！契丹人自称为"中国"的一员，故与北宋互称为"南朝"和"北朝"。

由契丹历史所体现的这种自主趋同意识，不但深刻地影响了辽朝自身的历史发展，同时也影响和引导了周边地区其他民族历史的发展。如 11 世纪中期出现的西夏王朝，即在契丹与北宋提出"南朝、北朝"概念的前提下，也向契丹及北宋提出自称"西朝"的主张。结果是契丹平静地接受了党项的主张，而北宋却对党项"西朝"的提法颇为反感，甚至连"北朝"都不愿承认。这也是趋同意识发生与发展的必然过程。事实上，由契丹、北宋与西夏构成的鼎足局面，以及由这种局面引申而来的"南朝、北朝、西朝"观念的形成，始作俑者是契丹，而鼎立局面的主导者也是契丹。

不仅如此，在契丹的这种趋同意识的引导下，北方草原普遍产生与存在着趋同意识的具体反映。如 11 世纪在中亚确立统治地位的三个由突厥人建立的王朝，即喀喇汗王朝、哥疾宁王朝和塞尔柱王朝，是在彻底推翻古伊朗语族对中亚长期统治的基础上，确立阿尔泰语族在中亚的统治地位。其中，喀喇汗王朝是在中亚唐朝统治范围内建立的地方政权。喀喇汗王朝的首领，一方面自称是来自波斯的"额弗拉昔雅卜王家"，以争取大量存在的伊朗语族部族的支持，并主动信奉伊斯兰教；另一方面仍然采取阿尔泰语系民族固有的政治制度，实行双王制。契丹自耶律阿保机 907 年夺取汗位并建立专制政权后，即与波斯、大食有着不间断的往来关系。所谓波斯，一说指古代伊朗的萨曼王朝；大食，指古代突厥人建立的哥疾宁王朝（又名伽色尼王朝）。当 999 年，萨曼王朝被喀喇汗王朝和哥疾宁王朝瓜分、灭亡之后，喀喇汗王朝与哥疾宁王朝成为中亚地区的主宰。据博斯沃思揭示的古代阿拉伯史料：伊斯兰教历 327 年（939），有一位生活在萨曼王朝境内的尼沙不儿人，竟然引导中国使团来到河中，给萨曼王纳斯尔二世带来了中国皇帝的书信，书信要求萨曼王朝必须缴纳此前二十七年中欠缴的贡赋。阿拉伯著名旅行家米撒儿在其行纪中也记载：941 年，他本人曾随国王喀林·伊本·沙给尔派至萨曼王朝的和亲使团，返归中国。[1]这些，都是 10 世纪中期中亚与中国交往的模糊记载。据《辽史》记载，辽圣宗开泰九年（1020）十月"壬寅，大食国遣使进象及方物，为子册割请婚"；同卷续云，太平元年（1021）"是月，大食国王复遣使请婚，封王子班郎君胡思里女可老为公主，嫁之"[2]。或云王子册割，即喀喇汗王朝卡迪尔汗之子察格里特勤。[3]但据阿拉伯人马卫集的记载：1027 年，辽朝皇帝曾致书哥疾宁王朝素丹马合木云：

---

① 《伊本·穆哈利尔游纪》摘录，见〔英〕H. 裕尔撰，〔法〕H. 考迪埃修订，张绪山译：《东域纪程录丛》，云南人民出版社 2002 年版，第 216—219 页。
② 《辽史》卷一六《圣宗纪（七）》，第 188—189 页。
③ 胡小鹏：《辽可老公主出嫁"大食"史实考辨》，《西北师大学报》1995 年第 6 期。

世上凡能视听，无不求与朕为友。附近诸国王，朕之侄辈，皆时遣使来，表奏贡礼，不绝于途。惟卿迄今未曾朝贡。……普天下唯朕最尊，卿当事朕以礼。……今有贵主下嫁于喀的儿汗之子察格里特勤，故命喀的儿汗开通道路，庶几此后聘使往返无碍。[1]

应该说，自 10 世纪前期至 11 世纪前期，立国于中亚地区的喀喇汗王朝和哥疾宁王朝，无论是出于经济联系还是政治目的，它们与辽朝政权的交往与联系日益密切。

伊斯兰教历 423 年（1031—1032），喀喇汗王朝西支的阿里特勤遂自称："桃花石·布格拉·喀喇·汗"。"桃花石"即"中国"的意思，"布格拉"即公驼，"喀喇"即"普遍的伟大"的意思。伊斯兰教历 433 年（1041—1042）喀喇汗王朝分裂为东、西两支，西支首领不再承认喀喇汗王的宗主地位，自称桃花石汗或"东方与秦之主"（或译为"东方与中国之秦丹"）。关于"秦"的含义，据马赫穆德·喀什噶里于 1077 年撰写的《突厥语大辞典》释义，"秦"共包含三个组成部分，即桃花石（宋国，即宋朝）、契丹（辽朝）和喀喇汗国。也就是说，"桃花石"与"秦"都是指中国，但两者的含义或范围略有区别。毫无疑义，喀喇汗王朝首领名号的变异，同样体现出共同确认"中国"的意蕴。由此而言，这正是基于民族融合基础上的趋同意识发展与传播的结果。无独有偶，甚至偏处朝鲜半岛的高句丽政权，此时也主动地自称为"东朝"，主观上都想纳入到这个潮流汹涌的趋同发展行列中来。

二、沙子里、托克马克和怒江

（一）梁王雅里在沙子里建立后辽政权

1101 年，辽朝末主耶律延禧即位，史称辽天祚帝。由于其本人的昏庸

---

[1]　胡锦州、田卫疆译：《马卫集论中国》，《中亚研究资料》增刊《中亚民族历史译丛》，新疆社会科学院中亚研究所 1985 年版。

以及统治集团连续不断的内讧，使盛极一时的大辽王朝走向衰落。天庆三年（1113），原本臣属辽朝的生女真部落，在首领完颜阿骨打的率领下，向辽朝发动进攻，势如破竹，至 1122 年契丹本土（即辽朝上京、中京、东京及其周边）全部丧失。天祚帝惊慌失措，率领禁卫军北遁阴山附近。

保大二年（1122）三月，留守南京（今北京市）的辽朝皇族近属、秦晋国王耶律淳，在南京留守官员的拥戴下，自称天锡皇帝，定都南京城，改元建福元年，黜封天祚帝为湘阴王，遂据有燕、云、平及上京、中京、辽西六路，以此作为复兴的基地。历史上将耶律淳建立的这个政权称为北辽。

北辽是由部分契丹贵族、联合燕云汉族豪强以及奚族贵族势力共同建立的政权，试图取代天祚帝，恢复或维持辽朝原有的统治局面。但北辽政权的建立，立即遭到天祚帝控制的漠北势力以及金军、北宋的三面威胁。六月，耶律淳病死，北辽集团内部分裂。至十一月，耶律淳妃萧氏率契丹兵马入中北投天祚帝而去，奚族贵族返回故地（今河北省东部）恢复奚王统治，汉族豪强则独守南京城（次年即献城降金），北辽集团遂分崩离析。应该说，北辽政权是辽朝末年政权恢复活动的开端，目的是拯救危亡、挽狂澜于既倒，但统治集团内部矛盾使其根本无所作为，没有获得丝毫施展的空间。

保大三年（1123）四月，天祚帝战败于青冢（今内蒙古呼和浩特市南），遂西奔云内州（今内蒙古托克托县东北）境内；五月乙卯，天祚帝准备接受西夏的邀请，渡河入西夏，结果遭到部分扈从官兵的反对。军将耶律敌烈、特母哥等拥护梁王雅里脱离天祚帝，北奔漠北以图恢复辽朝。梁王雅里，为天祚帝第二子，字撒鸾。因不满天祚帝末年朝政，遂率领部分将官、随从等，北走沙岭，至漠北地名为沙子里的地方，自立为帝，改元神历元年，史称后辽。雅里以耶律敌烈为枢密使、特母哥为枢密副使，此时戍守漠北地区的乌古部节度使纠哲、迭烈部统军挞不也及都监突里不等各率所部来归，后辽政权呈现出恢复的迹象。但不久，因受到天祚帝北上和金军追击的影响，后辽发生内讧。枢密使敌烈怀疑西北路招讨使萧纠里"荧惑众心，志有不臣"，将萧纠里父子处死。但继任西北路招讨使的遥设，又在与周边不附诸部的交战中失利，雅里本人又因猎致疾，病殁，后辽局势岌岌可危。敌烈等遂拥立兴宗之孙术烈为主，未及一月，发生军士哗变，术烈死于乱军之中，后辽政权灭亡。其灭亡时间，即保大三年十一月。

后辽存在时间十分短暂，它和北辽一样，都是在辽朝灭亡前夕出现的契丹恢复政权，但又都先于辽朝而灭亡。这说明当时辽朝在大漠南北，还具有比较深厚的社会基础。辽朝二百余年的统治根深蒂固，甚至在辽朝灭亡以后，仍保留了相当长的历史存在。如漠北鞑靼诸部，在金朝建立之后相当长的时间内，宁愿作为西辽政权的东面屏障，也持拒与金朝合作的态度。这也说明，辽朝灭亡后，大量的契丹人口退缩到漠北草原地区，而后辽也有可能保留部分人口于漠北沙子里。

但存留于漠北地区的契丹人口，除一部分随从耶律大石西征而去外，当地仍会留存相当数量的契丹人口，这也成为辽亡以后部分契丹人向北汇聚的核心。正如陈述先生《大辽瓦解以后的契丹人》所分析的那样：辽亡以后，曾有一部分以库烈儿为首的族群，向北迁徙，退出了金朝女真的统治范围。它们还保存着较多的契丹生活方式和部落组织形式，他们一直不肯依附于金朝，在成吉思汗时期却加入到蒙古方面，并成为金朝的劲敌。他们大约就退居于今大兴安岭以北的鄂嫩河至根河流域之间，甚至 12 世纪中期爆发的契丹撒八、窝斡大起义的残部，也都退居到这里。

在蒙古汗国及元朝初期，大量的契丹人包括远离金朝而退居北山的契丹人、被金朝安置在北疆的契丹诸乣以及伴随金朝深入燕云地区的契丹乣军等，都如涓流归海般地汇集到蒙古人的旗下，他们中的主体被编入蒙古人的军队，成为蒙古大汗东征西讨的有力工具，尤其那些退居北山的契丹人，更成为元朝著名"黑军"的核心构成。至 13 世纪末，伴随蒙古军事征服活动的结束，大部分的黑军也都被安置或驻守于各地，并逐渐与当地民众融合在一起。

但是，以沙子里或后辽子遗为主要构成的山北（或北山）契丹人，除大部分的中坚力量被征调为黑军，转战各地并最终留居戍守地外，在其原居地，仍保留着众多的人口。不仅如此，元朝初年的临潢地域（今巴林左旗林东镇），因为耶律留哥政权的关系，也聚居着数十万的契丹人口。随着明朝初年，南北方民族关系的错位变动，数目众多的北方民族人口被强行迁徙到江南安置，仍有大量的少数民族人口随北元一起，还居大漠。其中部分契丹人仍然保留了自己的生活方式与组织习惯，这大约就是清代达斡尔人的来历。金元时期的漠北契丹，应与雅里政权有着密切的关联。

（二）耶律大石在托克马克建立西辽政权

契丹及契丹人的历史具有强大的可延续性。这一点有充分的证据可以说明：当辽朝政权摇摇欲坠之际，就有一支契丹人在梁王雅里的率领下，从现今内蒙古自治区境内的阴山附近北上漠北草原，并与生活在那里的鞑靼等部族最终融合在一起（史料称为"不知所终"）。此后，还有一支契丹人，在大石林牙的率领下，迅速脱离覆亡在即的天祚帝集团，由阴山附近北入漠北草原腹地，相继得到白鞑靼部落，即留居漠北地区契丹人以及其他鞑靼部落的支持，稍作休整后即整军西进，途中又得到回鹘及东喀喇汗王朝的赞助与归附，并顺利进入八剌沙衮，即今吉尔吉斯斯坦托克马克附近。据说，此前还曾在西喀喇汗王朝的边境上，遇到滞留在那里的数万契丹人（史称一万六千帐）。从此，托克马克附近就成为大石林牙政权的中心，"八拉沙衮"被更名为"虎思斡鲁朵"，伊斯兰文献将之称为"哈喇契丹"（Kara Kitay），我国史书称为"西辽"。

1137年左右，西辽政权进入察赤（今乌兹别克斯坦境内的塔什干）、费尔干纳谷地，与西喀喇汗王朝发生冲突，结果西辽击败西喀喇汗王朝君主马赫穆德第二于忽毡（今塔吉克斯坦境内的苦盏）。1141年，归顺西辽政权的葛逻禄部落，遭到西喀喇汗王朝与塞尔柱苏丹桑贾尔的联合进攻，大石林牙率军救援并与塞尔柱王朝爆发历史上著名的"卡特万之战"，西辽军以少胜多，并攻克中亚重镇、西喀喇汗王朝的首都寻思干（今乌兹别克斯坦东南部撒马尔罕州的首府 —— 撒马尔罕，位于泽拉夫尚河谷地带），从此奠定了西辽在中亚的霸主地位。卡特万之战及其以后的客观效果：一是直接推动了

"长老约翰王传说"的形成。因为：

> 在撒麻耳干北面的卡特万草原（Qatwan steppe）大败马赫穆德和桑
> 贾尔联军。第二次东征的十字军获悉此次溃败的消息，而通常认为这就
> 是约翰长老（Prester John）传说产生的基础，这位传说中的东方基督教
> 国王为与塞尔柱人战争的十字军带来了迫切需要的援助。①

二是直接造就了西辽政权在中亚长达百年的特殊统治时期。因为：

> 西辽面临的任务非常不同。耶律氏及其部众在一个相当不同的人口
> 多数中只占少数。按照魏特夫的话说："一个有限的王室领地环绕着一
> 大群各色臣民，既有定居民也有游牧民。"哈喇契丹孤岛的传统和价值
> 是汉地和契丹传统的混合物，保持着契丹传统的耶律氏继承了千百年治
> 国安邦的传统及方法。②

　　客观地说，正是由于东、西方世界内涵的差异，使西方学界对于东方
的历史总是觉得不可思议。上述对于西辽政治体制的描述，其实契丹人就是
这样做的，而且是代表着当时的大众的共同心理呼应。大石林牙及其西辽政
权，将契丹辽文化的发展根基从东方的大海之滨植入到茫茫无际的中亚草原
地带，并又是一个百年的历程！1219 年，当它覆亡在蒙古西征的马蹄下后，
哈喇契丹的后裔在今伊朗西南部的克尔曼又建立了一个起儿漫王朝，被学界
称为"后西辽"政权，又持续近百年，直到 1306 年被伊儿汗国灭亡。

　　在契丹学研究领域享有盛名的博斯沃思教授也承认，在契丹辽朝灭亡之

---

① 《辉煌时代：公元 750 年至 15 世纪末——历史、社会和经济背景》，见〔塔吉克斯坦〕M. S. 阿西莫夫、
〔英〕C. E. 博斯沃思主编，华涛译：《中亚文明史》第四卷上，中国对外翻译出版公司 2010 年版，第
180 页。
② 《辉煌时代：公元 750 年至 15 世纪末——历史、社会和经济背景》，见〔塔吉克斯坦〕M. S. 阿西莫夫、
〔英〕C. E. 博斯沃思主编，华涛译：《中亚文明史》第四卷上，第 180—181 页。

后，契丹人很快又建立起来的第二个封建王朝——西辽，对于契丹与契丹
人历史的延续、作用和影响等产生深远意义。他认为：

> 在他们的第二个伟大政权哈喇契丹垮台之后的数百年中，在远达东
> 欧的各个散居之地，契丹人仍然能够保持某种程度的族裔认同。在沃古
> 尔人（Voguls）和奥斯加克人（Ostiaks）等西北西伯利亚人的英雄史诗
> 中都曾提到契丹人，而那里的河流名称也反映了他们的存在。作为部族
> 的名字，Kitan、Katay、Kitay 或者这些名字的各种变体，见于 17 世纪
> 居住在乌拉尔河以西的卡尔梅克人（Kalmuchs）中，也见于伏尔加地区
> 的巴斯吉尔人（Bashkirs / 巴只吉惕），甚至克里米亚（Crimea）的鞑靼
> 人。西面远达摩尔达维亚（Moldavia）的一些相应地名证明了早先契丹
> 群体的存在，而 13、14 世纪匈牙利编年史曾将契丹人定位在顿河沿岸。
> 但是，契丹力量的最持久印记就是他的名字"Caythay"，这是中国之名
> 的中世纪拉丁写法，仍保留在许多现代用法中，并且俄语中的"中国"
> 也是用的这个词。寻找传说中的 Cathay 是 15 和 16 世纪地理大发现的
> 主要动机。
>
> 契丹人的历史构成了世界历史上真正不寻常的一章。①

（三）怒江：契丹人南徙的政治余生

正如陈述先生在《大辽瓦解以后的契丹人》一文所分析的那样：

> 很多的契丹人，包括统治集团内外的，在不同的时期中，不同的条
> 件下，已经融合于汉人；很多的契丹人，由成吉思汗时期起直到清初，
> 在不同的情况下，融合于蒙古人；有些契丹人，主要是追随大石的，似
> 已融合于回鹘人（维吾尔人）；当然，在前后的时期中，也有不少的融

---

① 《辉煌时代：公元 750 年至 15 世纪末——历史、社会和经济背景》，见〔塔吉克斯坦〕M. S. 阿西莫夫、
〔英〕C. E. 博斯沃思主编，华涛译：《中亚文明史》第四卷上，第 183 页。

合于女真人（满人）；部分的契丹人，在投附蒙古的初期，由于转战高丽，留驻高丽，已经融合于现在的朝鲜人。相反地，在他们的历史过程中，或多或少的也会吸收过以上各方面的成分。

契丹人的大部分或者绝大多数的契丹人，确实像陈先生所分析的那样相继融合到与他们关系密切的其他民族之中。但是，像 D. 西诺尔所说："迄今在吉尔吉斯斯坦南部仍然生活着一支契丹部落"[①]，像陈述先生所说达斡尔是"直接承袭着契丹人的一部分"，还有孟志东先生调查的保山地区 15 万"本人"为契丹后裔一样，他们分别在世界的不同位置和不同地点，都代表着的"契丹人的余生"。

那么，在云南省以施甸为核心的怒江两岸曾经大量存在的契丹人，又是怎么来的呢？根据现有资料以及参考《元史》的相关记载，现在分布在保山市施甸县一带的契丹人的后裔，主要是来自于金代居住桓州境内的契丹人，其代表人物是元朝名臣——耶律阿海、耶律秃花兄弟及其家族，他们是较早投降蒙古的金朝契丹人，因此成为元朝黑军的重要将领，并以世袭方式世代管理黑军事务。

据说，现在云南保山市及施甸县已经聚集一批学者，开始认真研讨契丹后裔入住后的社会生活与组织形态。这无疑属于当今重要的"盛世修典"的行列，故衷心祈愿此项事业终成正果！并望早日揭示这些元代契丹人的"政治余生"。

三、契丹之于域外地区的历史存在及其影响

据冯恩学《俄国东西伯利亚与远东考古》所介绍，在俄罗斯外贝加尔地区发现的布尔霍图伊文化的墓葬中，存在着明显的火祭葬仪与独木棺葬具的

---

① 《契丹与哈喇契丹》，见〔塔吉克斯坦〕M. S. 阿西莫夫、〔英〕C. E. 博斯沃思主编，华涛译：《中亚文明史》第四卷上，第 179 页。

内容。"墓坑内的填土和覆盖的石头堆中，有零星的或成堆的木炭，有的还发现了完整的篝火的痕迹，里面还包含有烧焦了的动物骨骼和陶片。可见当时普遍流行用火烧墓穴，用火驱逐魔鬼。在封墓时又把一些祭祀品烧掉后一起埋入。在封石堆中有陶片。这些陶片被认为是在墓旁追悼死者的宴会后，把器物打碎埋入的。这种习俗与《辽史》中契丹人发丧时的'烧饭'葬仪相似。"而且，在布尔霍图伊文化墓葬的棺内，还见有使用羊皮包裹墓主或把墓主装入皮口袋的习俗。在呼伦贝尔市陈巴尔虎旗揭露的西乌珠尔墓葬中，也是独木棺葬具，头向北偏西，但是有陶器。带有细密篦纹的陶壶，具有契丹早期陶器的风格。①

同时，冯恩学还介绍了俄罗斯马金于1984年在贝加尔东南、黑龙江北岸发现的小乌里斯塔伊祭祀遗址。在该遗址自下而上的第三个文化层中，出土有北宋晚期的崇宁通宝钱币、两端宽展的S形铁马镳、铁质铲形箭头、水滴式耳环、带扣、唇下带两周附加泥条堆纹的筒形罐、高领的细密篦纹陶壶。其中，这件高领细密篦纹陶壶与西乌珠尔墓葬陶壶风格类似，带有明显的辽代陶壶的特征，属于辽代的遗物。而马镳的形式也是辽代常见的式样，但长体的S形马镳在金代时基本绝迹，所以该第3层的年代在辽代晚期到金代时期。②

据俄罗斯学者奥克拉德尼科夫1959年出版《希什基诺岩画 —— 贝加尔湖沿岸古代文化遗存》，在贝加尔湖流域勒拿河上游的希什基诺发现的岩画，包含有大量中世纪的内容，特别是辽代墓葬壁画的陆续发现，表明这些岩画"具有明显的辽代契丹文化的特点"。如陈国公主墓、萧孝忠墓以及张世卿墓壁画，描绘的那种带有前伸的额前小辫的马鬃装饰，在贝加尔湖岩画发现的马的绘画，也是如此。③

根据美国学者丹尼斯·塞诺研究的结果，契丹与其他一些民族的历史联

---

① 冯恩学：《俄国东西伯利亚与远东考古》，吉林大学出版社2002年版，第504页。
② 冯恩学：《俄国东西伯利亚与远东考古》，第504—505页。
③ 冯恩学：《俄国东西伯利亚与远东考古》，第520—527页。

系在一起：

> 在中亚——逃离中国的契丹人，在此成功地建立起第三个帝国，即众所周知的哈喇契丹，延续了近一个世纪，直到 1218 年灭亡（哈喇契丹的灭亡，归结于乃蛮王子屈出律和花拉子模国算端穆罕默德的夹攻。——笔者）……有证据表明，在契丹和乃蛮两个群体之间依旧存在着一条强有力的纽带……乃蛮人的名称被保存在西至克里米亚的许多地名中，这些组合性的地名中包含乃蛮一词，其中就有一个地方名叫"契丹——乃蛮"。①

关于契丹人存在于俄国的欧洲部分的事实，塞诺认为见于大约 17 世纪成书的《卡尔梅克可汗的历史》，Qitan 一词出现在乌拉尔河以西的各个鞑靼部落名称中。

同时，塞诺还从地域关系探索契丹人的历史存在及其影响：

> 考察与哈喇契丹残部亡国后的活动区域有关的某些资料。Kitan 这一名称，出现在鄂毕——乌戈尔人的英雄史诗中，……有一首沃古儿人对太阳神的赞美诗这样说："穿上契丹人和卡尔梅克人（Kalmuck）的黑色服装。"②

他还介绍说，西基斯门·冯·赫贝尔施泰因在出版于 1549 年的《莫斯科札记》中，谈到了"契丹湖"（Lake Kitay），亦即鄂毕河的源头之所在，窝古尔人和乌戈尔人也生活在那里。此后，阿伯拉罕·奥特吕在 1570 年出

---

① 〔美〕丹尼斯·塞诺等著，北京大学历史系民族史教研室译：《丹尼斯·塞诺内亚研究文选》，中华书局 2006 年版，第 244 页。
② 〔美〕丹尼斯·塞诺等著，北京大学历史系民族史教研室译：《丹尼斯·塞诺内亚研究文选》，第 250—251 页。

版的《奥特吕图集》中，也标示出了"契丹湖"（Kithay Lacus）。还有两幅
16 世纪后半期的地图，一幅所依据的信息是由英国商人安东尼·詹金森提
供的，另一幅则兼有詹金森和赫贝尔施泰因所收集的信息，两者均标示出
"契丹湖"（Kithay Lacus）。在所有这些地图上，契丹湖恰好被定位于乌戈尔
人所在的区域。[①] 同时，塞诺还论述道：

> 事实上，Kitan 一名也能在鄂毕盆地的河湖名称中得到验证：在瓦
> 休甘河（Vasyugan）流域所用的奥斯提亚方言中，额尔齐斯河（Irtysh）
> 被称为 Katan as，即契丹河。[②]

塞诺引述在钦察部落过去曾居住的摩尔达维亚南部大草原上，有几个
地名显示出更早一个时期曾有契丹人在此生活过的迹象，如 Kitay、Kara-
Kitay、Kod- Kitay、Shikirli- Kitay 等都属于这个地区；Kirgiz- Kitay 则是当地
的一条河流名。在多瑙河三角洲，临近多瑙河北部支流 Kilia 的地方，发现
了 Rum Chitay，即契丹湖（Kitay Lagoon），有一条被称为契丹（Kitay）的
小河注入此湖。[③]

塞诺还认为，族名和地名提供了契丹曾经遗存于俄罗斯欧洲地区的大
量证据。表明世系关系的部族名称，通常是最不容易变化的。因此可以举
出这样一个例子，17 世纪时，在阿姆贡河流域的一支埃文基部落，仍沿用
契丹（Kitan）一名。但契丹（Katay）一名，出现在乌拉尔山两侧的巴什
基尔人（Bashkirs）部落名称中，则有些出乎意料。据希萨穆季诺娃说，巴
什基尔地区有 19 个地名含有 Katay 成分，同时它也见于该地区的河湖名称
中，如 the rivulets Katay，Erekle- Katay 或 the lake Katay。契丹—巴什基尔

---

① 参见〔美〕丹尼斯·塞诺等著，北京大学历史系民族史教研室译：《丹尼斯·塞诺内亚研究文选》，第
  250—252 页。
② 〔美〕丹尼斯·塞诺等著，北京大学历史系民族史教研室译：《丹尼斯·塞诺内亚研究文选》，第 253 页。
③ 参见〔美〕丹尼斯·塞诺等著，北京大学历史系民族史教研室译：《丹尼斯·塞诺内亚研究文选》，第
  257—258 页。

人（Katay Bashkirs），是巴什基尔部族的一个重要组成部分。18 世纪时，有六个部落使用含有 Katay 成分的名称，其中三个属西部集团或者叫山林集团：Inzer Katay、Kuzgum Katay 和 Idel Katay；另外三个属于东部集团，即 Ulu Katay、Bala Katay 和 Yalan Katay。它们都是生活在锡纳拉河（Sinar）、捷恰河（Techa）和 Kalabol 河沿岸的属于乌拉尔山两侧的部落群体。其中，Bala Katay 属于 Salyut 部族，这个部族显然源于一个讲蒙古语的撒只兀惕（Salji'ut）部落。他们的语言究竟是严格意义上的蒙古语还是契丹语，已经不得而知。带有 Kitay/Kalay 成分的部落或民族名称普遍存在于一个广大的区域。白诺盖人（Nogays）有一个契丹（Kitay）氏族。甚至在克里米亚半岛的鞑靼人中，其部落名称也含有 Kitay 成分；在乌兹别克部落系统中也包含一个 Kitay 部落。[①]

著名汉学家马迦特（Marquart）曾提出，1120 年在乌拉尔地区出现了一支与契丹人有关的蒙古人，后来被钦察人吸纳并突厥化。伯希和在对马迦特这项研究所作的评述中，称为"一个真正具有预见性的亮点"。因此，塞诺经过充分罗列后，认为：

> 契丹人在 1218 年的浩劫中幸存下来了。他们不再被笼罩在历史阴影中，而是拥有了一段政治余生。[②]

由此可见，虽然契丹民族所建立的政权早已经消逝在历史长河之中，但契丹民族的存在及其活动所留下的痕迹深远地影响着今天。

---

① 〔美〕丹尼斯·塞诺等著，北京大学历史系民族史教研室译：《丹尼斯·塞诺内亚研究文选》，第 256—257 页。
② 〔美〕丹尼斯·塞诺等著，北京大学历史系民族史教研室译：《丹尼斯·塞诺内亚研究文选》，第 258 页。

契丹与高句丽关系考述

孙炜冉（通化师范学院高句丽与东北民族研究中心）

　　契丹为东胡系鲜卑后裔，从其自号契丹以来便成为中原王朝、突厥及高句丽三方竞相笼络的对象。在与高句丽相邻处的三百余年间，因其实力相对较弱，契丹多次被高句丽所侵役，成为三方势力中摇摆不定的一股力量。然而，由于其所处地理位置的重要性，决定了它在中原王朝、突厥和高句丽之间不可能独善其身，势必要靠不定期地依附某一方庇护，才能得以在三方势力的夹缝中生存下来。尽管相比这三方来说，契丹力量薄弱，但其倒向何方，却常常决定了实力的天平向哪一方倾斜，所以早期契丹时常成为决定东亚政治格局变化的一支重要政治势力，同时也决定了其在实力上升期之前身不由己的政治态度。尤其是契丹与高句丽之间的关系的处理，决定了高句丽西进政策的成败，也成为高句丽与中原王朝关系善恶的风向标。通过对契丹与高句丽之间关系的研究，可以对彼时东亚局势有一个更加清晰的了解，尤其是高句丽与中原王朝的和战状态，都可以通过与契丹间的关系得以体现。

一、契丹的起源及早期情况

　　契丹族称最早的年代记载，出自朝鲜高丽王朝史学家金富轼所撰的《三国史记》，书中载高句丽小兽林王八年（378）"契丹犯（高句丽）北边，陷八部落"①。中国史书则始见于《魏书·契丹传》，其云："登国中，国军大破之，遂逃迸，与库莫奚分背"②，可见契丹族称始见于北魏时期。另外，《新唐书》载"至元魏，自号曰契丹"③；《新五代史》载"契丹自后魏以来，名见中国"④；《辽史·世表》在元魏栏中说，"至是始自号契丹"⑤，皆言契丹族号始于北魏时代。而汉人记契丹事，以《资治通鉴》中所记纪年为最早，书载东晋安帝义熙元年、北魏天赐二年，"燕王熙袭契丹"⑥。由此说明，以契丹为族号，最晚不会迟于 379 年。由此可见，"契丹"大体形成于 4 世纪中叶，与北魏前身代国时间相仿。

古八部是契丹自族号出现以来所形成的八个部落，至于其形成的具体时间，从《魏书·契丹传》中载有八部名号来分析，北魏时已有八部存在是可以肯定的。⑦这八个部落的名称，据蔡美彪先生在《中国通史》中依据诸书参订为"悉万丹、何大何、具伏弗、郁羽陵、匹黎尔、吐六子、日连、羽真侯"。八部来源，《辽史》云："契丹之先，曰奇首可汗，生八子。其后族属渐盛，分为八部。"⑧这种把八部归之于来源同一父亲的八兄弟后裔的记载，显然是后人根据早期传说综合而成的，似不可信，但它反映了契丹最初的诸部，是一些近亲或有血缘关系的集团。

古八部时期契丹人的居住地，据《辽史》记载："南控黄龙，北带潢水，冷陉屏右，辽河堑左。"⑨对比当今地理，大体应该是南到辽宁省朝阳市，北到西拉木伦河，西达内蒙古自治区赤峰市西南，东至辽河。实际上，契丹人在这一时期的活动范围是时常变化的，某一阶段分布区域或没有这么大，或

① 金富轼撰，杨军校勘：《三国史记》卷十八《高句丽本纪·小兽林王》"八年（378）秋九月"，吉林大学出版社 2015 年版，第 222 页。
② 《魏书》卷一〇〇《契丹传》，中华书局 1974 年版，第 2223 页。
③ 《新唐书》卷二一九《契丹传》，中华书局 1975 年版，第 6167 页。
④ 《新五代史》卷七二《契丹传》，中华书局 1974 年版，第 885 页。
⑤ 《辽史》卷六三《世表》，中华书局 1974 年版，第 951 页。
⑥ 《资治通鉴》卷一一四《晋纪三六》"义熙元年（405）十二月"，中华书局 2007 年版，第 1367 页。
⑦ 《魏书》卷一〇〇《契丹传》，第 2223 页。
⑧ 《辽史》卷三二《营卫志》，第 378 页。
⑨ 《辽史》卷三七《地理志》，第 437 页。

超出这一范围。具体来说，其在被慕容燕毁破后，"窜于松漠之间"，只在今赤峰市及翁牛特旗一带；登国三年（388）为北魏所破后，约居于今西拉木伦河南，老哈河以东地区；太和三年（479）因惧高句丽与柔然侵袭，离开奇首可汗故壤，南迁到白狼水（今大凌河）东，在今辽宁省北票市、阜新市和彰武县一带；天保四年（553）为北齐所破后，一部分被掠居营州（治所在今辽宁省朝阳市）、平州（治所在今河北省卢龙县北）境内，余部北遁投奔突厥，后为突厥所逼，其中又有"万家"寄住高句丽，约在今辽宁省法库县、康平县境。开皇年间（581—600），此三部契丹人皆臣附于隋而居，分布在西起今老哈河流域，隋听其返回故地，依托纥臣水（今老哈河）东到努鲁儿虎山地区。

二、契丹古八部时期与高句丽的关系

（一）契丹早期对高句丽的侵扰及广开土王的征伐

从《三国史记》所记契丹事件及根据我国史料对契丹活动区域的了解，可知，契丹因其地与高句丽相毗邻，与高句丽时常发生联系，而从小兽林王八年（378）"契丹犯北边"之记事可见，作为游牧民族的契丹，"窜于松漠之间"，"多为寇盗"[①]，时常侵扰高句丽北部，成为高句丽北疆重患。高句丽的北方部落为绝奴部[②]，该部"世与王婚，加古雏之号"[③]，与高句丽王室有着亲密的联姻关系，而在小兽林王时期，正是契丹自号以来八部形成时期，契丹能"陷（高句丽）八部落"，将绝奴部治下部族人口一次便掠去八部之多，且未见高句丽方有报复或其他军事行动，足见契丹对高句丽的侵扰比较严重，因其游牧居无定所而不易被高句丽所洞察和反击。另一个原因大概是

---

① 《魏书》卷一〇〇《契丹传》，第2223页。
② 《后汉书》卷八五《高句丽传》，中华书局1979年版，第2813页。
③ 《三国志》卷三〇《魏书·高句丽传》，中华书局1959年版，第843页。

此时高句丽遭受前燕的军事打击，南线与百济战事不利[①]，全国军事呈收缩态势，契丹恰利用此时机侵扰高句丽，而高句丽当时则未有能力立即对契丹用兵。

　　迨至高句丽广开土王（又称好太王）即位，经其伯父小兽林王和其父故国壤王的休养生息，高句丽国力已恢复并超过以往，加之广开土王本身抱负远大，能力出众，有"倜傥之志"，在即位的391年便展开对契丹的军事报复行动。据载，此战广开土王"虏（契丹）男女五百口，又招谕本国陷没民口一万而归"[②]。广开土王不仅将小兽林王八年时高句丽北部被掠人口全部救回，还虏契丹人口五百，给契丹以重大打击。此战之后，契丹仍在高句丽北部活动，时常出没于其境内，对高句丽人口和财物的盗掠仍未间断，于是在广开土王五年（395），再次对契丹八部中对高句丽侵害最为严重的匹黎尔部采取军事打击。据《广开土王碑》（又称《好太王碑》）记载，是年"王以碑丽不息出没，躬率往（往）讨叵富山，负山至盐水上，破其三部洛（落）六七百营，牛马群羊，不可称数"[③]。"碑丽"，王建群认为即是《晋书》所记的"裨离"，《辽史》所载的"陴离"，应属契丹部族古八部之匹黎尔部，长期活动在太子河上游地区，与高句丽相邻。[④] 孙进己和冯永谦认为，《辽史·地理志》所载"陴离"的位置与《好太王碑》所载"碑丽"位置相近，都在今抚顺以南。但《辽史·地理志》与《好太王碑》所载的"陴离"、"碑丽"，同《晋书》所载的"裨离国"所在地出入很大，恐是登国年间为北魏所逐而后有迁徙。据《晋书·四夷传》云："裨离国在肃慎西北，马行可二百日"[⑤]，《辽史·地理志》云："集州，怀众军，下刺史，古陴离郡地"[⑥]，另据《满洲源流考》查得集州下属奉集县"在抚顺城南八十里"[⑦]，认为此地

---

① 《三国史记》卷一八《高句丽本纪·故国原王》，第220—221页。
② 《三国史记》卷一八《高句丽本纪·广开土王》"元年（391）九月"，第223页。
③ 陈钟远、王宇：《好太王碑乙未岁镌文补识》，《博物馆研究》2001年第2期。
④ 王建群：《好太王碑研究》，吉林人民出版社1984年版，第139页。
⑤ 《晋书》卷九七《裨离传》，中华书局1974年版，第2536页。
⑥ 《辽史》卷三八《地理志二·东京道》，第466页。
⑦ （清）阿桂等纂修：《钦定满洲源流考》卷十《疆域三·集州》，辽宁民族出版社1988年版，第153页。

正是《好太王碑》所述"碑丽"所在。^①经过广开土王五年（395）对契丹匹黎尔部的征讨，再不见有关契丹侵扰高句丽的记载，从此解决了契丹对高句丽北疆的侵扰问题。此战之后，尽管不见有契丹附属高句丽之载，但双方应该达成了某种默契，虽不是盟友关系，但可以做到暂时互不侵犯。从后燕光始六年（496）慕容熙并伐契丹与高句丽^②，可见一斑。慕容氏后燕政权就成为高句丽和契丹的共同敌人。

（二）契丹为高句丽所迫内迁及投附高句丽

自广开土王时期，契丹为高句丽所败，再无大规模侵扰高句丽的记载，但随着高句丽势力的崛起，在完成西扩辽东之后，其西线已经完全与契丹接壤。此时的契丹更无实力与高句丽抗衡，反成为高句丽西进的侵害对象。北魏太和三年（479），高句丽与柔然合谋，欲取地豆于以分之。作为与地豆于紧邻的契丹，惧怕高句丽与柔然顺势一并将其侵役，当时的部落首领莫弗贺勿于率其部落车三千乘、众万余口，驱徙杂畜，求入北魏内附，被魏孝文帝安置于白狼水（今辽宁省境内大凌河）以东之地。^③在此地，契丹度过了相对平和的八十余年。然而，南北朝时局动荡，北魏亡国后，其后继王朝对契丹的政策发生变化，不再施以优抚，尤其北齐高氏非常敌视契丹这些周边游牧民族。于是在北齐天保四年（553），契丹开始侵扰北齐边境，然而却遭到北齐皇帝率军亲征的军事打击。是时，北齐显祖文宣皇帝高洋下诏，命令司徒潘相乐率精骑五千，自东道趋青山；复诏安德王韩轨率精骑四千东趋，断契丹退路。高洋亲逾山岭，大破契丹，虏十余万口、杂畜数十万头。潘相乐又于青山大破契丹别部。所虏生口，皆分置诸州。突厥又趁火打劫，进攻契丹，掳掠人口财物，使契丹遭受了空前的打击。在不得已的情况下，上万契丹人投附到高句丽境内。^④由此，成为进入高句丽境内的最大一股契丹人，

---

① 孙进己、冯永谦主编：《东北历史地理》（第二卷），黑龙江人民出版社1989年版，第55页。

② 《资治通鉴》卷一一四《晋纪三十六》"义熙二年（406）"，第1367页。

③ 《魏书》卷一○○《契丹传》，第2223页。

④ 《隋书》卷八四《契丹传》，中华书局1973年版，第1881页；《北史》卷九四《契丹传》，中华书局1974年版，第3128页。

这其中有众多契丹人融入高句丽民族之中。

（三）契丹助高句丽参与对抗后周的战争

迨至高句丽平原王时代（559—590），中原统一局势日趋明朗化，高句丽惧怕一个强大的统一王朝出现，会侵害自身利益，收回被其占据的辽东，甚至颠覆其作为东亚大国的存在。因此，高句丽积极联络突厥，暗中支持割据势力，意图阻碍中原的统一进程。此时，契丹业已成为供高句丽驱使的力量。

北周灭亡北齐后，北齐高氏疏亲高保宁（亦作"高宝宁"）割据营州①，周武帝遣使招抚高保宁，但被其所拒。不仅如此，高保宁还上表投靠突厥的原北齐范阳王高绍义，劝其称帝，自己则成为高绍义政权的丞相。北周宣政元年（578）幽州人卢昌期及北齐遗臣起兵叛乱，占据范阳以迎高绍义。高绍义以为得天所助，遂勾结突厥军队大举入侵。高保宁亦与之呼应，集夷夏数万骑，欲入寇范阳。此次叛乱被北周柱国、东平公宇文神举讨平后，高保宁退据黄龙。②北周大象二年（580），高绍义被北周使臣贺若谊执送回国后，高保宁进一步投靠突厥。至隋开皇三年（583）高保宁兵败欲投奔契丹之时被部下所杀为止，他连年勾结突厥入侵，给隋朝东北边境造成严重威胁。③

从现实情况来看，单以高保宁的实力是不足以同北周抗衡的，其背后所隐藏的势力才是驱使其能长期与北周对抗之根本原因。根据韩昇先生研究，这些背后势力正是突厥和高句丽④，高保宁和契丹则是活跃在幕前的傀儡。如北周宣政元年（578），卢昌期反叛于范阳，"（高）保宁率骁锐并契丹、靺

---

① 《资治通鉴》卷一七三《陈纪七》"太建九年（577）十二月"，第 2082 页。
② 《北齐书》卷四一《高保宁传》，中华书局 1972 年版，第 547—548 页；《周书》卷四〇《宇文神举传》，中华书局 1971 年版，第 715 页。
③ 《隋书》卷八四《突厥传》，第 1865 页。《资治通鉴》卷一七四《陈纪八》"太建十二年（580）"，第 2093 页；卷一七五《陈纪九》"太建十三年（581）"，第 2104 页；卷一七五《陈纪九》"太建十四年（582）五月"，第 2017 页；卷一七五《陈纪九》"至德元年（583）"，第 2109 页。
④ 韩昇：《隋朝与高丽关系的演变》，《海交史研究》1998 年第 2 期。

鞨万余骑将赴救"①。隋开皇元年（581），突厥怨隋文帝待其礼薄，"会营州
刺史高保宁作乱，沙钵略与之合军，攻陷临渝镇"②。隋开皇二年（582）五
月，"高保宁引突厥寇隋平州"③；开皇三年（583），隋文帝下诏，分兵八道
出塞反击突厥，"幽州总管阴寿帅步骑十万出卢龙塞，击高保宁……保宁奔
契丹，为其麾下所杀"④。由此可见，此时契丹成为高句丽阻挡中原统一战争
进程的急先锋，与靺鞨诸族一同为高句丽所役。

三、契丹在隋与高句丽之间的选择及成为
隋朝东征高句丽之导火索

581年，杨坚代北周建隋，高句丽不失时机地遣使赴隋，恢复了自北周
宣政元年（578）以来中断的朝贡关系。隋文帝顺水推舟地册封高句丽王为
大将军、辽东郡公，缓和了高句丽与中原王朝的敌对局面。此后，至开皇四
年（584），高句丽年年入贡，一度紧张的高句丽和中原王朝关系似乎云开雾
散。但实际上，新的一场争夺却在悄悄地展开。随着中原王朝统一形势的明
朗化，契丹也清楚感觉到依附对象已变得越发不可靠，只有投奔更有前景的
宗主，才能更好地保存自身，在变化纷繁的东北取得一席之地。于是，契丹
再次转变方向，将依附对象投向中原王朝，此举无异于成为隋朝和高句丽矛
盾的又一条导火线。

隋朝立国之初，外患严重，首要解决的便是北方的突厥和南方的陈朝。
此时，隋朝虽无暇经略东北，但隋文帝却开始在这一地区不动声色地埋以伏
笔。见到宗主国高句丽向隋朝开展双重外交，明处主动示好，暗处厉兵秣
马，契丹感觉到大战在即，为了在战争中保存自己，契丹重新选择自己的依

---

① 《北齐书》卷四一《高保宁传》，第547—548页；《周书》卷四〇《宇文神举传》，第715页。
② 《资治通鉴》卷一七五《陈纪九》"太建十三年（581）"，第2104页。
③ 《资治通鉴》卷一七五《陈纪九》"太建十四年（582）五月"，第2017页。
④ 《资治通鉴》卷一七五《陈纪九》"至德元年（583）"，第2109页。

附对象，而隋朝主动抛出的橄榄枝，则使契丹的倒戈一蹴而就。"开皇四年，（契丹）率诸莫贺弗来谒。五年，悉其众款塞，高祖纳之，听居其故地。六年，其诸部相攻击，久不止，又与突厥相侵，高祖使使责让之。其国遣使诣阙，顿颡谢罪。其后契丹别部出伏等背高丽，率众内附。高祖纳之，安置于渴奚那颉之北。"①可见，隋文帝对东北的经略以契丹为切入点，积极游说拉拢契丹力量，至开皇四年（584）已经取得明显的成效。契丹诸部开始试探性地向隋回报示好。隋朝则积极安抚，予以安置故地，帮助协调内部纷争，取得了契丹诸部的信任，最终契丹诸部背离高句丽，重新投入隋朝的怀抱。

可以说，开皇四年（584）契丹转投隋朝，使东北的均衡局势被打破，高句丽的对外战略遭到重大挫折。特别是契丹倒向隋朝，使高句丽必须直接面对强大的隋朝，犹如芒在背，令其不寒而栗。于是，在契丹内附隋朝后，高句丽一改以往的对外政策，一方面继续争夺契丹，一方面结纳陈朝、潜通突厥，谋求新的势力均衡。但是开皇六年（586）之后，又出现"契丹别部出伏等背高（句）丽，率众内附"②的局面，无异于宣告高句丽在争夺契丹的战略上彻底失败。契丹别部背离高句丽的时间，据韩昇先生分析，当是发生于开皇十七年（597）。③是年，隋文帝下玺书严厉谴责高句丽，并且在玺书里列数高句丽的罪愆，其中最重要的有两条，其一是未尽臣节，其二就是"驱逼靺鞨，固禁契丹"④。可见契丹的背离，遭到高句丽的阻挠，使用强力"固禁契丹"，而隋文帝则向高句丽下达最后通牒式的玺书，正是契丹倒向和站位问题把隋朝和高句丽双方的关系推到剑拔弩张的地步。⑤

契丹的背离使高句丽失去了冷静，率先打破了双方的和平局面。开皇十八年（598）高句丽联合靺鞨入侵辽西，首先开启战端，意图挽回被动局面，争取战争的主动权，向前推进防御战线。此举无异于给予隋朝充分的理

<hr>

① 《隋书》卷八四《契丹传》，第1881页。
② 《隋书》卷八四《契丹传》，第1881页。
③ 韩昇：《隋朝与高丽关系的演变》，《海交史研究》1998年第2期。
④ 《隋书》卷八一《高丽传》，第1815页。
⑤ 韩昇：《隋朝与高丽关系的演变》，《海交史研究》1998年第2期。

由对高句丽用兵，彻底解决高句丽问题。可以说，契丹背丽投隋成为引发隋丽战争的导火索。隋丽战争是 7 世纪初东亚最为重要的事件之一，其不仅间接导致了隋朝的灭亡，同时也严重削弱了高句丽国力，为高句丽的最终灭亡埋下伏笔。所以，契丹与高句丽之间埋下了极深的仇恨。高句丽不可能原谅契丹的背叛，契丹当然明白这个罅隙无可弥补，高句丽对其的报复必在不久的将来。最为稳妥和长久的办法，便是借助更加强大的力量，彻底摧毁高句丽，这样才能化解契丹的生存危机。

四、契丹大贺氏助唐征剿高句丽

就在隋末唐初之际，契丹的第一个部落联盟，即大贺氏部落联盟形成。隋初，契丹在隋文帝的支持下，各部又得以重返故地。分散的各部认识到只有联合为一个统一的力量，才能与别族抗衡和"寇抄"邻近的财富。契丹人的部落联盟大概就是在返居故地后形成的。因为到隋炀帝时，才有"契丹入抄营州"的记载[1]；唐武德初，已"数抄"唐边境[2]，说明此时契丹实力渐盛，又具有骚扰周邻的能力。另外，契丹此时之所以寇抄隋唐边塞，盖因隋朝对高句丽的战争失败，导致契丹不得已又投靠突厥，成为突厥臣属，助其骚扰边境。然而，随着唐朝的崛起，再次让契丹下定决心投附中原王朝，站到高句丽的对立面，并且成为最后灭亡高句丽的马前卒。

唐武德四年（621），契丹别部酋帅孙敖曹率先附唐。为此，唐高祖李渊将其部落安置在营州城（治龙城，今辽宁朝阳）旁边，并授孙敖曹为云麾将军，行辽州（治辽东城，今辽宁辽阳）总管。[3] 此时尚有契丹"君长或小入寇边"[4]，但在唐朝大力的感召下，契丹方面很快予以积极回应。武德六年

---

[1] 《旧唐书》卷七五《韦云起传》，中华书局 1975 年版，第 2631 页。
[2] 《旧唐书》卷一九九下《契丹传》，第 5350 页。
[3] 《旧唐书》卷一九九下《契丹传》，第 5350 页；《新唐书》卷二一九《契丹传》，第 6168 页。
[4] 《新唐书》卷二一九《契丹传》，第 6167 页。

（623），大贺氏联盟长咄罗遣使贡名马、丰貂。贞观二年（628），其君长摩会率其部落来降。此举立刻引起了突厥的恐慌，颉利可汗意图用反抗唐朝的梁师都来交换附唐的契丹部落，遭到唐太宗的严词拒绝。贞观三年（629），唐太宗向大贺摩会赐予代表联盟君长标志的鼓纛，表明朝廷对大贺氏联盟长地位的认可。① 由此大贺氏契丹联盟与唐朝步入"蜜月期"，开启了接下来为唐朝对高句丽作战充当急先锋角色的序幕。

　　贞观十八年（644），高句丽与百济联兵入侵新罗，唐朝调停未果，太宗欲亲征高句丽，故先派遣营州都督张俭以契丹、奚等小部队试探高句丽武力虚实。张俭时任营州都督兼东夷校尉，有着丰富的对高句丽作战经验，此前贞观十七年（643），高句丽意图侵夺靺鞨，张俭率"营州部与契丹、奚、霫、靺鞨诸蕃切畛，高丽引兵入口，俭率兵破之，斩俘略尽"②。张俭在接到太宗任务后，在当年的"七月甲午……率幽、营兵及契丹、奚以伐高丽"③。因遇辽水泛涨不得渡而还。是年冬，唐太宗下诏亲征，重启了中原王朝与高句丽的战事，而此刻契丹赫然出现在东征高句丽的先锋名单之列。唐命"北狄西戎之酋，咸为将帅；奚、靺鞨、契丹之旅，皆充甲卒"；"契丹蕃长於过折……率其众，绝其（高句丽）走伏"④ 此时契丹已经完全倒向唐朝，成为唐朝北疆对抗高句丽的重要军事力量，在唐朝征伐高句丽的战争爆发之际，率先应征，东伐高句丽。此役结束后，唐太宗在班师回朝的路上还专程召见契丹部落联盟长大贺窟哥及诸蕃长，差赐缯采，授窟哥为左武卫将军。此举无异于再次感化契丹诸部，让其感受皇恩，不久契丹"大酋辱纥主曲据又率众归，即其部为玄州，拜曲据刺史"。贞观二十二年（648），"窟哥等部咸请内属，乃置松漠都督府，以窟哥为左领军将军兼松漠都督、无极

① 《旧唐书》卷一九九下《契丹传》，第 5350 页；《新唐书》卷二一九《契丹传》，第 6168 页。
② 《新唐书》卷一一一《张俭传》，第 4133 页。
③ 《新唐书》卷二《太宗本纪》，第 43 页。
④ （宋）王钦若：《册府元龟》卷一一七《帝王部·亲征第二》，中华书局 1960 年版，第 1400 页；（宋）宋敏求：《唐大诏令集》卷一三〇《蕃夷·讨伐·亲征高丽诏》，商务印书馆 1959 年版，第 703 页；（清）董诰：《全唐文》卷七《太宗皇帝·命将征高丽诏》，中华书局 1983 年版，第 86 页；《资治通鉴》卷一九七《唐纪一三》"贞观十八年（644）十二月"，第 2396 页。

县男，赐姓李氏。显庆初，又拜窟哥为左监门大将军"①。对于唐朝的优抚，
契丹亦投桃报李，积极响应其对高句丽的战事。贞观二十一年（647）春，
唐朝再议征讨高句丽，此役以契丹为向导。三月，辽东道行军总管李勣"破
高（句）丽于南苏，班师至颇利城，渡白狼、黄岩二水，皆由膝以下。勣怪
二水狭浅，问契丹辽源所在……旋师之后，更议再行"②。在军事情报和行军
路线上，唐朝都得到了契丹的献计献策。在唐朝以契丹所在设立松漠都督府
之后，大贺氏更是以保唐灭丽为己任，主动承担起抵御高句丽军事进攻的任
务。永徽五年（654），已平静几年的唐朝与高句丽的边界大战复起。此战的
主战场位于高句丽新城，本与契丹无涉。因此，若不是得到唐朝旨意，契丹
不会擅自越过辽东而御战高句丽。而且契丹乃受营州都督管辖，此时辽东亦
在营州府辖区之内，显然契丹的军事行动是受营州都督调遣，以抵御高句丽
的冬季攻势。契丹以游牧为生，无需辎重，故可堪当此重任。还有必要指出
的便是，此时程名振新任营州都督，接替前一年逝世的张俭。程名振素以知
兵闻名，唐朝任命其的用意十分明显，而程名振初莅东北，亦想建立奇功，
彰显其名，故而调动契丹部队赴前线，遏制高句丽的冬季攻势。此役，唐军
的主将即为契丹大贺氏君长、松漠都督李窟哥，所率皆契丹骑兵。是年十
月，李窟哥的契丹部队"大败高丽于新城"③。显庆三年（658），程名振与薛
仁贵先拔高句丽赤烽镇，又战贵端城，高句丽"遣其大将豆方娄率众三万拒
之，名振以契丹逆击，大破之，斩首二千五百级"④。可以说，在唐征伐高句
丽的战事中，契丹做出了不可磨灭的贡献，此间虽有李窟哥死，其继任者阿
卜固反叛的短期不稳定表现，但直至万岁通天元年（696），契丹都安心服从
唐朝的管辖，尽其臣属义务，和中央保持良好的朝贡关系。

① 《旧唐书》卷一九九下《北狄传》，第5350页；《新唐书》卷二一九《契丹传》，第6168页。
② （唐）杜佑：《通典》卷一八六《边防二·东夷下·高句丽》，中华书局1988年版，第5017页。
③ 《资治通鉴》卷一九九《唐纪十五》"永徽五年（654）十月"，第2426页；金富轼撰，杨军校勘：《三国史记》卷二二《高句丽本纪·宝藏王》"七年（654）冬十月"，第267页。
④ 《册府元龟》卷九八六《外臣部·征讨五》，第11577页；《资治通鉴》卷二〇〇《唐纪十六》"显庆三年（658）六月"，第2435页。

契丹长期摇摆于高句丽与中原王朝、北方强大的游牧政权三者之间，其政治上的不确定性是由自身实力的弱小所决定的，并无关民族的狡黠性。为了更好地生存和发展，契丹不得不委身屈从于更为强大的政治力量。在与高句丽相处的三百余年间有相互侵扰，有举部投附，更有背弃与战争。从两者之间复杂的关系变化，可以了解东亚瞬息万变的政治格局。最终，相对弱小的契丹保存并延续了下来，而盛极一时的高句丽却在强大的中原王朝的征伐中，于 7 世纪中叶退出了历史舞台。高句丽的退出为契丹的壮大发展提供了契机。

辽代"道"制辨析

何天明（内蒙古社会科学院）

一、对学界以往研究成果中部分观点的质疑

辽代是否存在"道"级行政区划是辽史研究中颇有争议的问题之一。有学者认为，"五道制的始作俑者是今本《辽史》的编纂者。元代史官认定辽朝州县分隶五京道，一是受前代以五京为中心排列州县的编纂体例的误导，二是受《辽史》本纪有关记载的误导。实际上，辽朝实行府、节镇州—防、刺州—县三级行政制度，并踵唐五代惯例，以道指称节度使辖区有时或指直隶朝廷、宫卫的防、刺州"①。这是近年来比较系统地研究辽代的"道"以及州县问题的文章之一，其所论及的"受前代以五京为中心排列州县的编纂体例的误导"的看法值得商榷。作者所说的"前代"与这个"前代以五京为中心排列州县的编纂体例"，直接涉及元代以前的哪个朝代或哪个政权曾经有过"以五京为中心排列州县"的制度及其实践，并在当代或后代修史时出现过这种"编纂体例"。

回溯元代以前诸朝代，其所谓"前代"当为金代与南宋、北宋、辽代、五代诸政权、隋、唐以及唐代地方政权渤海国等。这些王朝或地方政权，除了渤海国和辽代有五京制以及金代在一定程度上承袭辽制外，其余诸朝代均无五京制。而且，金代也是以"路"为地方行政区划，而非"道"。北宋、

---

① 关树东：《辽朝州县制度中的"道""路"问题探研》，《中国史研究》2003年第2期。

南宋的地方行政建制与辽、金不同。

渤海国属于唐朝控制下的地方政权，严格讲应当归入唐朝行政统辖之内。由于唐朝采取羁縻府州制度，渤海国能够实行"自治"性的统治，所以也会有自己的京城和行政建制，但渤海国在政权级别上是不能与辽朝并列的。据史料载，唐朝懿宗咸通时期（860—874），渤海国大玄锡为国王时，有"海东盛国"之称，其"地有五京、十五府、六十二州"①。其中，五京的名称与辽朝五京的名称全部一样，但因为辽朝与唐朝、宋朝都是"廿四史"中专门成书记载的朝代，虽然渤海国也设立了京城，却又不能与唐、宋、辽等朝的京城等同。其真正意义在于在唐朝的地方民族政权中存在五京建制。这能否算作元代以前的所谓"前代五京"还需商榷。如果说渤海国的五京对辽朝设置五京有直接或间接的影响，那也是在唐朝行政建制的大框架下所产生的。在这个意义上可以认为，元朝以前存在五京制的有唐朝的地方政权渤海国以及与宋朝对峙的辽朝。这样，如果追溯五京制的源流，首先要关注唐代的渤海国。

在史料方面，《新唐书》中关于渤海国的历史记载是北宋欧阳修、宋祁编纂，而《辽史》是元代脱脱等编纂。《新唐书》史料早于《辽史》，而且《新唐书》的许多内容，在撰写过程中参考了当时所能见到的小说、笔记、碑志、野史等，史料价值甚高。近年来，研究渤海国历史的专家们也对渤海国的五京制给予肯定。② 以此来看，"以五京为中心排列州县的编纂体例"最早就是唐、宋史家所为了。如果说元代以脱脱为首的《辽史》编修者受到了"误导"，那就是受到唐、北宋之中某一朝所撰史书的误导，那么，误导史家的前代史书至少在"五京制"这点上就不能视为信史了。然而，渤海国有五京是得到学界认可的，不能认为是"误导"。应当指出的是，渤海国有五京，但没有"道"。这样，也不能认为辽代的五京制与五道制的并存就是参考了渤海国的五京，至少在"五道制"这点上渤海国也不是滥觞，不存在"误

---

① 《新唐书》卷二一九《北狄传》，第6182页。

② 魏国忠等：《渤海国史》，中国社会科学出版社2006年版，第165页。

导"元朝史家的问题。

当然,是否是"误导",参考北宋成书的《武经总要》也很有必要。但《武经总要》明确记载了辽朝五京的存在,这说明渤海国和辽朝的五京是有史料依据的。因为,《武经总要》也是与《新唐书》的编纂大体同时。《武经总要》编纂于北宋仁宗朝(1022—1063);《新唐书》的编纂在 1044—1060年。《武经总要》开编时间略早,只是这两部史书的体例、侧重点不同而已。值得注意的是,这两部史书编撰时,正与辽朝圣宗皇帝末年,兴宗、道宗两位皇帝在位时期相对应。北宋与辽朝因多种事务来往频繁,宋使每逢年终岁首、重大节日、辽帝即位等都要派专使前往辽朝,辽朝对北宋也基本以同样的礼节相待。北宋使者前往辽朝时的沿途所见以及在辽朝逗留期间的耳闻目睹,会对编撰《武经总要》、《新唐书》中与契丹、辽朝有关的内容有所帮助。但是,北宋人编撰的《武经总要》,在记载辽朝方面的地理情况时是否大量参考了辽朝的文字资料尚难定论,不过,适当吸收宋人使辽所见所闻编撰的可能性还是很大的,同时也会加进宋人的"正统观"。在这部史书中出现的"北番"、"伪号西京"等字样就清楚地说明了这个问题。辽宋对峙时代,辽朝并不承认北宋是"正统"。如果说"是依辽朝五京四面州县分别编排的",其"北番地理"的编排"体例"就应是辽朝的。至于《武经总要》成书以后"编纂辽朝地理书"时这种体例是否通行,还当进一步研究。而且,辽道宗清宁年间以后,辽朝编纂了哪部地理书尚不清楚。在此只能根据脱脱等人编纂《辽史》时留下的痕迹略作分析。

今本《辽史》的《地理志》是元朝人编纂的,也有其编纂原则。据《辽史·附录》"进辽史表"所言,编纂原则是"发故府之椟藏,集遐方之瓯献,搜罗剔抉,删润研劘。纪志表传,备成一代之书"。可见,编纂时在史料搜集、取舍方面是下了一定的工夫。对于《地理志》的编纂,则是"各史所载,取其重者作志",这也可以理解为编纂时尽可能参考了搜集到的各类史籍,其中是否有除《武经总要》之外的"辽宋金时期编纂辽朝地理书"很难定论。不过,由于遵循了"取其重者作志"的原则,即使是在编纂过程中会将某些资料删除或遗漏，但编纂者认为是"重者"（必须编入的内容）的内容还是被编入了《辽史》。这样，今本《辽史·地理志》从体例到内容就应当是参考了多部史书的产物。同时也说明了辽代的五个京确实见于编纂时参考的史书，而且属于"重者"。基此，辽代存在五京也应当得到肯定。

辽朝是否"京"、"道"并存，在《武经总要》和《新唐书》中都没有反映。但是应当注意，通阅《武经总要·北番地理》可以清楚地看出，修书者是肯定了辽朝五京的存在，也就是认为辽朝有以五京为中心的五个大的行政区。"四面"之说中的"面"，显然是说的以某一京级所在地为中心的有效管辖区，是这个管辖区范围内的四至州县。这与北宋编修者是否承认辽朝存在"道"并无直接关系。但《辽史》记载只见"五京"而无"四面州县"，而是在"某京道"之下排列府州县。照此推理，似乎是元朝史官参考了《武经总要》确定辽有五京，又把"道"硬行加了进去。如果是这样，则这种硬行加入就会扰乱了今天研究者的思路。但是，研究辽代的历史地理，不能将视线仅仅集中在《辽史·地理志》上，应当对《辽史》的所有内容做通篇的检索和考察。检索结果表明，《辽史》的"纪"、"传"等存有较多与"道"有关的内容。所以，对于元代编修辽代历史时将"道"编入，是凭主观意志，还是有所依据还都需进一步研究。研究思路至少应当关注辽代有没有"道"级官员、其具体职能是什么、作用又如何等。在此基础上才能对辽朝的"道"，及其与"京"的关系做出比较切合实际的判定。

在对辽代"道"的研究中，周振鹤先生对辽代"道"的界定对探讨这个问题很有启发。他认为，"辽代的道（府）是比较特殊的，道与唐代相同是地理区划，但又与京府（如南京析津府）的范围相一致。而京府既是高层政区，又是统县政区"[①]。值得注意的是，周先生同时又认为：监察区域，如两汉的州（东汉末演化变成行政区划）、唐前期的"道"是"准政区"[②]。而"正式政区与准政区的差别，只是管理方式的不同，这种不同有时是因地制

---

① 周振鹤主编：《中国行政区划通史》（总论·先秦卷），复旦大学出版社 2009 年版，第 63 页。
② 周振鹤主编：《中国行政区划通史》（总论·先秦卷），第 12 页。

宜的需要，有时是出于特殊的政治目的"①。周先生这一学术界定是客观的。"地理区划"一般是按照山川形便来区分的。唐代设道考虑到了山川形便的因素，但也考虑了基本交通路线。这两种因素并不矛盾，因为唐代的道并不常设长官，而是根据统治的需要派官员巡视，这样，交通路线的方便与畅通必然成为巡视官员行使职能所需的重要条件。从这个角度来讲，交通路线既与自然地理密切相关，更是人文地理的内容。唐代"道"的作用主要是体现在监察区的人文方面。所以，根据周先生的看法，可以将辽代的"道"作为"准政区"并"出于特殊的政治目的"（及其与正式政区在"管理方式"上的不同）而设置的，这样思考或许会为研究辽代的"道"打开思路。因为，辽代南面地方行政体系是吸收唐代的制度并加以改造而逐步形成的，根据唐代"道"的特殊功能将"道"引入辽代的地方政区体系，以便于按照京级行政区范围（准政区）行使监察功能，这种思路应当比受"误导说"要接近事实。应当特别指出的是，契丹统治者在引入唐朝制度时并非全盘照搬，辽朝统治区域的实际情况也不允许其全盘照搬，只能"因俗而治"。这就决定辽代的"道"又存在其本身的特点，即按照五个京级行政区划设"道"。行政区为五京，监察区（准政区）为五道，为"特殊政治目的"而设。道级官员是临时委派，其所涉及的事务与五京官员的行政事务有所区别。

关于辽代的"道"还有一些值得注意的看法。有研究者认为，"道"只是表明京、府等所在的"区域"，并不存在"道"级政权。② 还有研究者认为，所谓的"道"并非当时地方一级行政区划，只是一个地理区域概念，只是撰者借以做较好谋篇与编纂的方式而已。③ 这两种看法也值得进一步商榷。辽代的京、府本身就有所在的区域和统治机构是事实，"京"级统辖有较大的区域，辽代共有五个，但"府"却不同，有京级、州级等区别，两者不能混同。即使是京级的府，其本身也有直属州县。如果将"道"级职官与

① 周振鹤主编：《中国行政区划通史》（总论·先秦卷），第13页。
② 李逸友：《辽代城郭营建制度初探》，见《辽金史论集》（三），书目文献出版社1987年版，第51页。
③ 张修桂、赖青寿：《〈辽史地理志〉平议》，见《历史地理》第15辑，1999年。

京级"府"的职官的地位、权力做比较，在行使职权的区域方面或许可以找到某些共同点，但地位和所负责的具体事务却高低大小有别。至于认为《辽史》中出现"道"是"借以作较好谋篇与编纂的方式"的看法，则隐含着《辽史》的编纂者以主观意志加进了"道"的意思，与前文所引"误导"说接近，故不再重复评论。但其所论"道"是一个"地理区域概念"的问题却是在研究中应当注意的。研究的切入点应当在于这个"地理区域"在辽代是否存在？如果存在，其与"京"级所辖区域是否一致？辽朝统治者在施政的过程中是否涉及过这样的"地理区域"？事实上，辽代派遣京、道级官员时，正是针对这样的"地理区域"的，从行政区划角度看，就是五京各自的辖控区域。

还有学者认为，辽代设立的是"州郡制度"，"确立以五京辖其道，其下置州、县，大体沿袭汉、唐以来定制"①。这里谈到的"五京辖其道"，意为五京最高长官的权力和地位在"道"级之上，或可理解为：从行政级别上讲，五京是"道"的上级单位，进而也可理解为辽代存在"道"级建制。如对这一看法进行深入分析，则必将涉及辽代的道级职官与京留守之间的权力与级别关系。当然，由于在《辽史》等史籍中记载有京官和道级官员，故此说尚有辨析之余地，只是由五京来辖道尚未见可靠的史实，轻下结论似乎不妥。而沿袭"汉、唐以来定制"之说，时间跨度较大，还涉及汉至唐的演变，是否可以将汉、唐合在一起理解也需慎重。从时间上看，汉代距辽代甚远，沿袭汉代的制度是间接的；唐朝政权已经与契丹有长期的、较为密切的接触，行政建制对契丹有影响，研究辽代的"道"时，注意唐朝对辽朝的影响是应当的，也是必需的。但说辽朝是否完全沿袭唐朝的"定制"，还当结合辽朝职官制度的具体内容进行分析后再下结论。

契丹建立的辽朝政权，对唐朝制度的引入或借鉴是比较全面而系统的，尤其是南面官系统，许多职官和机构都与唐代的名称一样。所以，参考唐代

---

① 项春松：《辽代历史与考古》，内蒙古人民出版社 1996 年版，第 25 页。

的职官和机构研究辽代的同类问题是很有必要的。需要注意的是辽朝引进或借鉴唐制后又根据辽朝政权的实际做了哪些改造或调整。这或许可以对辽代的"道"以及与之相关的问题的研究有所参考。

二、辽代"道"级官员的设置与职能

根据《辽史》等文献记载，辽代的确设置了道级官员并针对道级区域处理相应的事务，行使特殊的管理职能，从而也表现出管理方式的不同。

检索相关史料，未见契丹本族的职官中有"道"级官称。因此可以断定，辽代的"道"官是借鉴而来。依照《辽史》的相关记载，就是借鉴了唐代的职官制度。唐代的道级官员属于御史台系统，设有监察御史十五人。辽代南面官系统也有御史台，但却未见监察御史，这说明契丹统治者借鉴唐制时在这方面做了调整。辽朝的南面方州官以"京道"统之，但未见相应职官。可见，辽代作为"地理区域概念"的"道"还是存在的。而且，在《辽史》中辽代的道级官员与京官、州县官也并非一个系统。在这种情况下，为了研究辽代的道级官员及其职能，就要对有辽一代设置道级职官的情况尽可能进行较为系统的梳理，进而对辽代的道级职官做出尽可能接近事实的解释。

（一）道级官员的设置

检索《辽史》可知，辽代的道级官员在耶律阿保机时期已经出现在诏书中。其曰："'朕自北征以来，四方狱讼，积滞颇多。今休战息民，群臣其副朕意，详决之，无或冤枉。'乃命北府宰相萧敌鲁等分道疏决。"[1] 这一时期，契丹的五京尚未健全，也肯定不存在五"道"。这样，"分道"之说与《辽史·地理志》等史料所记载的五京的"道"还不能等同。此类"道"应当是太祖创业时期形成的临时性较强的军事辖控区。当时，派出的"道"级官员为北府宰相，是北面朝官系统级别很高的职官，其所办理的事务是代表

---

① 《辽史》卷六《刑法志上》，第937页。

皇帝平定冤、滞狱讼，并且要详细核查，纠偏、稽错。这种做法带有十分明显的安抚地方，恢复和稳定战后政局的"特殊政治目的"特征。"分道"则表明当时已经存在至少两个以上的"道"。派出官员有中央官职务，而未见道官的具体名称。

辽太祖时期另一条与"道"有关的资料，载录的是辽军于天显元年（926）攻克渤海国后，于当年二月出现的"安边、鄚颉、南海、定理等府及诸道节度、刺史来朝，慰劳遣之"①的情况。这里的"诸道"，显然是指渤海国地区内的情况，也不是《辽史·地理志》中的"道"。值得注意的是，随着对渤海国的占领，契丹族统治者对渤海国早已实行的五京制会有一定的了解。尤其是以耶律倍为人皇王主持东丹国事务，在一定意义上就是辽朝政权早期在政治、行政统治方面的初步实践。

辽太宗执政以后至辽兴宗年间，辽朝的五个京城逐步确定，道级官员也陆续出现。据《辽史》载："太宗以皇都为上京，升幽州为南京，改南京为东京，圣宗城中京，兴宗升云州为西京，于是五京备焉。"②很明显，辽朝五京的建立经历了很长的时间。上京早已建成，但直到天显十三年（938，当年十一月改元会同）才定为上京。同时确定的还有南京和东京。统和二十五年（1007）确定中京。重熙十三年（1044）确定了西京。前后达106年的时间。五京逐步确定当是辽朝京、道史料散乱的原因之一。也可以肯定，若要对辽朝的五京、五道做系统研究，就只能将1044年作为上限。而在1044年以前，辽太宗时期有三个京道，至圣宗朝有四个京道，兴宗重熙十三年以后有五个京道。在圣宗朝确定辽中京以前，凡是泛指京、道的史料，当为上、东、南三京。按照辽帝世系，太宗之后历经世宗、穆宗、景宗三朝。检索《辽史》对圣宗以前辽朝诸帝统治时期的记载，"阅诸道兵"、"诏征诸道兵"、"发诸道兵"等记载多次出现。这种情况至少应当反映了两个方面的问题：一是指前文所谈到的太祖创业时期形成的临时性较强的军事辖控区性质

① 《辽史》卷二《太祖纪下》，第22页。
② 《辽史》卷三七《地理志一》，第438页。

的道；另一是指与三京对应的道。这与辽太宗时期开始全面参考唐制设置辽代的官制和建立地方行政体制是吻合的，遗憾的是三京道的职官没有得到史料的印证。直至保宁六年（974）十二月戊子，才有了"以沙门昭敏为三京诸道僧尼都总管，加兼侍中"①的记载，也具备授受职官的特点。授予佛门僧官是辽代职官制度的特点之一。近年来，有学者对辽代僧官做了系统研究和剖析，肯定辽代僧官与寺职的存在②，也肯定其京、道官的特点。对景宗时期的这条史料略加分析可知，"三京"与圣宗以前没有中京和西京相吻合，"都总管"和"兼侍中"又将其定位在南面官系统。唐代侍中属门下省，级别很高。辽代这个僧官"侍中"有管理三京僧尼事务之权，也属于"特殊"政务，应当属于南面朝官系统。但因北面朝官系统的两个契丹枢密院和南面朝官系统的中书省是辽朝中央官的高层统治机构，僧官"侍中"的级别还需存疑。另外，"都"官也是临时性的。

辽圣宗即位，在未建中京以前，史籍中仍有"三京"诸道的提法。统和元年（983）十一月庚辰，"上与皇太后祭乾陵，下诏谕三京左右相、左右平章事、副留守判官、诸道节度使判官、诸军事判官、录事参军等，当执公方，毋得阿顺"③。这里的"诸道节度使判官"已经不是临时性的，而是归入"诸道"。辽朝地方行政建制中设有节度使州。在《辽史·百官志四》南面方州官"节度使职名总目"条下，列出某州某军节度使、节度副使、同知节度使事三个主要官员，下级官员有：行军司马、军事判官、掌书记、衙官。④这些职官在文献、墓志以及考古资料中可以查阅到相关记载。所属机构有：某马步军都指挥使司、某马军指挥使司、某步军指挥使司。也就是说，凡设有节度使的州，一般都要设这些职官或机构，也会有该州的"军号"。但这也不是在五个京（道）设五个节度使，而是在某京（道）之下的军州设有节

---

① 《辽史》卷八《景宗纪》，第94页。

② 张国庆：《佛教文化与辽代社会》，辽宁民族出版社2011年版，第56页。

③ 《辽史》卷十《圣宗纪一》，第112页。

④ 向南《辽代石刻文编》"刘存规墓志"有刘继阶"摄顺义军节度衙推"的记载。此与唐代节度使属官吻合。可补《辽史》之缺。向南编：《辽代石刻文编》，河北教育出版社1995年版，第9页。

度使。道级官员的权力显然要大于节度使，有检查节度使部门工作的权力。

从《辽史》记载可知，辽朝设置道级官员的情况，一直持续到辽道宗年间，即使在天祚帝保大三年（1123），夏四月甲申朔，也还有"以知北院枢密使萧僧孝奴为诸道大都督"[①] 的记载。可见，有辽一代一直设置与"道"有关的职官。

（二）辽代"道"级官员的级别与职能

探讨辽代与"道"有关的职官的级别及其职能，当然首先就要看"道"官是在辽朝北南面官制中的哪个系统。根据目前可以检索到的资料，系统、明确地以"道"排序的是辽代方州官系统，这部分史料中有某某"京道"之类的记载，京道所辖的州也按区域有明确划分；而《辽史·地理志》则明确以"京道"为总纲，这说明，"道"与"京"在行政区划上是吻合的，但也未见有道级官员或机构。可见，辽代的"道"官是被列于朝官、京官和州官之外的，属于临时委派的官员。

在《辽史·百官志四》"南面分司官"条中记载："平理庶狱，采摭民隐，汉、唐以来，贤主以为恤民之令典。官不常设，有诏，则选材望官为之。"可见，"官不常设"是辽代派遣道级官员的特点。"南面分司官"系统中主要职官有"分决诸道滞狱使"、"按察诸道刑狱使"、"采访使"[②]。从级别来看，"南面分司官"与"南面京官"、"南面方州官"等是处于同一级别系列，但担任道级官员者前往诸京州查办具体事务时的级别却与大多数地方官不同。辽代的道级官员有分司官的职能，同时也带有中央官的职级。这种情况的出现，与辽朝政权借鉴中原职官制度有较为直接的关系。唐代有"分司官"，如东都分司官，就是指分设于东都洛阳的一套中央职官体系。宋代也有分司官，也与陪都的设官有直接联系。而辽朝从太宗时代起，便全面借鉴中原政权的统治体系设置南面官。可见，辽朝南面官系统中的分司官与借鉴唐制或宋制有关，其本身不是契丹本族职官中原有的。至于辽朝是否如唐朝

① 《辽史》卷二九《天祚皇帝纪》，第 346 页。
② 《辽史》卷四八《百官志四》，第 821—822 页。

那样，将中央职官分设于几个京城，尚无史料依据，但辽朝将"朝官"派出担任"道"官却是事实，而且每次派出都是契丹皇帝钦点。基此，可以初步认为，"分决诸道滞狱使"、"按察诸道刑狱使"、"采访使"的级别，不会低于京级留守官。

由中央派出有"材望"者、"官不常设"、分"道"理事是辽朝派遣道级职官的特点。检索《辽史》，辽朝从中央派出担任"道"官的有北府宰相、北院枢密副使、知北院枢密使、中书令、翰林承旨、库部员外郎等。也有在朝职官不明，但以皇帝之"使"担任"道"官的。可见，只要是辽朝中央官中的北、南两个系统的官员，有"材望"者一般都可以作为"不常设"的"道"官被派出。当然，作为由辽朝皇帝临时委派到地方上的道级官员是钦差官，权力和地位都超出了地方官员。由于史料中关于辽代职官品级的内容十分零散，所以，目前只能参考唐代的官品级别。唐代有巡察、安抚、存抚、都督、采访处置等，从贞观至乾元年间变化频繁①，但职能都是查办对州县职官执政不利、不法，拥有罢黜权，官品有三品或五品。这些官员的官称基本与辽代道官的官称不同，仅"采访处置"与辽代的"采访使"有二字相同，但都是由朝廷直接委派到各地查办地方官员执政善恶的官员。三品至五品的品级，并非朝廷最高品级，但权力甚大。而辽代派出的道级官员，一般都挂有朝官的职级，而且较高。《辽史·百官志》虽然没有标出其所派道官在朝的品级，但按照辽朝职官的地位分析，至少契丹北院枢密副使、中书令的品级似应在正二品。当然，关于辽代职官的品级还有待于继续深入研究。可以基本断定的是，契丹北枢密院是辽代的最高军政部门，而中书省也是南面朝官系统的最高领导机构。若论品级，两者的主管官不会低于正二品，契丹北枢密院的主管官甚至应当是正一品。基此分析，辽代派出的道官，在品级上是略高于唐代的。

至于辽代道级官员的职能，辽代南面分司官中仅笼统地讲到了"平理庶

---

① 《新唐书》卷四九《百官志四下》，第 1310—1311 页。

狱，采摭民隐"，从中仅可以看出两项道官的基本职责。但梳理自辽太祖以后因事临时派出道官的记载，还可以总结出道官出任以后负责的一些事务。太祖年间曾下诏，命北府宰相萧敌鲁等分道疏决"四方狱讼"积滞颇多的混乱局面。① 此后，在辽代历史中，派出道官"分决诸道滞狱"的记载还有一些，此不详述。

辽代以道为单位安排和检查各类事务，"遣使"分道检查处理各类事务的记载甚多。"遣使"即由中央派出的官员；"分道"，则是按照道级区划分别行事。这部分官员，实际上就是临时委派的道官。如清宁二年（1056）六月乙酉，"遣使分道平赋税，缮戎器，劝农桑，禁盗贼"②。很清楚，道官出任后所涉及的事务有经济、军事、刑狱各类。另外，辽代按照道级区划设置节度使、观察使、防御使，而不是以"京"来设置的情况也是值得进一步研究的。

辽代职官制度是辽史研究中的难点，至今南面官系统是否为虚设仍存较大争议，"道"级职官或机构在南面官系统中更有其特殊性，还需不断进行深入研究才能够得出科学的结论。依据目前可以参考的史料可知，"道"以及道级职官都不是契丹本族固有的，是辽代契丹统治者吸收和借鉴唐朝制度（或中原政权的相关制度）而来。辽代是否存在道级行政区和道级官员，与辽朝统治者借鉴中原制度后如何根据辽朝需要推行这项制度有关。在中国古代，自汉代便有十三个州，设刺史负责监察，至唐代，也设道级监察区，由中央直接委派官员巡视，监察地方官员。辽代南面官的职官体系基本借鉴唐代，地方行政建置也参考唐制。不同的是唐有两京，辽有五京，辽朝的五京又是五个大的行政区划。唐代的道级监察区变化较多，而辽代的五京则是与道级监察区在管领区域方面是一致的。唐朝与辽朝的共同点是道级官员的委派均为临时性的，是监察官。

---

① 《辽史》卷六一《刑法志上》，第 936 页。
② 《辽史》卷二一《道宗纪一》，第 251 页。

辽代选官制度刍议*

武玉环（吉林大学文学院中国史系）

辽代选官制度是职官管理制度的重要组成部分，它关系到国家机器的运转，国家各项政策的执行与落实，甚至关系到国家的治乱兴衰，因此受到契丹统治者的格外重视。有关辽代选官途径方面的研究，现有的研究成果较多[①]，但是，在选官标准、选官途径、选官制度的运行机制及其评价等方面还有研究的空间。本文拟从以上几方面谈谈自己的看法。

一、选官标准与条件

辽代选官有其选拔的标准与条件。据史书记载，选拔职官的条件如下：

---

* 本文系国家哲学社会科学基金项目（12BZS034）；吉林大学哲学社会科学基金项目"学术名家自由探索计划（2013—2017）"阶段性成果之一。

① 关于辽代选官制度的研究，主要有姚从吾：《说辽朝契丹人的世选制度》，《台湾大学文史哲学报》1954年第6期，见《东北史论丛》（上），台北正中书局1976年版，第283—338页；杨树藩：《辽金贡举制度》，《宋史研究集》第7辑，台北中华丛书编审委员会1974年版，第115—149页；张希清：《辽宋科举制度比较研究》，见张希清、田浩等主编：《10—13世纪中国文化的碰撞与融合》，上海人民出版社2006年版，第85—113页；吴凤霞：《契丹世选制的发展变化及其历史作用》，《内蒙古社会科学》1999年第2期等。唐统天：《辽代仕进补议》，《社会科学辑刊》1990年第3期；关树东：《辽代的选官制度与社会结构》，见张希清等主编：《10至13世纪中国文化的碰撞与融合》，上海人民出版社2006年版，第438—461页；张志勇：《辽朝选任官吏的方式考述》，《辽宁工程技术大学学报》（社会科学版）2004年第2期；〔日〕高井康典行著，程妮娜译：《辽朝科举与辟召》，《史学集刊》2009年第1期；蒋金玲：《辽代荫补制度考》，《史学集刊》2010年第2期；蒋金玲：《辽代汉人的入仕与迁转》，《中国史研究》2013年第3期等。

（一）具有贤明的品德

辽初太祖耶律阿保机在选拔职官时，把被选者的品德放在第一位。"曷鲁领数骑召小黄室韦来附。太祖素有大志，而知曷鲁贤，军国事非曷鲁议不行。"[1] 太祖耶律阿保机选择耶律曷鲁，是因为"曷鲁贤"，即品德高尚。耶律曷鲁在追随太祖的十数年中，确实以其贤明的品德，忠实履行其职责，为辽太祖出生入死，运筹帷幄，被辽太祖誉为是他的"心脏"。辽太祖的另一位军师韩延徽，本为燕刘守光的部下，"后守光为帅，韩延徽来聘，太祖怒其不屈，留之。述律后谏曰'彼秉节弗挠，贤者也，奈何困辱之？'太祖召与语，合上意，立命参军事。攻党项、室韦，服诸部落，延徽之筹居多"。韩延徽见太祖"不屈"、"秉节弗挠"，韩延徽见强者不屈的气节，被述律后称为"贤者"，"贤者"，指的是人的品德、才能，指贤明之意。耶律曷鲁和韩延徽都被称为"贤者"，即品德贤明之人，而受到太祖的重用。

辽中期，同样把选官的人品放在第一位。刘景，资质端厚，好学能文。景宗即位，以景忠实，擢礼部侍郎，迁尚书、宣政殿学士。

牛温舒，范阳人。刚正，尚节义，有远器。道宗咸雍中，擢进士第，滞小官。大安初，累迁户部使，转给事中、知三司使事。国、民兼足，上以为能，加户部侍郎，改三司使。

（二）有才干有能力者

才能出众，具备一定的能力，是选官的另一重要标准。辽朝廷曾下诏："诏世选之官，从各部旧择材能者用之。"[2] 具有突出才能者，受到朝廷的重用。康默记："少为蓟州衙校，太祖侵蓟州得之，爱其材，隶麾下。一切蕃、汉相涉事，属默记折衷之，悉合上意。""韩知古，太祖召见与语，贤之，命参谋议。神册初，遥授彰武军节度使。久之，信任益笃，总知汉儿司事，兼主诸国礼仪。"康默记、韩知古都是以出众的才学，受到太祖的重视，而授予官职。

---

① 《辽史》卷七三《耶律曷鲁传》，第 1219 页。
② 《辽史》卷二〇《兴宗纪三》，第 237 页。

（三）于国有功者

辽代选官，除了品德、才学外，还注重个人的功绩。于国有功者及其后代，是选官的主要对象。例如耶律欲稳，平定剌葛叛乱，以功迁奚迭剌部夷离堇。圣宗统和元年，皇太后言，故于越屋质有傅导功，宜录其子孙，遂命其子泮洟为林牙。[①] 耶律图鲁窘，太宗立晋之役，其父敌鲁古为五院夷离堇，殁于兵，帝即以其职授其子图鲁窘。

（四）重视出身

重视出身，是辽代选官的条件之一。如果出身底层，不得为世选之官。圣宗太平八年（1028）十二月，诏庶孽虽已为良，不得预世选。尤其是选任南北王府的官员，必须出身要好，贱庶不得担任本部官。"诏两国舅及南、北王府乃国之贵族，贱庶不得任本部官。"

女里，"逸其氏族，补积庆宫人。应历初，为习马小底（小底，官名。辽制多小底官），以母忧去。一日至雅伯山，见一巨人，惶惧走。巨人止之曰：'勿惧，我地祇也。葬尔母于斯，当速诣阙，必贵。'女里从之，累迁马群侍中"。穆宗应历初，女里以积庆宫人入仕，为习马小底。小底，从九品（东、西班小底，三班奉职，在班祇候）。后来拥戴景宗即位，以翼戴功，加政事令、契丹行宫都部署，守太尉。[②] 可见，处于底层的宫户，也可有机会入仕为官。对于曾经犯法者，不得为官吏，史载"重熙九年，诏诸犯法者，不得为官吏"[③]。

二、选官途径

关于辽朝的选官途径方面，已经有多篇成果问世。但是，大多是探讨辽代的世选制度，涉及选官途径方面的文章，侧重在探讨世选、科举、荐举、

---

① 《辽史》卷一〇《圣宗纪一》，第 111 页。
② 《辽史》卷七九《女里传》，第 1273 页。
③ 《辽史》卷一八《兴宗纪一》，第 1190 页。

恩荫、流外、辟召、入粟补官等内容[1]，本文在此基础上，做了补充。在选官途径方面，还有宿卫入仕（武功入仕）、对少数民族赐官、授予降服人官职、对僧侣道士赏赐官职等。

（一）世选

世选是指在具有世选特权的家族中按某些标准挑选一个合格人选来继承某一官职和爵位，带有民主制的遗风。世选制度早在契丹部落联盟时代就已经出现。契丹可汗以及各部首领都由世选产生，并且一直延续到国家产生之后。北面官中的重要职位都是由皇族耶律氏和后族萧氏之中世选。世选制贯穿辽代始终。

世选制度的实施，是与辽初建国的国情紧密联系的。当时，辽初建国，急需大批管理人员，而皇室与外戚是契丹皇帝最为倚重和信任的力量，因此，辽初选官基本上是以世选制为基础，加以荐举、宿卫入仕等途径。

世选的职位：

1. 北、南府宰相

萧塔列葛，八世祖只鲁，遥辇氏时尝为虞人。唐安禄山来攻，只鲁战于黑山之阳，败之。以功为北府宰相，世预其选。可知，早在遥辇氏部落联盟时期，就任命萧塔列葛的八世祖只鲁担任北府宰相并世预其选。[2] 这种世选制一直延续到辽朝建立后。萧敌鲁，与弟阿古只、耶律释鲁、耶律曷鲁偕总宿卫。拜敌鲁北府宰相，世其官。世预其选的官职有时也会改变，上例中萧敌鲁是由世为决狱官而改为世为北府宰相[3]。萧海璃，上以近戚，嘉其勤笃，命预北府宰相选。[4] 神册六年（921），辽太祖以皇弟苏为南府宰相，"自诸弟构乱，府之名族多罹其祸，故其位久虚，以锄得部辖得里、只里古摄之。

① 张志勇：《辽朝选任官吏的方式考述》，《东北史地》2004 年第 8 期；关树东：《辽代的选官制度与社会结构》，见张希清等主编：《10 至 13 世纪中国文化的碰撞与融合》，第 438—461 页；〔日〕高井康典行著，程妮娜译：《辽朝科举与辟召》，《史学集刊》2009 年第 1 期；蒋金玲：《辽代荫补制度考》，《史学集刊》2010 年第 2 期；蒋金玲：《辽代汉人的入仕与迁转》，《中国史研究》2013 年第 3 期等。
② 《辽史》卷八五《萧塔列葛传》，第 1318 页。
③ 《辽史》卷七三《萧敌鲁传》，第 1222 页。
④ 《辽史》卷七八《萧海璃传》，第 1266 页。

府中数请择任宗室，上以旧制不可辄变，请不已，乃告于宗庙而后授之。宗室为南府宰相自此始。"①

2. 北、南院枢密使

北、南院枢密使也是世选制的官职之一。"时诸王多坐事系狱，上以（萧）护思有才干，诏穷治，称旨，改北院枢密使，仍命世预宰相选。"②萧思温，保宁初，为北院枢密使，兼北府宰相，仍命世预其选。③大康三年（1077），辽道宗诏北院枢密使魏王耶律乙辛同母兄大奴、同母弟阿思世预北、南院枢密之选。④

3. 决狱官

《辽史》卷七三《萧敌鲁传》记载，萧敌鲁的祖先遥辇氏时尝使唐，唐留之幽州。一夕，折关遁归国，由是世为决狱官。

4. 夷离堇

大康三年（1077），辽道宗诏北院枢密使魏王耶律乙辛、异母诸弟世预夷离堇之选。

5. 令稳

耶律解里，字泼单，突吕不部人。世为小吏。解里早隶太宗麾下，擢为军校。天禄间，加守太子太傅。应历初，置本部令稳，解里世其职。⑤

6. 招讨司吏

耶律阿息保，字特里典，五院部人。祖胡劣，太祖时徙居西北部，世为招讨司吏。⑥

7. 太医

耶律敌鲁，明医。人有疾，观其形色即知病所在。统和中，宰相韩德让

---

① 《辽史》卷二《太祖纪下》，第16页。
② 《辽史》卷七八《萧护思传》，第1266页。
③ 《辽史》卷七八《萧思温传》，第1267页。
④ 《辽史》卷二三《道宗纪三》，第279页。
⑤ 《辽史》卷七六《耶律解里传》，第1245页。
⑥ 《辽史》卷一〇一《耶律阿息保传》，第1434页。

贵宠，敌鲁希旨，言德让宜赐国姓，籍横帐，由是世预太医选。[①]

8. 本部吏

耶律八哥，统和中，以世业为本部吏。未几，升闸撒，寻转枢密院侍御。[②]

9. 节度使

耶律谐理，率军伐宋，宋人拒于滹沱河，耶律谐理率精骑便道先济，获其将康保威，以功诏世预节度使选。[③]清宁二年（1056），辽道宗诏二女古部与世预宰相、节度使之选者免皮室军。可知，节度使也是世选制中的重要官职。

世选之家并不是一成不变的，其间可以废止，也可以转为其他职位。例如耶律解里，世为小吏。应历初，置本部令稳，解里世其职。解里由世为小吏，转世为本部令稳。耶律乙辛，道宗朝曾被封为世选之家，后来被缢杀之。世选之官也被废止。[④]

（二）宿卫入仕、武功入仕

宿卫入仕，是辽初特殊国情下的产物。辽建国前后，太祖诸弟觊觎可汗位已久，曾多次发生叛乱。为此，太祖任用武艺高强者，环侍左右，以备不虞。其中的佼佼者，直接入仕为官，成为辽太祖最为倚重的力量。例如，耶律敌鲁，性宽厚，臂力绝人，习军旅事。太祖潜藩，日侍左右，凡征讨必与行阵。既即位，敌鲁与弟阿古只、耶律释鲁、耶律曷鲁偕总宿卫。拜敌鲁北府宰相，世其官。

又如阿古只，太祖为于越时，以材勇充任使。既即位，与敌鲁总腹心部。神册三年，以功拜北府宰相，世其职。

耶律欲稳，太祖始置宫分以自卫，耶律欲稳率门客首附宫籍。帝益嘉其

① 《辽史》卷一〇八《耶律敌鲁传》，第 1477 页。
② 《辽史》卷八〇《耶律八哥传》，第 1281 页。
③ 《辽史》卷八五《耶律谐理传》，第 1315 页。
④ 《辽史》卷一一〇《耶律乙辛传》，第 1484 页。

忠，诏以台押配享庙廷。①

以宿卫入仕者，大多武功高强，其后也多以护驾或武功升职。例如耶律斡腊，景宗保宁初，补护卫。车驾猎颉山，适豪猪伏丛莽，帝射中，猪突出。御者托满舍辔而避，厩人鹤骨翼之，斡腊复射而毙。帝嘉赏。及猎赤山，适奔鹿奋角突前，路隘不容避，垂犯跸。斡腊以身当之，鹿触而颠。帝谓曰："朕因猎，两濒于危，赖卿以免，始见尔心。"迁护卫太保。之后，加同政事门下平章事，为东京留守。②

辽朝中期，耶律休哥以武功入仕并以武功多次升职。耶律休哥，"少有公辅器。初乌古、室韦二部叛，休哥从北府宰相萧干讨之。应历末，为惕隐"。乾亨元年，辽军与宋军战于高梁河，休哥与耶律斜轸分左右翼，击败之。追杀三十余里，斩首万千级。在瓦桥关战役中，耶律休哥率精骑渡水，击败宋军。生获数将以献。帝悦，赐御马、金盂。师还，拜于越。

耶律奚低，便弓马，勇于攻战。景宗时，多任以军事。凡战必以身先，矢无虚发。③

耶律合住，初以近族入侍，每从征伐有功。保宁初，加右龙虎卫上将军。以宋师屡梗南边，拜涿州刺史，西南兵马都监、招安、巡检等使，赐推忠奉国功臣。④

（三）荐举

荐举制最初实行是在辽初期，并一直延续到辽末。其荐举又分为以下几种情况：

1. 朝官举荐

耶律斜轸，是由枢密使萧思温向景宗荐举，说斜轸有经国才，"上曰：'朕知之，第佚荡，岂可羁屈？'对曰：'外虽佚荡，中未可量。'乃召问以

① 《辽史》卷七三《耶律曷鲁传》、《萧阿古只传》、《耶律欲稳传》，第1219—1226页。
② 《辽史》卷九四《耶律斡腊传》，第1382页。
③ 《辽史》卷八三《耶律休哥传》、《耶律奚低传》，第1299、1303页。
④ 《辽史》卷八六《耶律合住传》，第1321页。

时政，占对剀切，帝器重之。妻以皇后之侄，命节制西南面诸军，仍援河东，改南院大王。"[1]

耶律马六，是由惕隐弘古举荐。耶律马六与耶律弘古为刺血友，弘古为惕隐，荐耶律马六补宿直官。[2]

2. 亲属荐举

辽代也有亲属之间荐举，体现了举贤不避亲的特点。统和年间，萧德临终之前，荐举其侄子萧柳，萧柳因此被诏入侍卫。[3] 萧兀纳，魁伟简重，善骑射。清宁初，兄图独以事入见，帝问族人可用者，图独以兀纳对，补祗候郎君。迁近侍敞史，护卫太保。[4]

3. 自荐

耶律唐古，廉谨，善属文。统和二十四年（1006），述屋质安民治盗之法以进，补小将军，迁西南面巡检，历豪州刺史、唐古部详稳。[5]

4. 基层推荐

萧敌烈，宰相挞烈四世孙。识度弘远，为乡里推重，始为牛群敞史。帝闻其贤，召入侍，迁国舅详稳。[6] 萧敌烈是由乡里推荐为牛群敞史（敞史：官府之佐吏），后迁国舅详稳。

统和十二年（994），辽圣宗诏郡邑贡明经、茂材异等。[7] 说明基层各州县有向朝廷推荐才能之士之责。荐举制扩大了选官范围，使得有才华、有能力者通过荐举脱颖而出，为辽朝廷输送急需的人才。

（四）流外出职

流外出职是辽朝职官入仕的又一途径，是低级吏员得以升职入仕的捷径。例如萧合卓，始为本部吏。统和初，以谨恪，补南院侍郎。统和十八年

---

[1] 《辽史》卷八三《耶律斜轸传》，第 1301 页。
[2] 《辽史》卷九五《耶律马六传》，第 1390 页。
[3] 《辽史》卷八五《萧柳传》，第 1316 页。
[4] 《辽史》卷九八《萧兀纳传》，第 1413 页。
[5] 《辽史》卷九一《耶律唐古传》，第 1362 页。
[6] 《辽史》卷八八《萧敌烈传》，第 1339 页。
[7] 《辽史》卷一三《圣宗纪四》，第 145 页。

（1000），北院枢密使韩德让举合卓为中丞，以太后遗物使宋。还，迁北院枢密副使。开泰三年（1014），为左夷离毕。① 萧合卓以本部吏，出职为南院侍郎，是以流外出职而入仕。

萧护思，世为北院吏，累迁御史中丞，总典群牧部籍。时诸王多坐事系狱，上以护思有才干，诏穷治，称旨，改北院枢密使，仍命世预宰相选。② 萧护思由北院吏而入仕，穆宗应历初，累迁为御史中丞，后任北院枢密使。

耶律八哥，"统和中，以世业为本部吏。未几，升闸撒狨，寻转枢密院侍御。会宋将曹彬、米信侵燕，八哥以扈从有功，擢上京留守"③。耶律八哥以本部吏升闸撒狨，寻转枢密院侍御。后来因功擢上京留守。

流外出职在石刻资料中也有记载。《李熙墓志》载："始自密院令史，历主事。官副都承、都承旨、都峰银冶副都部署、燕京军巡使、平滦营等州盐铁制置使、大同军节度副使、涿州版筑使、平州钱帛都监、新兴铁冶都部署。检校自国子祭酒、历太子宾客、工部尚书、尚书右仆射、司空、司徒，至太保。"李熙以流外官的枢密院令史入仕为官。最后官至营州刺史。④

（五）辟召

辟召是辽代入仕的途径之一。辽代的辟召，有皇帝亲自召辟，也有的是地方官辟召。

郭袭，不知何郡人。性端介，识治体。久淹外调。景宗即位，召见，对称旨，知可任以事，拜南院枢密使，寻加兼政事令。⑤

圣宗时期的耶律资忠，博学多才，工辞章，年四十未仕。圣宗知其贤，召补宿卫。数问以古今治乱，资忠对无隐。开泰中，授中丞，眷遇日隆。⑥

杨皙，幼通五经大义。圣宗闻其颖悟，诏试诗，授秘书省校书郎。太平

---

① 《辽史》卷八一《萧合卓传》，第 1286 页。
② 《辽史》卷七八《萧护思传》，第 1266 页。
③ 《辽史》卷八十《耶律八哥传》，第 1273 页。
④ 北京市文物研究所编：《北京市文物研究所藏墓志拓片》，北京燕山出版社 2003 年版，第 46 页。
⑤ 《辽史》卷七九《郭袭传》，第 1274 页。
⑥ 《辽史》卷八八《耶律资忠传》，第 1344 页。

十一年（1031），擢进士乙科，为著作佐郎。清宁初入知南院枢密使。^①

也有的是地方官辟召。《辽史》卷八六《刘景传》记载："景资端厚，好学能文。燕王赵延寿辟为幽都府文学。"辟召刘景为官的燕王赵延寿，时为南京留守（即卢龙军节度使），为地方官员。

（六）科举制度

科举制是选举职官的重要途径之一。辽代科举，始于辽太宗会同初年，在南京地区开设科举，但是在全国范围内实行科举制度，是在辽圣宗时期。

1. 科举制度设立的时间与四试

辽代科举制度在太宗会同年间初设。《辽史·室昉传》记载："会同初，昉登进士第，为卢龙巡捕官。"《宋史·宋琪传》也说："晋祖割燕地以奉契丹，契丹岁开贡举，琪举进士中第，署寿安王侍读，时天福六年（辽会同五年，942）也。"辽朝得后晋石敬瑭所献燕云十六州后，为稳定新占领地区的统治，笼络汉人上层参加政权建设，于南京地区开设科举，这是在局部地区开设科举，并非定制。之后，在保宁八年（976）十二月，"诏复南京礼部贡院"^②。直到统和六年（988），"诏开贡举"并"放高举一人及第"^③。辽朝科举制度才步入正轨，直至辽亡。

辽代科举的程序，要经过乡、府、省、殿试四级。《契丹国志》卷二十三《试士科制》记载如下："制限以三岁，有乡、府、省三试之设。乡中曰乡荐，府中曰府解，省中曰及第。时有秀才未愿起者，州县必根刷遣之……殿试，临期取旨。"

又据《金史》卷五十一《选举制》记载："金设科皆因辽、宋制，有词赋、经义、策试、律科、经童之制……凡诸进士举人，由乡至府，由府至省，及殿廷，凡四试皆中选，则官之。"辽、金史料都提到了辽设乡、府、省、殿四试。

---

① 《辽史》卷八九《杨晳传》，第1351页。
② 《辽史》卷八《景宗纪上》，第96页。
③ 《辽史》卷一二《圣宗纪三》，第133页。

除上述文献资料外，石刻资料也有关于这方面的记载。《全辽文》卷七《王泽墓志》："奉诏与故散骑常侍张公渥，考试析津□□，门无私请，路辟至公。"王泽为兴宗时南京副留守，知详覆院事，他主持了析津府的考试。与上述石刻资料相印证，《辽史·道宗纪》记载，大安五年（1089）三月，"诏析津大定二府精选举人以闻，仍诏谕学者，当穷经明道"。都说明辽朝设有府试。

关于殿试设立的时间，过去认为是在兴宗时期始设，一般都是根据《辽史·兴宗纪》中重熙五年（1036）的记载："（帝）御元和殿，以日射三十六熊赋，幸燕诗试进士于廷，赐冯立、赵徽四十九人进士第。""御试进士自此始。"而事实上，（御）殿试进士始于辽圣宗之时。统和二十七年（1009）十二月，"是岁，御前引试刘二宜等三人"①。统和二十九年（1011），"是岁，御试，放高承颜等二人及第"。说明在辽圣宗统和年间，已经开始实行"御试"，而非在兴宗时才设御试。

2. 举进士的条件与考试科目

关于举进士的条件，辽朝廷做了如下规定：

"医卜、屠贩、奴隶及倍父母或犯事逃亡者，不得举进士。"② 所谓医卜、屠贩、奴隶或犯罪之人不得举进士，是对举进士之人的阶级出身加以限制，可见，科举制的受惠者应为中、小地主以上家庭出身之人，也有少量出身贫寒的士人、平民。

对应试贤良科，辽朝廷规定："诏应是科者，先以所业十万言进。"③ 对应贤良科进士的人，要看过去是否有学业根基，必须在应试前"以所业十万言进"，才允许应贤良科之举。

契丹人不得应试科举，这是辽王朝为保持契丹民族尚武的风习而做出的规定。但是，由于辽境内契丹人受中原封建文明的影响日深，因此，契丹

① 《辽史》卷一四《圣宗纪五》，第164页。
② 《辽史》卷二〇《兴宗纪三》，第241页。
③ 《辽史》卷二二《道宗纪二》，第269页。

族中的文人冲破了朝廷规定的藩篱而应试科举。《辽史》卷八九《耶律蒲鲁传》中记载，耶律蒲鲁，曾在重熙中，"举进士第"。因耶律蒲鲁违反了朝廷的禁规，在中进士第后，"主文以国制无契丹试进士之条，闻于上，以庶箴（耶律蒲鲁之父）擅令子就科目，鞭之二百"。但是，上述禁令并未能阻挡住契丹民族学习汉文化、应试科举的热情，到辽后期，已废除了契丹及其他民族不许应试科举之令。例如西辽国的建立者耶律大石，就曾于天庆五年（1115）登进士第。①《全辽文·郑恪墓志》记载："君讳恪，世为白霫北原人……生二十九年，以属文举进士，中第三甲。……生子六人，三男三女。长企望，次企荣，皆隶进士业。"白霫是辽境内与契丹习俗相近的民族。郑恪为辽道宗时人，死于大安六年（1090）。因此，在辽道宗朝，已允许白霫人参加科举考试。辽朝对北方少数民族与契丹族是采取同一个因俗而治的国策，因此，可以推定，道宗时期，已允许契丹及其他少数民族应试科举。

关于应试的科目，据《金史·选举志》记载："金设科皆因辽、宋制，有词赋、经义、策试、律科、经童之制。"《契丹国志·试士科制》记载："程文分两科、曰词赋、曰经义，魁各分焉"，"圣宗时，止以词赋、法律取士，词赋为正科，法律为杂科"。可知，辽曾设立词赋、经义、法律等科。有人认为：宋朝"罢试律义，辽代也去'法律'，其沿袭之迹，显然可见"。但是，据辽代石刻资料记载，圣宗朝之后，并未去除法律科而改为词赋与经义。《全辽文》卷十二《窦景庸女赐紫比丘尼造经记》："乡贡律学张贞吉施手书。"查《辽史·窦景庸传》，窦景庸为清宁年间进士，死于大安九年（1093）。可知，辽朝在道宗时期，仍然把律学作为科举考试的科目。

辽朝中后期，除设律学科目外，仍保留明经、词赋等科目，作为科举考试的常设科目。《全辽文》卷十《宁鉴墓志铭》，撰于乾统十年（1110）。碑文中说："父讳的，明经登第。"宁鉴之父应为辽道宗、天祚帝时人，他以明经登进士第，可知，辽道宗、天祚帝时仍以明经为科举考试的科目之一。

---

① 《辽史》卷三〇《天祚皇帝纪四》，第355页。

《全辽文》卷十一《王安裔墓志》："既而攻词赋，大康五年，擢进士第。"大康为辽道宗时的年号，可知，辽道宗时仍然保留词赋这一考试科目。

贤良科设于辽道宗咸雍六年五月，"设贤良科，诏应是科者，先以所业十万言进"[1]。咸雍十年"丙子，御永定殿，策贤良"[2]。综上所述，道宗朝，科举考试的科目有词赋、法律、明经、贤良诸科。

3. 特恩赐第进士

辽代科举除正常考试录取进士外，还有特恩赐第进士，特恩赐第有以下几种情况：

一是于国有功之人。《辽史·圣宗纪》记载沈州节度副使张杰为节度使，其皇城进士张人纪、赵睦等二十二人入朝，试以词赋，皆赐第。实际上，这一年的八月，发生了渤海大延琳在东京领导的反辽起义，张人纪等同佐张杰固守沈州，叛乱平定之后，圣宗特赐予张人纪等进士第以嘉其忠。

二是对朝廷有贡献的朝臣子弟。张俭曾任圣宗、兴宗朝宰相，有功于朝，"俭弟五人，上欲俱赐进士第，固辞"[3]。据《梁援墓志》记载：官吏梁援长子庆先五赴御试仍名落孙山，辽道宗"于寿昌六年（1100）十月，特恩放进士及第"。

三是捐钱物为进士。辽朝的富民子弟，"自愿进军马，入献钱三千贯，特补进士出身"[4]。

科举成绩，分为三等，即甲科、乙科、丙科。张俭在统和中，一举冠进士甲科。[5] 杨皙在太平十一年（1031），擢进士乙科。[6] 王师儒，举进士，屈于丙科。[7]

---

① 《辽史》卷二二《道宗纪二》，第 269 页。
② 《辽史》卷二三《道宗纪三》，第 275 页。
③ 《辽史》卷八〇《张俭传》，第 1277 页。
④ （宋）叶隆礼撰，贾敬颜、林荣贵点校：《契丹国志》卷十一《天祚皇帝中》，上海古籍出版社 1985 年版，第 117 页。
⑤ 《张俭墓志》，见向南编：《辽代石刻文编》，河北教育出版社 1995 年版，第 265 页。
⑥ 《辽史》卷八九《杨皙传》，第 1351 页。
⑦ 《王师儒墓志》，见向南编：《辽代石刻文编》，第 645 页。

科举中第后，首次授予的官职，多为地方官或与文字有关的职位。任地方官职的如刘伸，重熙五年（1036），登进士第，历彰武军节度使掌书记、大理正。[①] 大公鼎，渤海人，咸雍十年（1074），登进士第，调沈州观察判官。[②] 马人望，咸雍中，第进士，为松山县令。[③]

担任与文字相关的职位如杨佶，统和二十四年（1006），举进士第一，历校书郎、大理正。[④] 杨皙，太平十一年（1031）擢进士乙科，为著作佐郎。[⑤] 耶律俨，登咸雍进士第。守着作佐郎，补中书省令史。[⑥] 张孝杰，重熙二十四年（1055）擢进士第一。清宁间，累迁枢密直学士。[⑦]

辽代科举制的实施，为汉族士人打开了入仕之门，使大批汉族士人进入辽朝廷，担任中央或地方的各级官员。科举取士由统和六年首开科举的放进士一人，到道宗朝增加到几十人、上百人不等，科举取士为辽朝职官队伍增添了新鲜血液，大批汉族士人充实到辽朝各级部门之中，改变了职官队伍中的民族构成，契丹贵族与汉族上层分子进一步密切合作，共同执掌辽朝政权，从而进一步巩固、加强了辽政权的统治。

（七）任子、荫补

任子与荫补制是辽代职官入仕的又一途径。任子、荫补始于辽初。据《辽史》卷七四《韩延徽传》：韩延徽之子韩德枢"年甫十五，太宗见之，谓延徽曰：'是儿卿家之福，朕国之宝，真英物也！'未冠，守左羽林大将军，迁特进太尉。"

耶律夷腊葛，宫分人检校太师合鲁之子。应历初，以父任入侍。数岁，始为殿前都点检。[⑧]

---

① 《辽史》卷九八《刘伸传》，第 1416 页。
② 《辽史》卷一〇五《大公鼎传》，第 1459 页。
③ 《辽史》卷一〇五《马人望传》，第 1461 页。
④ 《辽史》卷八九《杨佶传》，第 1352 页。
⑤ 《辽史》卷八九《杨皙传》，第 1351 页。
⑥ 《辽史》卷九八《耶律俨传》，第 1415 页。
⑦ 《辽史》卷一一〇《张孝杰传》，第 1486 页。
⑧ 《辽史》卷七八《耶律夷腊葛传》，第 1265 页。

统和元年（983）九月，皇太后言故于越屋只有傅导功，宜录其子孙。遂命其子泮泱为林牙。①

辽朝中后期，荫补逐渐扩大到基层官吏。大安元年（1085），道宗诏令："高墩以下、县令、录事兄弟及子，悉许叙用。"

在《辽史》中，记载着大量以戚属身份进入仕途之例。例如，萧札剌，保宁间，以戚属进，累迁宁远军节度使。②萧迭里得，太平中，以外戚补候郎君，历延昌宫使、殿前副点检。③萧挞不也，以戚属补祗候郎君。④上述几例都是以戚属身份而荫补入仕。荫补不但实行于契丹族之中，也实行于奚族之中。萧韩家奴，奚长渤鲁恩之后。太平中，补祗候郎君，累迁敦睦宫使。⑤

（八）赏赐与赠官

赏赐与赠官是契丹皇帝把官职赏赐与人。从辽朝初年，已经有了赏赐与赠官的记载。赏赐与赠官分为以下几种：

1. 少数民族赐官

对于周边的少数民族，辽朝廷采取笼络安抚的政策，授官给少数民族上层，使之成为辽朝统治下的地方官吏。从辽朝初年，就已经开始实施。例如对西部地区的回鹘、鼻骨德等族，会同二年（939），回鹘单于使人乞授官，诏第加刺史、县令。会同三年（940），鼻骨德使乞赐爵，以其国相授之。会同四年（941）三月，特授回鹘使阔里于越，并赐旌旗、弓剑、衣马，余赐有差。⑥

地处北部边陲的女真族，辽朝也授予他们官职，让其守卫北部边防。道宗大安元年，以南女直详稳萧袍里为北府宰相。大康八年（1082）三月，黄龙府女直部长术乃率部民内附，予官，赐印绶。⑦

---

① 《辽史》卷九七《耶律屋质传》，第 111 页。
② 《辽史》卷一〇六《萧札剌传》，第 1467 页。
③ 《辽史》卷一一四《萧迭里得传》，第 1514 页。
④ 《辽史》卷九八《萧挞不也传》，第 1422 页。
⑤ 《辽史》卷九六《萧韩家奴传》，第 1399 页。
⑥ 《辽史》卷四《太宗纪下》，第 45—49 页。
⑦ 《辽史》卷二四《道宗纪四》，第 287 页。

2. 赐予朝廷元老子弟官爵、进士及第

对于国有功者，辽朝廷赐予其子弟官爵或进士及第。如辽朝宰相张俭有弟五人，兴宗欲俱赐进士第，固辞。[①] 重熙十年（1041）八月，以医者邓延贞治详稳萧留宁疾验，赠其父母官以奖之。乾统年间，天祚帝追封耶律撒剌为漆水郡王，并"追赠三子官爵"。天祚帝以小斛禄为西南面招讨使，总知军事，仍赐其子及诸校爵赏有差。[②]

3. 授予降服人官职

辽朝对于降服的宋朝人，对其进行考试、举荐，然后授予官职。统和七年（989），宋进士十七人挈家来归，命有司考其中第者，补国学官，余授县主簿、尉。[③] 统和十二年（994），诏诸部所俘宋人有官吏儒生抱器能者，诸道军有勇健者，具以名闻。[④] 武白，为宋国子博士，后被俘。诏授上京国子博士。改临潢县令，迁广德军节度副使。[⑤]

4. 赐予僧侣、道士官职

辽朝廷也赐予上层僧侣、道士官职，以示优崇。重熙十九年（1050）正月，僧惠鉴加检校太尉。[⑥] 清宁五年（1059），僧志福加守司徒。清宁六年（1060）十二月戊午，加圆释、法钧二僧并守司空。[⑦]

除了赐予僧侣官职外，辽朝廷还赐予道士官职。太平五年（1025）夏五月，道士冯若谷加太子中允。[⑧] 僧侣、道士虽然有了官职，但是，多为虚职和荣誉职衔的赠官，以此来表示对其尊崇之意。

（九）入粟补官

辽道宗时期，连年自然灾害，为了缓解财政方面的困难，大安四年

---

① 《辽史》卷八〇《张俭传》，第 1277 页。
② 《辽史》卷三〇《天祚皇帝纪四》，第 351 页。
③ 《辽史》卷一二《圣宗纪三》，第 134 页。
④ 《辽史》卷一三《圣宗纪四》，第 145 页。
⑤ 《辽史》卷八二《武白传》，第 1294 页。
⑥ 《辽史》卷二〇《兴宗纪三》，第 241 页。
⑦ 《辽史》卷二二《道宗纪二》，第 268—270 页。
⑧ 《辽史》卷一七《圣宗纪八》，第 197 页。

（1088）四月定"入粟补官法"。据《张世卿墓志》记载，张世卿"进粟二千五百斛，以助口用。皇上表其忠赤，特授右班殿直，累覃至银青崇禄大夫，检校国子祭酒，兼监察御史，云骑尉"[①]。汉人要入粟才能补官，而契丹人要为官者，则需纳牛马驼若干头，才可为官。在《辽史·国语解》中有相关记载："契丹豪民要裹头巾者，纳牛驼十头，马百匹，乃给官名曰舍利。后遂为诸帐官，以郎君系之。"

三、辽代选官制度的运行机制及其评价

辽代选官制度在具体运行过程中，受到皇权与相权、中央集权与地方分权的不同程度的影响，因此，在选官标准、选官途径方面，在不同的年代，其标准因人而异，因时而异，从而导致其不同的结果。

首先是选官标准问题。在辽代前中期，基本按照当时的实际需要来选拔人才。辽代初期，在与契丹本族内部的叛乱分子的斗争中，在收服西北部少数民族的战争以及与渤海国的战争中，需要大批能征善战的将士，因此，在选拔各级官吏尤其是军事将领时，把武功作为选拔各级职官的首要条件。同时，在国家初立，各项制度草创的初期，任用深谙中原传统制度与文化，有着仕宦背景的降辽官吏，用来协助辽太祖建设新生政权，是势在必行的举措。因此，选拔能征善战、具有真才实学的人担任各级职官，是辽初选官的重要标准之一。当时的职官大多是以宿卫身份或以武功、才学而入仕，如耶律曷鲁、阿古只、萧敌鲁、韩延徽、康默记等。

到了辽代中期，圣宗以选贤任能为其选官的标准、先后有张俭、邢抱质、王继忠、耶律休哥、耶律斜轸、耶律化哥、耶律世良等文臣武将，他们恪尽职守、克己奉公，以其卓越的文治武功，协助圣宗开创了辽朝的盛世。

辽代后期，在选官标准方面，兴宗、道宗任人唯亲、以貌取人。辽兴宗

---

① 《张世卿墓志》，见向南编：《辽代石刻文编》，第65页。

宠信宦官赵安仁，"帝与安仁谋迁太后庆州守陵，授左承宣、监门卫大将军，充契丹汉人渤海内侍都知，兼都提点"。正如《辽史》所论："名器所以砺天下，非贤而有功则不可授，况宦者乎。继恩为内谒者，安仁为黄门令，似矣；何至溺于私爱，而授以观察使、大将军耶？"

身历两朝的耶律乙辛，深得兴宗、道宗的赏识。乙辛"美风仪，外和内狡。重熙中，为文班吏，掌太保印，陪从入宫。皇后见乙辛详雅如素宦，令补笔砚吏；帝亦爱之，累迁护卫太保。道宗即位，以乙辛先朝任使，赐汉人户四十，同知点检司事，常召决疑义，升北院同知，历枢密副使。清宁五年，为南院枢密使。""咸雍五年，加守太师。诏四方有军旅，许以便宜从事，势震中外，门下馈赂不绝。凡阿顺者蒙荐擢，忠直者被斥窜。"[1] 辽朝的用人大权，道宗完全交给耶律乙辛，选官制度因此而遭到破坏。

辽道宗"晚年倦勤，用人不能自择，令各掷骰子，以采胜者官之。（耶律）俨尝得胜采，上曰：'上相之徵也！'迁知枢密院事，赐经邦佐运功臣，封越国公"[2]。从辽道宗掷骰子看点数来决定授予官职来看，选官制度已经无章可循。道宗朝的汉人宰相张孝杰，善于迎合谄媚。深得道宗的赏识。道宗在宴会上诵《黍离》诗："知我者谓我心忧，不知我者谓我何求。"孝杰奏曰："今天下太平，陛下何忧？富有四海，陛下何求？"道宗大悦。大康三年（1077），群臣侍燕，道宗曰："先帝用仁先、化葛，以贤智也。朕有孝杰、乙辛，不在仁先、化葛下，诚为得人。"乙辛谮皇太子，孝杰同力相济。及乙辛受诏按皇太子党人，诬害忠良，孝杰之谋居多。乙辛荐孝杰忠于社稷，道宗谓孝杰可比狄仁杰，赐名仁杰，乃许放海东青鹘。孝杰久在相位，贪货无厌，时与亲戚会饮，尝曰："无百万两黄金，不足为宰相家。"[3] 可知，道宗所欣赏、信任并给予重任的耶律乙辛、张孝杰等人，正是窃权蠹政者，最终危及社稷，致使道宗其妻、其子以及一批忠直的大臣被迫害致死。

---

[1] 《辽史》卷一一〇《耶律乙辛传》，第1483页。

[2] 《辽史》卷九八《耶律俨传》，第1415页。

[3] 《辽史》卷一一〇《张孝杰传》，第1486页。

辽代初期，在选官途径上，主要为世选制、宿卫入仕（包括武功入仕）、辟召、流外出职、恩荫等途径。"辽朝前半期藩镇辟召、奏荐官员的现象十分普遍，即这一时期朝廷的用人权（尤其是对地方的用人权）受到一定的限制。其次，辽朝后半期，伴随着科举制度的确立，朝廷通过任命新取进士为地方官（尤其是任幕职官），逐渐将藩镇的用人权收归中央。"①除了上文所列的地方官辟召外，值得一提的是，辽代头下军州的头下主也有辟召权。头下军州的刺史可以由头下主选任家奴担任。《辽史》卷三七《地理志》载："头下军州，皆诸王、外戚、大臣及诸部从征俘掠，或置生口，各团集建州县以居之。横帐诸王、国舅、公主许创立州城，自余不得建城郭。朝廷赐州县额。其节度使朝廷命之。刺史以下皆以本主部曲充焉。"徽州，是景宗女秦晋大长公主所建。有媵臣万户，"节度使以下，皆公主府署"。头下军州的节度使是朝廷任命，节度使以下由头下主任命，头下主掌握部分用人权。统和十四年（996），"以宣徽使阿没里家奴阎贵为丰州刺史"。说明地方官荐举的官吏要上报辽朝廷，经过批复方能生效。②据不完全统计，辽代有头下军州约42个，分布在上京、东京等周边地区。可以想见，当时契丹贵族在地方官吏的选拔上，有一定的自主权。辽代中后期，契丹贵族用降服人户建立头下军州的现象逐渐减少。随着中央集权的加强，有的契丹贵族的头下军州被官收，成为隶属于皇族的斡鲁朵州县。例如贵德州，"太宗时察割以所俘汉民置。后以弑逆诛，（穆宗时期）没入焉。隶崇德宫（承天太后之孤稳斡鲁朵）。"双州，"沤里僧王从太宗南征，以俘镇、定二州之民建城置州。察割弑逆诛，（穆宗时期）没入焉"。隶崇德宫（承天太后之孤稳斡鲁朵）。遂州，"采访使耶律颇德以部下汉民置"。穆宗时，"颇德嗣绝，没入焉。隶延昌宫（穆宗之夺里本斡鲁朵）"。懿州，"太平三年（1023）越国公主以媵臣户置。清宁七年（1061）宣懿皇后进入，改今名"。上述契丹贵族的头下军州被官收之后，成为斡鲁朵属下的州县，说明辽中央通过没收契丹贵族私

---

① 〔日〕高井康典行著，程妮娜译：《辽朝科举与辟召》，《史学集刊》2009年第1期。
② 《辽史》卷一三《圣宗纪四》，第147页。

城，抑制契丹贵族势力的增长，从而加强中央集权的力量。

在选官方面，朝廷或地方任用人，要经过宰相、地方官的举荐。萧合卓升北院枢密使。统和六年（988），"遣合卓伐高丽，还，时求进者多附之；太平五年，有疾，会北府宰相萧朴问疾，合卓执其手曰：'吾死，君必为枢密使，慎勿举胜己者。'朴出而鄙之"①。"求进者多附之"，"勿举胜己者"，都说明北院枢密使、北府宰相，手握任人升职的大权。又如杨佶，在重熙年间居相位，"以进贤为己任，事总大纲，责成百司，人人乐为之用"②。可知辽朝宰相有举荐、任人之权。统和九年（991），圣宗下诏："诏诸道举才行、察贪酷、抚高年、禁奢僭，有殁于王事者官其子孙。"③说明地方长官有荐举人才之权。

经过宰相、地方官的举荐后，被荐举人最终要经过皇帝或主管部门的批准，方能任用。《辽史·国语解》："辽制，宰相凡除拜，行头子堂帖权差，俟再取旨，出给告敕。故官有知头子事。见阴山杂录。"可知，宰相等凡是除拜官僚，要上报皇帝，等候取旨，圣旨批复后，再出通告。传达圣旨之事的，是知头子事。在《辽史·百官志》中的"北枢密院"条，设有"给事北院知圣旨头子事"、"掌北院头子"二职，可知所言不虚。上述史料中，虽然没有明确说明设置"给事北院知圣旨头子事"官职的具体时间，可是，依据辽朝设立南北枢密院的时间，应该是在太宗、世宗时期。这就是说，辽朝前期虽然宰相、地方官等有辟举奏荐职官的权力，但是最后的定夺，还是把控在中央和皇帝的手中。

在选官权力方面相互制衡，皇权与相权、中央集权与地方分权时有交锋。保宁元年（969），"枢密使萧思温荐斜轸有经国才，上曰：'朕知之，第佚荡，岂可羁屈？'对曰：'外虽佚荡，中未可量。'乃召问以时政，占对剀切，帝

① 《辽史》卷八一《萧合卓传》，第 1286 页。
② 《辽史》卷八九《杨佶传》，第 1352 页。
③ 《辽史》卷一三《圣宗纪四》，第 141 页。

器重之。妻以皇后之侄，命节制西南面诸军，仍援河东，改南院大王。"①

开泰五年（1016），王继忠"为汉人行宫都部署，封琅邪郡王。六年，进楚王，赐国姓。上尝燕饮，议以萧合卓为北院枢密使，继忠曰：'合卓虽有刀笔才，暗于大体。萧敌烈才行兼备，可任。'上不纳，竟用合卓。及遣合卓伐高丽，继忠为行军副部署，攻兴化镇，月余不下。师还，上谓明于知人，拜枢密使。"② 以上史料说明对于举荐之人是否最终任用，皇帝还是十分慎重的，要进行亲自甄别，方能任用。

契丹及其他少数民族部族中所设置的官员，一般都由辽中央来任命。为了加强对部族内各少数民族的控制，辽中央选派契丹人充任少数民族的部族节度使，并给予一定的自主权。"五国、乌古部节度使耶律限洼以所辖诸部难制，请赐诏，给剑，仍便宜从事，从之"，"划离部人请今后详稳只于当部选授，上以诸部官长惟在得人，诏不允"。③ 都说明了在辽中央集权统辖下，辽代部族官员的选任是由中央来决定，从而控制地方分权势力的发展。

不可否认，辽代前期，地方分权势力是客观存在的，但是，辽朝中央也没有完全放开对于各级职官的筛选权力，只是前期中央对地方选官权限的把控较为松弛，选官权力这根主线还是掌握在中央的手里。只不过根据实际需要，把控得有时紧，有时松罢了。

---

① 《辽史》卷八三《耶律斜轸传》，第 1302 页。
② 《辽史》卷八一《王继忠传》，第 1284 页。
③ 《辽史》卷六九《部族表》，第 1091 页。

辽朝官员谥号赠赐初探

李月新（赤峰学院历史文化学院）

谥号是中原传统礼制之中的一项重要内容。《逸周书·谥法解》称："谥者，行之迹也；号者，功之表也"，即人死后之称，"积累平生所行事善恶而定其名也"[1]。契丹人始兴朔漠，北逐水草，其传统社会之中并无谥号及其相关制度的存在。辽朝建立之后，受中原汉文化影响，于国家制度方面的建设日益完善，最迟在辽朝中期，谥号已经成为被契丹统治集团及辽代社会普遍接受的事物。[2] 虽然《辽史·礼志》中没有关于辽朝时期"谥法"的内容，但是史文的记载已经证实，辽朝时期继承了中原"生有名，死有谥"的礼制传统，已经形成较为完整的官员谥号赠赐制度。本文即以辽朝时期政府赠赐给官员的谥号为主要研究对象，从目前已知汉文资料中的相关内容出发，考察辽朝时期官员谥号赐赠的具体情况，初步归纳其运行特点及其制度本身对辽代政治、文化的影响。

一、辽朝官员获赐谥号的概况

根据《辽史》、《契丹国志》及出土辽代墓志碑刻材料（如《辽代石刻文编》、《辽代石刻文续编》等）的记载，可以发现，早在太宗时期，辽朝国家

---

[1] 黄怀信：《逸周书汇校集注》卷六，上海古籍出版社1995年版，第668页。

[2] 在中原传统社会之中，已去世者谥号的获得通常有朝廷赐谥和私人之间的赠谥两种途径。由于目前尚不见辽代私人之间赠谥的资料，因此本文以官方赐谥为研究对象。

已经出现了对契丹皇室勋戚赠赐谥号的事例。如，太宗时谥耶律倍为文武元皇王；耶律羽之死后获赐谥文惠公等。其后官赐谥号的行为在辽朝时期屡见不鲜，并且出现有更改谥号的现象，如阿保机时曾立为太子的耶律倍，虽在政治斗争之中失利，浮海适唐。但是在其死后，太宗皇帝仍以王爵属之，并赐谥"文武元皇王"。然而世宗（耶律倍子）即位之后，随即便更耶律倍谥为"让国皇帝"。将太宗时期的"皇王"改为"皇帝"，并以"让国"二字为谥号加以描述，一方面否定太宗对耶律倍属以王爵的认定，肯定了其应得帝位的皇帝身份；另一方面以"让国"为名，十分直白，不论是出于大义的让，还是被迫的让，都直接点出耶律倍皇帝身份的正统性、合法性，并借此来肯定其子世宗皇位继承的合理性、合法性及正统性。由此可见，辽世宗对耶律倍谥号的更改，是出于政治目的的正名行为。再如，阿保机的第三子李胡，曾获封天下兵马大元帅之号，虽然在后来的最高权力争夺过程之中失败，但圣宗统和中有追谥钦顺皇帝的举动，而后的重熙二十一年（1052）亦有改谥，即"更谥章肃，后曰和敬"[1]。

　　道宗时期政府对官员谥号赠赐的案例数量最多，除了皇族、后族勋贵之外，一批跻身于统治集团上层的汉族官员，也获得了死后赠谥的殊荣。这种情况一方面体现了辽代晚期国家制度文化建设的逐步完善，另一方面也意味着官方谥号赐赠范围的扩大。

　　《辽史》中并没有关于辽朝时期官方的议谥程序及执行机构的记载，因此无法确切地还原辽代谥号的赠赐程序。但是在目前已知的石刻资料中可以发现，辽朝官方对已去世官员谥号的赠赐，是要经过请谥、议行、恩赐等程序步骤的。如耶律庆嗣死后，道宗"诏下丞相府曰，若公之勤可纪，乃赠中书令"。"将葬请谥"，则由礼官依据谥法议谥，皇帝遣使敕祭发引。[2] 另，《耶律宗政墓志》之中有"太常议行"；《耶律宗允墓志》中亦有"太常考行"等记载。据此可知，辽朝时期对一定级别官员的谥号赠赐，也要履行死

---

① 《辽史》卷七二《章肃皇帝李胡传》，第 1214 页。
② 向南编：《辽代石刻文编》，河北教育出版社 1995 年版，第 457 页。

者家属向有关部门申报请谥，经太常寺议行、考行，再由礼官议谥，上报皇帝批准等程序，才能够获得谥号。赠谥也要有相应的仪式，一般由皇帝遣专使主持，并在吊唁或丧葬时举行。至于能够得到官方赠谥的官员品级标准，《辽史》中并无记载。据唐制，王公三品以上薨者，其故吏录行状，申报尚书省考功校勘，再下太常寺博士拟议，经尚书省议定，报告皇帝赐给。[1] 而宋制亦规定："王公及职事官三品以上薨，赠官同"，可以 "本家录行状上尚书省，考功移太常礼院议定，博士撰议，考功审覆，判都省集合省官参议，具上中书门下宰臣判准，始录奏闻。敕付所司即考功录牒，以未葬前赐其家"[2]。由于辽朝时期的建官制度多受唐宋影响，而且在议谥、赠赐等程序上也呈现出与唐宋制度趋同的现象，因此，辽制亦可能参考唐宋制度，将定谥的官员等级限定在三品以上。

另外，从墓志材料提供的信息亦可知，太常寺当是辽朝政府之中赠赐谥号的一个重要职能部门。《辽史·百官志》中录辽朝中央设有太常寺，下辖有博士、赞引、太祝、奉礼郎、协律郎等。由此可知，辽朝中期之后的赠赐谥号程序大体上与宋制度相似。

虽然囿于史料，难免缺失，但是辽朝时期官员谥号赠赐的大致情况依然可见。并且至少到辽朝中期之后，国家已经形成了一套程序较为完整的谥号赠赐制度。

表 1　目前已知辽代官员获赐谥号情况

时期	姓名	谥号	出处
太宗	耶律羽之	文惠公	《耶律羽之墓志》
景宗	罨撒葛	钦靖	《辽史·皇子表》
	耶律吼	庄圣	《辽史·景宗纪上》

---

[1]　汪受宽：《谥法研究》，上海古籍出版社 1995 年版，第 112 页。

[2]　《宋史》卷一二四《礼志二十七·凶礼三》"诸臣丧礼等仪"条，第 2913 页。

时期	姓名	谥号	出处
圣宗	耶律隆祐	仁孝	《辽史·皇子表》
	耶律隆庆	孝贞（孝文）[1]	《辽史·营卫志上》、《契丹国志·诸王传》、《耶律宗政墓志》、《耶律宗允墓志》、《耶律宗教墓志》
	耶律隆运	文忠	《辽史·耶律隆运传》、《耿延毅墓志》、《韩橁墓志》
	马得臣	刚简	《契丹国志·马得臣传》
兴宗	李胡	圣宗统和中追谥"钦顺皇帝"，重熙二十一年，更谥"章肃"，后曰"和敬"	《辽史·章肃皇帝李胡传》
	耶律倍	太宗时谥"文武元皇王"，世宗时改谥"让国皇帝"，圣宗统和中更谥"文献"，重熙二十年，增谥"文献钦义皇帝"	《辽史·耶律倍传》
	萧孝穆	贞	《辽史·萧孝穆传》
	萧孝先	忠肃	《辽史·萧孝先传》
道宗	耶律良	忠成	《辽史·耶律良传》
	耶律浚	昭怀太子	《辽史·道宗纪四》
	耶律宗政	忠懿	《耶律宗政墓志》
	耶律宗允	恭肃	《耶律宗允墓志》
	耶律庆嗣（《辽史》记"挞不也"）	贞愍（《辽史》记谥号为"贞悯"）	《辽史·耶律仁先附子挞不也传》、《耶律庆嗣墓志》
	杜防	元肃	《辽史·杜防传》
	姚景行	文宪	《辽史·姚景行传》
	窦景庸	肃宪	《辽史·窦景庸传》
	杨遵勖	康懿	《辽史·杨遵勖传》
	赵徽	文宪	《辽史·赵徽传》
	李仲禧	钦惠	《辽史·耶律俨传》
	刘二玄	忠正	《秦晋国妃墓志》
	贾师训	靖懿	《贾师训墓志》
	萧常哥	钦肃	《辽史·萧常哥传》
天祚帝	萧义[2]	恭慕	《萧义墓志》
	耶律斡特剌	敬肃	《辽史·耶律斡特剌传》

续表

时期	姓名	谥号	出处
天祚帝	耶律弘世	恭正	《耶律弘世墓志》
	耶律俨	忠懿	《辽史·耶律俨传》
	马人望	文献	《辽史·马人望传》
	梁援	忠懿	《梁援墓志》

[1] 据《耶律宗政墓志》记宗政为"孝贞皇太叔之元子"；《耶律宗允墓志》称宗允为"孝贞皇太弟之第三子"；《耶律宗教墓志》称宗教为"孝贞皇太叔之胤子"等记载可知，耶律隆庆的谥号应为孝贞。

[2] 向南编《辽代石刻文编》中收入《萧义墓志》，并考释萧义即萧常哥，但该墓志所记谥号与《辽史·萧常哥传》中所记谥号不同，今两存。

二、辽朝官员谥号赠赐的特点

辽朝时期能够得到官方的谥号赠赐是死者的殊荣，一般都会在墓志碑铭中记载下来，并且常与爵位、官职等一同放在比较醒目的碑额部分。如《耶律宗允墓志》首记：大契丹国故保顺协赞推诚功臣、天雄军节度使、魏州管内观察处置等使、开府仪同三司、检校太师、守司徒、兼中书令、行魏州大都督府长史、判匡义军节度、饶州管内观察处置等使、上柱国、鲁王、食邑一万五千户、食实封一千五百户、进封郑王、谥曰恭肃，《耶律王墓志》并引①；《梁援墓志》首题：大辽故经邦忠亮同德功臣、开府仪同三司、尚书左仆射、兼中书侍郎、同中书门下平章事、兼修国史、知枢密院事、上柱国、赵国公、食邑一万户、食实封一千户、赠侍中、谥号忠懿，《梁公墓志》并序等②，很少出现已经获赐谥号但在志碑中不录的情况。在目前已知的辽朝官员谥号之中，可以发现，其谥号赠赐的特点主要有：

（一）得到赠赐谥号的群体限定

按照中原制度，宗室是最早而且普遍获得谥号的一个群体，唐朝之后宗室谥法转严，宋朝宗室谥法循唐制，一般皇子封王有谥，其余则非功不谥。③

---

① 向南编：《辽代石刻文编》，第 319 页。

② 向南编：《辽代石刻文编》，第 519 页。

③ 汪受宽：《谥法研究》，第 109—111 页。

辽初的谥法有借鉴中原礼制的一面，宗室也是最早获得谥号的一个群体。但是辽初国家谥号赠赐的范围并未扩大到整个官僚群体，而是被严格地控制在宗室范围之内。同时，赠赐谥号的目的与契丹国家政治权力争夺有着较为密切的联系，如太宗、世宗等人对耶律倍的定谥和改谥等。景宗之后，伴随着皇位承继的有序化，谥号的赠赐淡化了权力争夺的政治色彩。兴宗时期对国家谥号赠赐的制度进行了调整和完善，除对以往赠赐的谥号进行的更改、修订之外，还将谥号赠赐的对象范围由宗室扩大到了后族。道宗之后又有进一步的扩充，将汉官群体纳入其中。

道宗之前，获得赠谥的汉人数量十分稀少。目前仅有圣宗时马得臣获赐谥刚简，韩德让获赐谥文忠。其中韩德让又与其他汉人不同，《辽史·耶律隆运传》载，统和十九年（1001），获赐名德昌，二十年（1002），赐姓耶律，二十八年（1010），复赐名隆运，后出宫籍，隶横帐季父房之后，并拟诸宫例，建文忠王府，基本上与契丹宗室无异，甚至还在政治地位上高于一般的皇族成员。因此，耶律隆运获赐谥号也应在宗室范围之内。而耶律隆运的父亲曾佐佑五朝的韩匡嗣，拥有十字功臣号，并获封一字王，死后虽然享受了超于常典的国家祭赠，但因不在宗室范围之内，仍未能够得到朝廷赠谥的荣耀。但道宗之后，获得谥号的汉官开始增多，这说明契丹国家谥号赠赐的范围进一步扩大，将一批跻身于最高国家政权集团的汉官群体纳入其中。如在得获谥号的官员之中，杜防、姚景行、赵徽等人都曾担任过宰相之职。

由此可见，辽朝时期官方对谥号赠赐的控制十分严格，国家赐谥呈现出明显的阶段性和民族性特征，即辽初获得赐谥的都是宗室成员，兴宗时将范围扩大到后族，道宗之后将一定级别（有参考宋制以三品为限的可能）的汉官群体也纳入谥号赠赐的范围。因此，作为极高的荣耀，只有地位极其显赫的勋贵重臣，才能够得到官方所赐赠的谥号。

（二）辽代的议谥

按照谥号赠赐的程序（请谥、议谥、定谥、赐谥等几个步骤），要由礼官按照死者生前行状进行议谥。今本《辽史》中虽然没有保留辽朝时期官方

议谥的谥法，但是在墓志之中却零散保留了部分相关的信息。在写于大安
十年（1094）的《耶律庆嗣墓志》中，记载了耶律庆嗣所获赐谥号的程序步
骤。其中礼官通过对耶律庆嗣生平行状的考定，"按谥法云，图国忘死曰贞，
佐国遭忧曰愍"[1]，议定以"贞愍"为谥。耶律庆嗣即《辽史》之中所记之耶
律仁先之子挞不也[2]，《辽史》本传中记载其谥号为"贞悯"。盖愍、悯二字
同义，可兼用之故也。

　　墓志中提及谥法，其中的"贞"字，唐张守节《史记正义论例·谥法
解》中称"清白守节曰贞；大虑克就曰贞；不隐无屈曰贞"，不录墓志中提
及的"图国忘死曰贞"。对"贞"字这样的解释，则出现在北宋苏洵所编的
《谥法》中。又"愍"字，《史记正义论例·谥法解》中称"在国遭忧曰愍"。
刘师培云：《续博物志》"在"作"佐"[3]。按《续博物志》，《四库全书总目提
要》称其为宋人旧笈，采择自宋初以来逸闻而成。可知，在宋代的谥法之中
有"佐国遭忧曰愍"。另外《隆平集》中记北宋名臣寇准的谥号，亦称"危
身奉上曰忠；佐国遭忧曰愍"[4]。据此可知，耶律庆嗣定谥号所依据的"图国
忘死曰贞"，"佐国遭忧曰愍"，亦通行于北宋。可见，辽人议谥在内容上很
有可能参考的是北宋的谥法。又根据"贞"、"愍"二谥并未同时俱见于同
书，推知辽人使用的《谥法》应是本朝所编定，并未完全照搬、借用北宋谥
法。综上可知，至迟到道宗时期，辽朝已经形成了较为完整的赐谥制度，并
录有本朝使用的《谥法》。

（三）谥字的选用

　　从目前所知材料出发，可知辽代官员获赐的谥号多使用赞扬其善德美行
的褒奖之字，不见有贬斥之字的使用，即有着美谥为主，不见恶谥的特点。
其中忠、恭、懿、肃等字的使用频率较高，如"忠懿"，按苏洵《谥法》盛

---

① 向南编：《辽代石刻文编》，第457页。
② 向南编：《辽代石刻文编》，《耶律庆嗣墓志》篇下考释耶律庆嗣即挞不也，第458页。
③ 黄怀信：《逸周书汇校集注》卷六，第729页。
④ （宋）曾巩撰，王瑞来校正：《隆平集校正》卷四《宰臣·寇准》，中华书局2012年版，第159页。

衰纯固、危身奉上、临患不忘国、推贤尽忠、廉方公正等曰忠；温柔贤善、柔克有光等曰懿，可知忠懿用来形容个人道德上的忠诚与性情上的纯淑。据《耶律宗政墓志》记载太常在讨论对耶律宗政的谥号时，依据的是耶律宗政兼具八凯、八元之德①，取其兼具八元之德义，亦是评价其道德品质上的至美。仅据目前已知，就有耶律宗政、耶律俨、梁援三人都获赐忠懿。可见辽朝国家对个人道德上的忠诚和品质上的纯淑十分推崇。敬事供上曰恭；刚德克就曰肃；威仪悉备曰钦等，皆是对个人忠、敬等道德品质的褒扬。再则"文"谥，除了耶律隆运获赐谥"文忠"之外，道宗朝之后的姚景行、刘徽、马人望均因出身科举，博学多识而获赐"文"谥，说明辽朝中晚期以后，对臣下谥号的赏赐除了对美好道德品质的旌扬之外，还有对官员出身及个人能力方面的考量。

（四）谥号的字数

辽朝时期官方赠赐的谥号多为二字谥。在上表之中所列的辽代官赐谥号中，除耶律倍获赐的四字谥（文献钦义）以及萧孝穆的单字谥（贞）之外，全部为二字谥。② 在谥号用字数量方面较之唐朝有所变化，基本上与同一时期北宋政府赠赐给官员的谥号相一致。③

三、辽朝赐谥制度的影响

首先，谥号的赠赐是国家统治集团意志和态度的具体表现，在巩固统治、维护社会等级等方面有较为重要的作用。辽朝建立之后，受中原制度文

---

① 向南编：《辽代石刻文编》，第308页。

② 《耶律羽之墓志》中称谥曰文惠公，公当为爵号，实则为二字谥。《辽代石刻文续编》，第4页。汉代比较严格地遵循了《仪礼·士冠礼》中"生无爵，死无谥"。卿大夫有爵，故有谥"（彭林仪注：《仪礼全译》，《士冠礼第一》，贵州人民出版社1997年版，第36页）的原则，故谥号与爵号连用。唐朝之后无爵之官也可获谥号，是以官僚谥号不与爵号连用，后宋承袭唐制。据《宋会要辑稿》礼五八至九八可知，耆老大臣与乡党有德之士，才偶偶有获赐带公的谥号。刘琳、刁忠民等点校：《宋会要辑稿》，上海古籍出版社2014年版，第2068页。

③ 汪受宽认为"宋代诸臣谥号几乎全为2字，开后代予臣谥2字的定例"。见《谥法研究》，第33页。

化的影响，也将谥法作为巩固政权、维护契丹统治集团政治地位的重要手段之一。从目前已掌握的资料来看，兴宗之后，迟至道宗时期，辽朝已经形成了一套较为完善的赐谥制度。而且辽朝国家的谥号赠赐控制较为严格，非勋戚重臣很难获赐谥号。辽初谥号赠赐带有浓厚的政治权力色彩，并且将赠赐范围限定在皇族范围，这也有维护契丹统治集团政治地位的目的。辽朝中期以后，伴随着皇权的巩固，统治基础的稳定和扩大，谥号的赐赠范围也相应地进行了扩充。谥号赠赐范围的变化，也是辽朝加强皇权和维护社会等级等在制度文化上的反映。从辽代谥法发展的情况来看，辽代谥号赠赐制度具有鲜明的阶段性和民族性，强调了辽朝契丹皇室在政治上的独特地位，维护了辽朝社会的等级尊卑，将契丹统治者与其他被统治民族在荣誉等级上区别开来。同时，谥号赠赐人群范围的变化，也在实际上起到了维护辽朝政权之中契丹民族的超然地位，笼络汉人官僚集团上层的作用。

其次，《逸周书·谥法解》称："是以大行受大名，细行受小名；行出于己，名生于人。"[1] 即谥号将人生前的"行"与身后的"名"联系起来，因此，谥号本身就带有对人物道德品质的品评，起到了"明善恶"的实际作用。而官方的谥号赠赐通过树立符合当时社会道德标准的榜样，能够实现劝善止恶的目的。因此，历朝历代的官方都十分重视对官员谥号的赠赐。契丹民族以游牧射猎为生，在其传统社会之中一直有着崇尚勇武的风气。随着辽朝政治、经济、文化的发展，赐谥制度又进一步承担其改造契丹传统社会"尚勇武"风气，树立符合国家利益的新的社会道德风尚，维持社会稳定，巩固辽朝政权的重任。皇帝通过对臣下的赠谥，在维系了良好的君臣关系、巩固辽朝政权统治基础的同时，强调官员道德之中的忠公体国和尽忠职守及品质上的纯良，实现了其树立道德标杆、号召全社会学习的目的。

因此，辽朝时期官方谥号的赠赐，即实现了褒奖已去世官员优秀的道德品质的目的，同时也起到了劝善阻恶，规导世风的作用。如《萧琳墓志》中

---

[1]　黄怀信：《逸周书汇校集注》卷六，第 669 页。

就将"族帐渐盈,桂玉恒给"归功于萧琳"孝敬父兄,和顺弟侄,信义朋
友,礼乐乡闾"的个人道德品质。[1]《耶律弘世墓志》称其为人"蕴孝悌之吉
德,履忠义之顺行",谥以恭正,以表其"行己恭顺,始终令善"。[2] 而这些
社会上普遍认可的美德不见于传统契丹社会,均来自传统儒家的道德观念。
由此可见,国家礼仪生活之中对忠贞、良善等道德品质的褒扬,在巩固皇权
权威、维护辽朝社会稳定的同时,也在实际上对契丹传统道德标准的改变起
到了推动作用。

　　综上可知,受中原礼制文化的影响,辽朝中后期已经形成了一套较为完
整的针对官员谥号的赠赐制度。从辽朝谥号赠赐的具体情况来看,辽代谥法
虽受唐宋制度影响,但是在具体的实施过程中,呈现出了鲜明的阶段性和民
族性特征。而赐谥制度的运行,也在实际上起到了强化皇族地位、维护政权
统治的作用,同时以美谥为主,不见恶谥,也体现了辽朝通过谥号的赠赐,
自上而下地对忠、孝等道德品质进行褒扬,促进了符合国家利益的辽代社会
道德风尚的形成。

---

[1]　向南、张国庆、李宇峰辑注:《辽代石刻文续编》,辽宁人民出版社 2010 年版,第 71 页。
[2]　向南、张国庆、李宇峰辑注:《辽代石刻文续编》,第 192 页。

辽代佛学教育运行机制述论

高福顺（吉林大学文学院中国史系）

辽代佛学教育是契丹社会教育与教化的重要组成部分，在崇佛佞佛风气影响下形成了很多具有地域特色的佛教宗派的教育体系，并对辽代的政治、社会、生活等领域均产生了深远影响。[①] 在这样的社会背景之下，辽代佛学教育通过寺院教育方式、佛学大师大德侍讲方式、设置宗教邑社普及佛学方式、以居家修佛方式等多种不同层次的教育途径，使上至皇帝、达官贵人，下至士庶黎民均接受佛学教育，致使佛教在中国北疆游牧社会获得了前所未有的发展。

一、以寺院教育的方式传授佛学

辽代佛教寺院是辽代僧尼聚居的场所，更是辽代学僧接受佛学教育的基地。辽代佛教石刻资料中，有关此方面的事例几乎是俯拾即是，姑举数例如下：本师和尚法莹，"范阳县团木□□户村人也，俗姓梁氏。童子出家，依年受具。性柔勤学，精进为务，习律□讲唯识论"[②]。本师和尚季支，"范阳县梁家庄人也，姓郝氏。自小出家，受具后，住山一十五年，诵六门陀罗尼大

---

① 尤李：《辽代佛教研究评述》，《中国史研究动态》2009 年第 2 期，后收入尤李：《多元文化的交融：辽代历史与文化研究》，中国社会科学出版社 2013 年版，第 187—200 页。

② 《沙门志果为亡师造塔幢记》（清宁六年，1060），见陈述辑校：《全辽文》卷八，中华书局 1982 年版，第 176 页。

般若经明王经大小乘律等经，诵满万部"①。非浊大师，"俗姓张氏，其先范阳人。重熙初，礼故守太师兼侍中圆融国师为师"②。非觉大师，俗姓刘氏，析（津）府之良乡，"虽代有簪绂，性无（下缺十七字）受具戒，乃师归义寺义从上人。亦道行高（下缺十六字）禅师宴息之所，杖锡一往，遂有终焉之志。（下缺十六字）如来阐教，大抵有经律论诠其三学，师以（下缺十六字）先于此"③。僧思拱，易县燕城乡龙固里人，"俗姓周，丱年落发，二旬受其寒窗寻究之功，勤心口海，致解玄源之理；探迹奥业，乃讲华严经，玄谈金光明经并诸律论不可备矣"④。燕京三学寺殿主严慧大师，俗姓李氏，燕京析津县庞村人，"大康元年，师年二十有五，始剃落礼甘泉普济寺右街僧录判官仪范大师讳非觉者为师。后从师住慧济寺，于此受具。既而肄习经律二，学者推之"⑤。燕京永泰寺、崇禄大夫、检校太尉、传菩萨戒、忏悔正慧大师，俗姓齐氏，本永清县永口里齐公之季男，"自为幼童，天分灵异，不为髫发。尔后厌居俗室，志乐空门。出家礼燕京天王寺三藏为师，遇恩受具。以后四口口口口未及行口口口律论，迥出入间，大传于世。自后回礼永泰寺口守司徒疏主大师为师，口试经受具。受宣十口口京为三学经主，因此宣赐到紫衣。未久之间，奉敕为燕京口僧录。可谓人天眼目，昏夜慈灯。为三界之导师，布八方之化主。普设义坛，所度之众，数过以百余万"⑥。辩正大师"讳法闻，固安县祈务人也。俗姓李氏，自童年出家。礼石经寺律法华为师。乾统元年，遇恩受具"⑦。沙门圆成等燕山府故讲经律论提点慈慧大师，"讳惠忍，俗姓和氏，本燕人也。父授龙门县令。五岁依止大兴教寺山主上人为

① 《沙门可训为本师季支造塔记》（清宁七年，1061），见陈述辑校：《全辽文》卷八，第177页。
② 《非浊禅师实行幢记》（清宁九年，1063），见陈述辑校：《全辽文》卷八，第180页。
③ 《非觉大师塔记》（大康九年，1083），见向南编：《辽代石刻文编》，河北教育出版社1995年版，第398页。
④ 《僧思拱墓幢记》（大安二年，1086），见向南、张国庆、李宇峰辑注：《辽代石刻文续编》，辽宁人民出版社2010年版，第211页。
⑤ 《普济寺严慧大德塔记铭》（乾统七年，1107），见向南编：《辽代石刻文编》，第571—572页。
⑥ 《忏悔正慧大师遗行录》（天庆六年，1116），见向南编：《辽代石刻文编》，第658—659页。
⑦ 《涿州石经山云居寺辩正大德石塔记（残文）》（乾统七年，1107），见陈述辑校：《全辽文》卷十，第288页。

师。九岁受具"①。宝胜寺前监寺大德玄枢，"俗姓梁氏，代为安次县人也。幼
而敏悟，具释子相。九岁出家，礼圣利寺讲法华经义隆上人为亲教，拳拳及
□而检迹于无过之地。清宁二年，依法受具。尔后学大小乘教，凡□法席终
擅其场"②。从梳理的出家僧尼的履历看，出家僧尼都需要"礼"大师研习各
种佛教经典，以备"遇恩受具"，获取佛学教育之再教育的各种"学衔"。

辽代能够涌现出众多知名法师，传授"三学"，均有赖于佛教寺院的
"学衔"教育体系。不过，在获取"学衔"资格的过程中，研习各种佛教经
典还是要勤奋钻研、下一番苦功夫的，据《沙门守恩为自身建塔记》记载：
"故本师讲经律论沙门师赟，弟子七人。故守清、守显、守干、守景、守寂，
见在守恩持诸杂真言，大悲心小佛顶胜六字观音满愿金刚延寿文殊一字咒，
大方等经，大忏悔普贤菩萨灭罪释迦寿命百存名咒，文殊菩萨十吉祥陀罗尼
等真言，大般若心经，共十二道，约持四十余年。"③ 又，《燕京大悯忠寺故
慈智大德幢记》记载："师行也以精进心，□不退轮，以勇健力，挝无畏鼓。
讲说群经□□□□读杂花啻一百遍。仪范所摄，惠用所诱。贵高憎慢，罔不
钦伏。其威重如是。心行禅，身持律。起居动息，皆有常节。虽冱寒隆暑，
风雨黑夜，礼佛诵经，手不释卷。四十余年，凡十二时，未尝阙一，其精进
如是。"④ 沙门师赟师徒研习佛教经典"共十二道，约持四十余年"，而慈智
大德惟脉研习佛教经典则手不释卷，"四十余年，凡十二时，未尝阙一"。经
过刻苦地研习佛教经典后，才有可能参加前文提及的考选制度之法师"学
衔"的考选，获取佛学教育的"学衔"。

辽代僧尼的"学衔"种类很多，主要是讲"经"、"律"、"论"之三学
的"学衔"。所谓的"经"，是指佛教经典传入中国前本来已有的"经典"，
经高僧释译后在中国域内所传诵者，称为"经"；所谓的"论"，是指中国

---

① 《慈慧大师塔幢实德记》（保大五年，1125），见向南、张国庆、李宇峰辑注：《辽代石刻文续编》，第
313 页。

② 《宝胜寺前监寺大德遗行记》（乾统十年，1110），见向南编：《辽代石刻文编》，第 603 页。

③ 《沙门守恩为自身建塔记》（大安六年，1090），见向南编：《辽代石刻文编》，第 420 页。

④ 《燕京大悯忠寺故慈智大德幢记》（寿昌五年，1099），见陈述辑校：《全辽文》卷九，第 257—258 页。

高僧研习佛教原始经典后，依据研习者的心得体会，对原"经"所做的疏注与说辞，称为"论"；所谓的"律"，是指规范僧尼日常行为的"戒"，为僧尼群体需要遵守的准则，经论之中全讲法戒者，称为"律"。《沙门守恩为自身建塔记》就记载了讲经律论沙门师赞的弟子、重孙所持的各种"学衔"："故讲经律论沙门守庆，当房见在法孙传大教提点沙门奉振，讲华严经奉美，讲经律论沙门奉昭，门资讲经论沙门奉遵，习花严经沙门奉成，重孙持念沙门智觉，讲经沙门智延，当寺讲经律论沙门奉昇，见寺主沙门智广，见上座沙门奉舟，典座沙门智山□贝，门资讲经奉测。"[①] 这里就涉及沙门师赞弟子沙门守庆具有讲"经律论"的"学衔"，而其重孙沙门奉昭、沙门奉昇都具有讲"经律论"的"学衔"，沙门奉遵具有讲"经论"的"学衔"，奉美具有讲"华严经"的"学衔"。记录"奉为故坛主崇禄大夫守司空传菩萨戒大师特建法幢记"的僧尼的"学衔"亦各有不同，如门人传戒大师赐紫沙门裕经署衔为讲"经律论"，三学寺经法师诠圆大德沙门裕贵署衔为讲"经律论"，□□大德赐紫沙门裕林署衔为讲"经律论"，净戒大德沙门裕文署衔为讲"经律论"，通净大德赐紫沙门裕仁署衔为讲"经律论"，沙门裕和署衔为讲"经律论"，寺主□□大德赐紫沙门裕依署衔为讲"经律论"，而沙门裕净、裕正、裕祥、裕谛、裕世、裕显、裕转、裕振、裕权、裕□、裕征则称为"业论"，当寺圆通大德赐紫沙门裕住则未署置"学衔"[②]，显然辽代僧尼在"经律论"三学中是有严格区分的。又，《悯忠寺石函题名》记载："□□燕京管内左街僧录判官、宝集讲主、觉智大师、赐紫、沙门文杰。华严讲主、通法大德、赐紫、沙门蕴□。讲神变□辩慧大德、赐紫、沙门蕴潜。讲经论、文范大德、赐紫、沙门善徽。讲经论、演奥大德、赐紫、沙门义沾。讲经论、慈智大德、赐紫、沙门惟轸。讲经、诠微大德、赐紫、沙门义融。前校勘法师、证教大德、赐紫、沙门蕴寂。三学论主、辩正大德

---

① 《沙门守恩为自身建塔记》（大安六年，1090），见向南编：《辽代石刻文编》，第 420 页。
② 《为故坛主传菩萨戒大师特建法幢记》，见向南编：《辽代石刻文编》，第 383—384 页。

义景。"① 此题记中的僧尼"学衔"又区分为"宝集讲主"、"华严讲主"、讲"神变□"、讲"经论"、前"校勘法师"、"三学论主"等。在辽代佛教石刻资料中，这种区分似乎是"约定俗成"的，已经成为区分僧尼群体的标志，不过，在这些不同的"学衔"当中，最为推崇的"学衔"当属"经律论"学衔，只有经、律、论三学中的佼佼者才能获此殊荣，是为人仰慕的高僧法师。

二、以佛学大师大德侍讲方式传授佛学

佛学大师除了于寺院传授"经律论"三学的佛学教育外，亦常常被召至皇朝内庭侍讲佛法。圣宗开泰二年（1013）赐圆空国师诏曰："朕闻上从轩皇，下逮周发，皆资师保，用福邦家，斯所以累德象贤，亦不敢倚一慢二者也。今睹大禅师识超券内，心出环中，洒甘露于敬田，融葆光于实际，总持至理，开悟众迷，朕何不师之乎。"② 由于圣宗拜圆空国师这样的高僧辅佐，使得圣宗对佛教义理也洞见其旨，宋朝进士叶隆礼曾评价圣宗的佛学造诣时说："至于释道二教，皆洞其旨，律吕音声，特所精彻。"③ 足见圣留心释典，究之义理，亦达到了相当高的水准。兴宗皇帝在听政之余，亦诏传佛学大师来研习佛法，如重熙八年（1039）十一月，"朝皇太后，召僧论佛法"④。道宗拜高僧为师，研习佛法，用力更勤。中京报恩传教寺崇禄大夫守司空诠圆通法大师赐紫臣沙门法悟奉敕撰《释摩诃衍论赞玄疏》时曰："我天佑皇帝，传刹利之华宗，嗣轮王之宝系。每余庶政，止味玄风，升御座以谈微。光流异瑞，穷圆宗而制赞。神告休征，然备究于群经，而尤精于此论。法悟叠承中诏，侍讲内庭。凡粗见于义门，幸仰符于睿意。因兹诸释，特沥恳

① 《悯忠寺石函题名》（大安十年，1094），见向南编：《辽代石刻文编》，第463页。
② 《圆空国师胜妙塔碑》（开泰二年，1013），见陈述辑校：《全辽文》卷一，第15页。
③ （宋）叶隆礼：《契丹国志》卷七《圣宗天辅皇帝》，第72页。
④ 《辽史》卷一八《兴宗纪一》，第221—222页。

词。欲别制于疏文，期载扬于论旨。暨达圣听，爰降前音。且挥麈传灯，无足称者，而操觚染翰，何敢当哉。勉副宸衷，聊述鄙见云尔。"① 又，道宗朝宰相耶律孝杰为《释摩诃衍论赞玄疏》作引文时曰："我天佑皇帝，位联八叶，德冠百主，睿智日新，鸿慈天赋。儒书备览，优通治要之精。释典咸穷，雅尚性宗之妙。尝谓曰：'释摩诃衍论者，包一乘之妙趣，括百部之玄关。安得宗师，继为义疏。'守司空诠圆通法大师，学逾观肇，辩夺生融，屡陪内殿之谈，深副中宸之旨。"② 从沙门法悟、宰相孝杰阐述《释摩诃衍论赞玄疏》的撰著背景时，均涉及沙门法悟在道宗听政之余常常与之"升御座以谈微"，"屡陪内殿之谈"，"叠承中诏，侍讲内庭"。鲜演大师，由于"筌蹄乎万行之深，笔削乎千经之奥。通《因明大义》，则途中暴雨而不濡其服；刊《楞严钞文》，则山内涸井而自涌其泉。……故我道宗，圣人之极也，常以冬夏，召赴庭阙，询颐玄妙，谋议便宜"③。实际上，最能体现道宗拜师研经的是道宗作诗以求居觉华岛海云寺的司空大师海山和诗的故事："当辽兴宗时，尊崇佛教，自国主以下，亲王贵主，皆师事之。尝锡大师号：'崇禄大夫守司空辅国大师。'凡上章表，名而不臣。兴宗每万机之暇，与师对榻，以师不肯作诗，先以诗挑之曰：'为避绮吟不肯吟，既吟何必昧真心。吾师如此过形外，弟子争能识浅深。'师和之曰：'为愧荒疏不敢吟，不吟恐忤帝王心。本吟出世不吟意，以此来批见过深。''天子天才已善吟，那堪二相更同心。直饶万国犹难敌，一智宁当三智深。'"④ "绮"乃佛家用语，谓一切杂秽不正之言辞为"绮语"；"真心"亦为佛家用语，谓真实无妄之心；"三智"亦佛家用语，以一切智、通种智、佛智谓三智。此故事说明道宗对佛教经典中的专门用词有相当深的领悟，这从道宗潜心撰著述《大华严经随品赞》十卷、《发菩萨心戒本》二卷亦可窥见之。辽朝末代皇帝天祚帝时，虽然时局

①　《释摩诃衍论赞玄疏序》（清宁八年，1062），见陈述辑校：《全辽文》卷八，第 178 页。

②　（辽）耶律孝杰：《释摩诃衍论赞玄疏引文》，见陈述辑校：《全辽文》卷九，第 213 页。

③　《鲜演大师墓碑》（天庆八年，1118），见向南编：《辽代石刻文编》，第 668 页。

④　（金）王寂撰：《辽东行部志》，见张博泉：《辽东行部志注释》，黑龙江人民出版社 1984 年版，第 18 页。

动荡不安，但天祚帝仍潜心于佛法，据《兴中府安德州创建灵岩寺碑》载："今天子即位之二年，有守太师通圆辅国大师法颐者，久蔼人天之誉，蔚为帝王之师。"[1] 可见，天祚帝拜守太师通圆辅国大师法颐为法师，研习佛法。正因为辽代皇帝潜心佛法，才导致圣宗"释道二教，皆洞其旨"，道宗有《大华严经随品赞》、《发菩萨心戒本》等佛学撰述的问世。这充分表明佛学大师、大德对辽代皇帝的佛学教育取得了丰硕果实。

此外，圣宗、兴宗对石经镌刻亦相当关注，如撰述《涿州白带山云居寺东峰续镌成四大部经记》的殿试进士赵遵仁刊记曰："我圣宗皇帝，锐志武功，留心释典，暨闻来奏，深快宸衷。乃委故瑜伽大师法讳可元，提点镌修。勘讹刊谬，补缺续新。释文坠而复兴，楚匠废而复作。琬师之志，因此继焉。迨及我兴宗皇帝之绍位也。孝敬恒专，真空凤悟。菲饮食致丰于庙荐，贱珠玉惟重其法宝。常念经碑数广，匠役程遥。藉檀施则岁久难为，费常住则力乏焉办。重熙七年，于是出御府钱，委官吏伫之。岁析轻利，俾供书经镌碑之价。仍委郡牧相承提点，自兹无分费常住，无告藉檀施，以时系年，不暇镌勒。"[2] 由于圣宗、道宗两朝的支持，"四大部经，今续镌毕"，成就了"石经一藏，以备法灭"的壮举。圣宗、兴宗热心于《大藏经》的镌刻，期冀流传百世，亦应是佛学教育的结果。

三、以设置宗教邑社的方式普及佛学教育

从辽代中期开始，随着辽代佛学教育走向普及，广大城乡基层民众的崇佛风尚渐趋浓厚，"处处而敕兴佛事，方方而宣创精蓝"[3]，"山林爽垲之所，鲜不建于塔庙，兴于佛像"[4]，为了满足基层民众的崇佛意愿，信仰佛教者的

---

[1]《兴中府安德州创建灵岩寺碑》（乾统八年，1108），见向南编：《辽代石刻文编》，第593页。

[2]《涿州白带山云居寺东峰续镌成四大部经记》（清宁四年，1058），见向南编：《辽代石刻文编》，第285—286页。

[3]《安次县祠垡里寺院内起建堂殿并内藏碑记》（大安五年，1089），见向南编：《辽代石刻文编》，第418页。

[4]《涿州云居寺供塔灯邑记》（乾统十年，1110），见陈述辑校：《全辽文》卷十，第308页。

僧俗自发地组织起各种诵经理佛的"宗教邑社"。辽代石刻资料中，常见有"千人邑"、"太子邑"、"螺钹邑"、"佛顶邑"、"生天塔邑"、"钟楼邑"之类的名称，皆为基层民众自发组织的宗教团体名称。① 从辽代佛教石刻资料看，这种邑社组织在辽代十分盛行，"社员就是当地信徒，下设都维那、维那、邑长、邑正、邑录等职称。社员应定期量力资助寺库，以供寺用或修葺寺庙，并协助寺院从事各种佛事活动"②。这些以佛教信仰为纽带的邑社组织基本上成为基层信众与僧尼之间联系的桥梁，因而这种宗教邑社亦就成为辽代普及佛学教育的最为有效的途径。

辽代佛教石刻资料中，"千人邑"是最为常见的称谓，最早记录出现于辽世宗天禄年间，清人朱彝尊《辽释志愿葬舍利石匣记跋》云：

> 康熙二十六年五月，宣武门西南居民掘地得石匣，匣旁有记，自称经律论大德志愿录并书。乃辽世宗天禄三年，瘗舍利佛牙于此。记后有千人邑三字，盖社名也。施主姓名，首列帝后诸王大臣，下及童男小女。③

又，朱氏于《辽云居寺二碑跋》云：

> 碑额篆书"重修云居寺一千人邑会之碑"。一称"结一千人之社，一千人之心"；一称"完葺一寺，结邑千人"。近年京城发地，得仙露寺《石函记》，后有"千人邑"三字，尼曰"邑头尼"。览者疑是地名，合此碑观之，则知千人邑者，社会之名尔。④

---

① 《仙露寺葬舍利佛牙石匣记》（天禄三年，949）之"注②"，见向南编：《辽代石刻文编》，第5页。

② 黄炳章：《房山石经辽金两代刻经概述》，见中国佛教协会编：《房山石经之研究》，中国佛教学会1987年版，第110页。

③ （清）朱彝尊：《曝书亭集》卷五十一"跋十"，世界书局1937年版，第606页。

④ （清）朱彝尊：《曝书亭集》卷五十一"跋十"，第607页。

可见，"千人邑"乃社会生活中的"邑社"之通称，且在世宗、穆宗朝既已出现在普通民众的社会生活中。按《云居寺碑》云：

> 今之所纪，但以谦讽等同德经营，协力唱和，结一千人之社，合一千人之心。春不妨耕，秋不废获。立其信，导其教。无贫富后先，无贵贱老少。施有定例，纳有常期，贮于库司。……原夫静琬之来也，以人物有否泰，像教有废兴，传如来心，成众生性者，莫大于经，勒灵篇徼来劫者，莫坚于石，石经之义远矣哉。①

据此观之，"千人邑"是由"施主"捐献财物，助寺院寺主规划建筑弘法藏经的龛所及邑众活动的场地，其功能是"立其信，导其教"、"传如来心，成众生性者"的佛学教化，以达"身居缁素之先，位在伽蓝之长。欲俪功于大殿，遂底□于宏基。□□□□，赞道者六□之倡；化缘自广，□□者十善之傅。徼福寔繁，发诚云众。越县俗于百里，萃邑社于千人。女或绩以或蚕，□以承筐之□。男若商而若贾，奉以在橐之资。工□断以献能，农辍耕而舍力，妙因天假，信施日增"②的效果。对于"千人邑"的基层民众助资建寺与教化功能，《广济寺佛殿记》给出了较好的诠释："度功量费，价何啻于万缗；纠邑随缘，数须满于千室。乡曲斯听，人谁不从。独有檀那，潜征翠琰。所欲令闻不朽，咸可纪于石铭。惟希净办既坚，共勿轻于金诺，此所谓千人之邑耶！"③类似于广济寺的"千人之邑"之"香界初就，道场永开"的活动在辽代佛教石刻资料中不难寻觅，如《金山演教院千人邑记》就有相当详赡的记述：

> 时有县之豪士董生，数诣参访。仰师德之孤高，嗟山坊之阒寂。遂

① 《重修范阳白带山云居寺碑》（应历十五年，965），见陈述辑校：《全辽文》卷四，第79—81页。
② 《石龟山遵化寺碑》（重熙十一年，1042），见向南编：《辽代石刻文编》，第225页。
③ 《广济寺佛殿记》（太平五年，1025），见向南编：《辽代石刻文编》，第177页。

罄其家产，构大藏一座，印内典五百余帙，在中龛置，及建僧房数间。
师常念将令教法宣扬，必假处所成就，奈以路歧险隘，老幼之人，难虔
登陟，才兴是念。有四村人等，于山下建此下院，置小佛亭一座，前左
道场房各□□□边僧舍数间，东北厨房一座，准备每年起报国恩，□坛
放戒度生，可谓经之营之不日成之者也。副师之意，敏如影响，修诚
则物应，信不虚矣！次有沙门道常□之继先师之遗轨，远近之人，益加
珍重。每启法席，常有学徒，不啻百人。自此恒有缁流十数人，在院居
止。次有沙门弘昇、志霞，更辟觉路，递转法轮。与阖院大众及近邻檀
越田辛等，于亭子后建正堂五间，正面画本尊八菩萨形像，专请到燕京
悯忠寺论主大师义景在中开演。师时在褐衣，两次是院，启唯识论讲。
八方学人，云会而至。不数年间，京师内外义学，共举师为在京三学论
主，固辞不已，方诣讲筵。演法三年，寻蒙改赐。至乾统元年正月十九
日，复至此院，放大乘戒三七日，以报圣奖。至孟冬朔日，为导迷徒，
复弘顿教。演百千之妙颂，洞究渊源；谈十万之正文，深穷根柢。性
相兼通，有如此者。复有沙门善信，俗姓许氏，板城里人也。十八出
家，二十受具，二十有四讲花严经，游方演化，四十有二复届斯焉。为
报四种之恩，遂结千人之友。为念佛邑，每会称念阿弥陀佛名号。庶尽
此报，同生极乐世界，是其愿也。会欲成，乡人韩温教嘉其事，遂述其
本末。①

又，《义丰县卧如院碑记》记述"千人之邑"活动盛况：

集四众以投诚，顺一同而布政。爰有清信弟子守民等，特营净刹，
可植福田，虔修六度之因，共结千人之邑。肇从昔构，迄至今成。聚僧
徒二十余春，辟法席十五余夏。②

① 《金山演教院千人邑记》（乾统九年，1109），见向南编：《辽代石刻文编》，第533—534页。
② 《义丰县卧如院碑记》（大康九年，1083），见向南编：《辽代石刻文编》，第395页。

　　由此观之，辽代基层民众自发组织的"千人邑"，不仅规模宏大，僧徒致诚，而且演法妙颂，影响深远，足见有辽一代基层佛学教育之盛况空前。

　　"螺钹邑"，亦称"嬴钹邑"，亦是基层民众普及佛学教育的宗教邑社，《靳信等造塔记》云：

　　　　今则我释迦佛舍利者，如来玄远奥义穷无不尽。天地而堪倚堪托，万类而悉皆从顺。实燕京析津府涿州范阳县任和乡永乐里螺钹邑众，先去大安三年二月十五，兴供养三昼夜。火灭已后，邑长靳信等收得舍利数颗，自来未成办，至第三年，有当村念佛邑等二十余人，广备信心，累世层供养诸佛。各抽有限之财，同证无为之果。遂乃特建宝塔一所，高五十余尺。去当院前堂南面约五步，一级三檐。是日有当年首领王仙、乔寿、郦翔、董选、张仁思五人，特管两檐抟灰，同成灵记，共结良因。①

　　又，《永乐村感应舍利石塔记》云：

　　　　至于今代，往往有之，或诸佛之诱化，或人心之出生，不可得知。如此殊胜，孰敢思议者，与永乐村嬴钹邑靳信等，宿怀善种，同奉佛乘。于大安三年二月望日，建圆寂道场三昼夜。以草为骨，纸为肉，彩为肤，造释迦涅盘卧像一躯。具仪荼毗，火灭后，获舍利十余粒。寻欲起塔，奈外缘未备。至大安六年，当村念佛邑众张辛等，于本村僧院建砖塔一坐，三层，高五丈余，葬讫舍利。后辈螺钹邑众韩师严等，欲继前风，以垂后善。天庆九年二月十五日，亦兴圆寂道场七昼夜，依前造像。至二十一日，亦具仪荼毗。火及之处，以取净殺血。于烟焰中，见于□□，举众皆睹，灰烬内又获舍利五十余粒。奇哉！众生之心与佛心

────────────

① 《靳信等造塔记》（大安六年，1090），见陈述辑校：《全辽文》卷九，第235页。

不隔；如来之体与万物无殊。村众人郦祥、张善、石世永、董师言、张从让、郦文常等，买石请匠，亦于本村僧院建石塔一座，八角，十三层，高二丈余，妙绝今古。至天庆十年三月三十日，葬舍利，四月三日树立。①

《靳信等造塔记》、《永乐村感应舍利石塔记》等记述中出现的诸如"螺钹邑"、"嬴钹邑"、"念佛邑"等宗教邑社，陈述先生曾评论说："记文中奉佛邑会有嬴钹邑、念佛邑、螺钹邑，圆寂道场，由三昼夜而七昼夜，遗风延续，有加无已。"②有关以"螺钹"命名的宗教邑社，还索出如下两条：一为《刘楷等建陀罗尼经幢记》的记述："大辽兴国寺太子螺钹邑长刘楷等建佛顶尊胜陀罗尼幢，并诸供具实录记。"③二为《井亭院圆寂道场藏掩感应舍利记》的记述：

> 依法建圆寂道场三昼夜，命尉州延庆寺花严善兴写卧如像一躯。广列香花灯烛，备修果木茶汤。螺钹献赞，激于天宫；音乐流声，震于地狱。幢幡异盖，不殊俱尸那边；皓树奇松，何乖娑罗林内。白衣献供，若云阗噎于灵空；缁侣歌音，颇海烹淳于宇宙。神鬼咸扬哀叹之念，乌鹊并举伤切之心。龙睛垂玉□□住之膏，马目落连珠之泪。④

由"螺钹邑"的记述活动观之，"螺钹邑"在传教弘法的同时，还具有纳施建塔供养诸佛、参与圆寂道场的功能。从此角度视之，《武州经幢题记》所云"佛顶邑拔肆人。（此处两行不可辨）……螺钹邑起办后堂上安□□□□□□□□□□□□□。邑长王匡胤、刘惠、刘重瞻、（下缺）冯文

---

① 《永乐村感应舍利石塔记》（天庆十年，1120），见向南编：《辽代石刻文编》，第 679—680 页。
② 陈述：《全辽文》卷十一，第 331 页。
③ 《刘楷等建陀罗尼经幢记》（大安三年，1087），见向南、张国庆、李宇峰辑注：《辽代石刻文续编》，第 186 页。
④ 《井亭院圆寂道场藏掩感应舍利记》（大康六年，1080），见向南编：《辽代石刻文编》，第 389 页。

善、田人口（下缺）全村主户温孝中"①之内容实为"佛顶邑众"、"螺钹邑众"助资共建经幢之记述。

此外，在辽代佛教石刻资料中还有"生天塔邑"、"钟楼邑"、"灯邑"、"供塔邑"、"太子邑"等称谓，其性质与功能与前述之"千人邑"、"念佛邑"、"佛顶邑"、"螺钹邑"的性质与功能基本一致。"生天塔邑"与"钟楼邑"见于《释迦佛舍利生天塔石匣记》："南赡部州大辽国石匠作口靳口和，维乾统七年岁次丁亥四月小尽丁巳朔十一日丁卯火日，选定辛时，于州北三岐道侧寺前，起建释迦佛生天舍利塔。"其石匣右侧有"钟楼邑众等，邑长李孝存，王公成，僧杨志英"等文字，左侧有"钟楼邑众等，邑长李孝存，王公成，僧杨志英"等文字②，可见，"生天塔邑"与"钟楼邑"与"千人邑"、"螺钹邑"、"嬴钹邑"、"念佛邑"的性质等同。"灯邑"与"供塔邑"见于《云居寺供塔灯邑碑》："昔有高僧，从西土来，之于此地。遂开左臂，取出舍利二粒，乃释迦如来之顶骨也。传授数人，椟而藏之，积有年矣。厥后有百法上人，得而秘之，外无知者，临逝之日，方付与众。接响传声，达于四方。如辐凑毂，不可胜数。其间灵异。曷可殚言。是时有寺僧文密，与众谋议，化钱三万余缗，建塔一座。砻砖以成，中设睟容，下葬舍利。上下六檐，高低二百余尺，以为礼供之所。是以灯邑高文用等，与众誓志，每岁上元，各揆己财，广设灯烛，环于塔上，三夜不息，从昔至今，殆无阙焉。而后有供塔邑僧义咸等，于佛诞之辰，炉香盘食，以供其所。花果并陈，螺梵交响，若缁若素，无不响应，郁郁纷纷，若斯之盛也。"③按灯邑众与供塔邑众活动的内容分析，仍是"各揆己财，广设灯烛"，"遂使远近瞻礼，高低仰慕"，与前述诸邑社具有相同的性质与功能。

至于"太子邑"，见于《洪福寺碑》之陈述先生之按语："当寺碑在左，右方另有一《陀罗尼经文碑》，末行左角上三小字曰'太子邑'。按前碑文

---

① 《武州经幢题记》（大康五年，1079），见向南编：《辽代石刻文编》，第 385 页。
② 《释迦佛舍利生天塔石匣记》（乾统七年，1107），见向南编：《辽代石刻文编》，第 580 页。
③ 《云居寺供塔灯邑碑》（乾统十年，1110），见向南编：《辽代石刻文编》，第 614 页。

云'敬竖双碑',可知两碑盖同时所建。"① 又,《新城县志》对《观世音陀罗尼碑》作按语曰:"碑无年月,当系与前碑为咸雍六年同时所立,故前碑文曰:'敬竖双碑。'寺碑在左,经碑在右,末三小字曰'太子邑',不知何谓。"② 不过,从《洪福寺碑》碑文所云"教崇者弘出世之因,谛信者证升天之果。切以可久等,莫不宿植善本,曩结良缘。几伤幻化之躯,共集涅槃之乐。罔凭释教,宁灭罪根。欲排多劫之殃,须仗三身之力。今则结集众力,敬竖双碑"的内容分析,此次"太子邑"的佛教活动似亦应为基层民众纳施建塔供养诸佛之举,与"生天塔邑"与"钟楼邑"具有同样的功能。

总体来说,这些"千人邑"、"念佛邑"、"佛顶邑"、"螺钹邑"、"生天塔邑"、"钟楼邑"、"灯邑"、"供塔邑"、"太子邑"等基层民众自发组织的宗教邑社,很好地架起了基层民众与寺院僧侣之间沟通的桥梁,给基层民众的佛学教育带来了相当便利的条件与路径。

四、以居家修佛方式接受佛学教育

佛教在辽代社会生活中久盛不衰,出现了"恒崇三宝之心,大究二宗之理"③,"俗礼多依佛,居人亦贵僧"④ 的现象。在人们的思想观念中,认为佛祖"金臂舒光,无幽不烛,救众生之危苦,拔旁类之罪殃"⑤,"救火宅之焚境,导苦海之沈溺者"⑥,"所有罪业,皆悉消灭"⑦,"拔三涂之苦,佛力惟能"⑧,而且能"教之惠施,作苦海之津梁;化以归依,指迷途之径路"⑨。"广

---

① 《洪福寺碑》(咸雍六年,1070),见陈述辑校:《全辽文》卷八,第 196 页。

② 王晋卿总纂:《新城县志》,台湾成文出版社 1968 年影印本,第 584 页。

③ 《安次县祠垡里寺院内起建堂殿并内藏碑记》(大安五年,1089),见向南编:《辽代石刻文编》,第 418 页。

④ (宋)苏颂:《苏魏公文集》卷十三《前使辽诗·和游中京镇国寺》,中华书局 2004 年版,第 166 页。

⑤ 《李崇菀为父彦超造陀罗尼经幢记》(应历十六年,966),见向南编:《辽代石刻文编》,第 38 页。

⑥ 《会同中建陀罗尼经幢记》(会同九年,946),见向南编:《辽代石刻文编》,第 1 页。

⑦ 《郑口为亡人造幢记》(大安二年,1086),见向南编:《辽代石刻文编》,第 406 页。

⑧ 《义冢幢记》(寿昌五年,1099),见向南编:《辽代石刻文编》,第 495 页。

⑨ 《李翊为考妣建陀罗尼经幢记》(统和十八年,1000),见向南编:《辽代石刻文编》,第 104 页。

法师谛听斯言，恭承彼事。应当根之善，立匪石之心。行不逸游，举步而惟思师训；谈无戏论，出言而即报佛恩。"[1] 故此，居家修佛成为上达皇戚贵胄，下至士庶黎民的余暇生活中不可或缺的组成部分。

辽代皇戚贵胄、士庶黎民的居家修佛，在不同时期的佛教石刻史料中均可见到，在太宗朝，大契丹国东京太傅相公耶律羽之"于辅政之余，养民之暇，留心佛法，耽味儒书。入箫寺则荡涤六尘，退庙堂则讨论五典"[2]。耶律羽之为"六院部蒲古只夷离堇之后"，父偶思，太祖经营之初，"多预军谋"，人皇王奔唐，羽之镇抚东丹国，"以功加守太傅，迁中台省左相"，太宗会同初，"以册礼赴阙，加特进"[3]。在太祖、太宗时期，作为皇族后裔的耶律羽之都能够"留心佛法"，说明此时期居家修佛的皇戚贵胄、士庶黎民已应为数不少，这为后世更多的辽代人居家修佛提供了社会认知基础。

世宗、穆宗、景宗诸朝，由于皇族内部争夺权力的斗争接连不断，但居家修佛之势并未减退，大契丹国故左骁卫将军金紫崇禄大夫检校太保兼御史大夫上柱国彭城刘承嗣"遇朝廷之更变，随銮辂之驱驰。因缘私门，崇重释教。创绀园之殊胜，独灵府之规谋"。其家族成员受刘公居家修佛之影响，次女"幼居香刹，恒护戒珠"，弟之次子刘兴哥，"远游追师，忘归就业"。[4] 由于刘承嗣崇重释教，直接影响到其子侄后辈的观念价值取向，纷纷具戒佛门，潜心追师佛法。这说明太祖、太宗朝所形成的佛教社会基础，在此时期仍在继续"发酵"中。

圣宗、兴宗、道宗诸朝，天下太平，佛教益加盛行，居家修佛者与日俱增，已成为辽代社会生活中的时尚。在圣宗朝，李翊考妣"守谦恭则无爽五常，蕴敏惠则洞闲三教"[5]。故儒林郎前守北安州兴化县令晋国公主中京提辖使宋匡世"慎静寡言，临事能断，友于兄弟，信重佛僧。疏财物而若闲，抚

---

① 《广济寺佛殿记》（太平五年，1025），见向南编：《辽代石刻文编》，第177页。
② 《耶律羽之墓志》（会同五年，942），见向南、张国庆、李宇峰辑注：《辽代石刻文续编》，第4页。
③ 《辽史》卷七五《耶律羽之传》，第1237—1238页。
④ 《刘承嗣墓志》（保宁二年，970），见向南编：《辽代石刻文编》，第48页。
⑤ 《李翊为考妣建陀罗尼经幢记》（统和十八年，1000），见向南编：《辽代石刻文编》，第105页。

贫弱而以惠"①。扬州节度使金紫崇禄大夫检校太傅知中京内省司提点内库陇西县开国伯李知顺，"讷言敏行，尚素黜华。归仰空门，钦崇佛事。外含淳古，内蕴融明。长者之德，君子之风，惟公之备矣！"②大契丹国故忠勤守节功臣、辽兴军节度、平滦营等州观察处置巡检屯田劝农等使、崇禄大夫、检校太师、同政事门下平章事、使持节平州诸军事、平州刺史、上柱国、漆水郡开国侯耶律遂正"夫人每听诵佛经，颇悟于教理，行果归依法宝，求离于地水火风。虽穷生死之根，已卜窀穸之事"③。在兴宗朝，大契丹国故宣徽南院使、归义军节度、沙州管内观察处置等使、金紫崇禄大夫、检校太尉、使持节沙州诸军事、沙州刺史、□□□□□□□黎郡开国侯韩楉长子"曰齐家奴，废疾居家，受浮屠之法，先公五稔而逝"④。大中大夫行给事中、知涿州军州事，兼管内巡检安抚屯田劝农等使、上柱国开国侯，赐紫金鱼袋王泽夫人"慈爱宜□□□纯植性□习之愿，近于佛乘。净信三归，坚全五戒。清旦每勤于焚祝，常时惟切于诵□。□□延景祐□遐龄岂□辖促御童篆无征。彩羽翻空，遽析于飞之凤；菱花委照，旋悲孤舞之鸾"。在夫人礼佛的影响下，长女"法微，出家，受具戒，讲传经律"；三女"崇辩，亦出家，诵全部莲经，习讲经律"⑤。奉陵军节度怀州管内观察处置等使、金紫崇禄大夫、检校太尉使、持节怀州诸军事、怀州刺史、兼御史大夫、上柱国、琅琊郡开国侯王泽"素重佛乘。淡于权利。……自夫人疾殁，迨越十稔，继室无从，杜门不仕，惟与僧侣定为善交。研达性相之宗，薰练戒慧之体。间年，看法华经千三百余部，每日持陁罗尼数十本。全藏教部，读览未竟。□□□财，则欢喜布施，闻胜利则精进修行"⑥。贞亮弘靖保义守节耆德功臣洛京留守开府仪同三司守太师尚父兼政事令上柱国陈王张俭"而复出扶像运，现宰官

①　《宋匡世墓志》（太平六年，1026），见向南编：《辽代石刻文编》，第181页。

②　《李知顺墓志》（太平八年，1028），见向南编：《辽代石刻文编》，第189页。

③　《耶律遂正墓志》（太平七年，1027），见向南、张国庆、李宇峰辑注：《辽代石刻文续编》，第67页。

④　《韩楉墓志》（重熙六年，1037），见向南编：《辽代石刻文编》，第207页。

⑤　《王泽妻李氏墓志》（重熙十四年，1045），见向南编：《辽代石刻文编》，第240—241页。

⑥　《王泽墓志铭并序》（重熙二十二年，1053），见陈述辑校：《全辽文》卷七，第165页。

身，生享耆年，有寿者相。谛崇佛宝，力转法轮。深穷诸行之源，妙达无生之理。至于尊儒重道，移孝资忠，宗九流百氏之指归，达三纲五常之要道。正气袭物，直躬律人"①。在道宗朝，清河张文绚，"良乡县之绣户也。妻田氏，皆性钟纯，吉名闻乡闾。家有余资，靡好奢华之乐；身惟积善，颇信浮图之法。越一日，谓亲族曰：我兴佛刹，餝僧徒修植善根，鸠集福聚固亦多矣"②。清河公女，"与父同兴善道，于重熙二十二年，去当村开化院内，独办法堂一坐。兼请到十方高上法师，于冬夏开花严法花经约三十余席，及于岚山灵峰院内请大众读了经一十藏。其余善道，不可具述"③。大契丹国故资忠佐理保义翊圣同德功臣、武宁军节度、徐宿等州观察处置等使、开府仪同三司、检校太师、守太傅、兼中书令、行徐州大都督府长史、判武定军节度奉圣归化儒可汗等州观察处置巡检屯田劝农等使上柱国、魏国王、赠守太师、谥忠懿漆水郡耶律宗政"乐慕儒宗，谛信佛果。戚里推其孝悌，部下仰其宽仁"④。大契丹国故保顺协赞推诚功臣天雄军节度、魏州管内观察处置等使、开府仪同三司、检校太师、守司徒、兼中书令、行魏州大都督府长史、判匡义军节度、饶州管内观察处置等使、上柱国、鲁王、进封郑王、谥曰恭肃耶律宗允"加以谛慕佛乘，钦崇儒教。以至仁而抚下，以直道而事君"⑤。张景运为其亡姊建陀罗尼幢时说："□我亡姊，幼承姆教，长习闺仪。在室禀曹家之训，适□延陶氏之宾。且善礼慈氏，崇敬三宝。以日系时，恒念诸佛，是为常课。"⑥沙门方偶太子诞圣邑碑时曰："爰有邑长，家习十善，世踵五常，博识多闻，矜孤恤寡者，则刘公焉。公名楷，常思诞圣之辰，拟兴供养一身。虽谨欲利多人，继年于四月八日，诵经于七处九会。或赍持于缯盖幢幡，或备其香花灯烛，或歌声赞呗，或尽理归依。想应再动于魔宫，不止重

---

① 《张俭墓志铭并序》（重熙二十二年，1053），见陈述辑校：《全辽文》卷六，第131页。
② 《谷积山院读藏经之记碑》（大康四年，1078），见向南、张国庆、李宇峰辑注：《辽代石刻文续编》，第164页。
③ 《清河公女坟记》（大康十年，1084），见向南编：《辽代石刻文编》，第401页。
④ 《耶律宗政墓志》（清宁八年，1062），见向南编：《辽代石刻文编》，第308页。
⑤ 《耶律宗允墓志》（咸雍元年，1065），见向南编：《辽代石刻文编》，第321页。
⑥ 《张景运为亡祖造陀罗尼经幢记》（大康七年，1081），见向南编：《辽代石刻文编》，第390页。

辉于沙界。庶生生世世，承佛荫以弥坚。子子孙孙，固道心而不退云尔。"①
类似于此的记载，辽代佛教石刻资料中尚可胪列甚多，不难枚举。通过对圣
宗、兴宗、道宗时期居家修佛史料的梳理，不难发现居家修佛在辽代社会生
活中相当普遍，无论是皇戚贵胄，还是士庶黎民，钦崇儒教，谛慕佛乘，已
成为辽代社会生活中不可或缺的重要组成部分。

　　天祚帝朝，内忧外患，不堪重负，然居家修佛之势并未衰减，反有势
张之趋向。大辽故经邦忠亮同德功臣开府仪同三司尚书左仆射兼中书侍郎同
中书门下平章事监修国史知枢密院事上柱国赵国公赠侍中谥号忠懿梁公"素
事佛，因焚咒祷之，雨乃降"②。齐国大王孙前六殿详稳太和宫副使耶律弘益
妻萧氏"幼以履仁，长而近善。筵僧营佛，莫尽其称量；育老赈贫，孰测其
涯滦。造次而往想佛国，斯须而留心圣经。是皆天生之异相，证圣之大端者
也"③。礼宾副使男高泽"自幼及长，无妄言笑，不诱权利，意崇佛老，身乐
丘园，自以高尚，不事王侯"④。昌黎韩师训"自幼及耄，志崇佛教，延供芯
□，读经六藏，金光明经一百部，法华经五百部，及请名师开金光明经讲
一十席，金刚、药师、弥陀、菩萨戒经等各数席，躬读大花严经五十部，及
读金刚经、行愿、观音、药师、多心经等□不记其数"⑤。银青崇禄大夫、检
校国子祭酒、兼监察御史、云骑尉张世卿"特于郡北方百步，以金募膏腴，
幅员三顷。尽植异花百余品，迨四万窠，引水灌溉、繁茂殊绝。中敞大小
二亭，北置道院、佛殿、僧舍大备。东有别位，层楼巨堂，前后东西廊具
焉，以待四方宾客栖息之所。随位次第，已碣于亭左，此不具序。每年四月
二十九日，天祚皇帝天兴节，虔请内外诸僧尼男女邑众，于园内建道场一昼
夜。具香花美馔，供养斋设，以报上方覆露之恩。特造琉璃瓶五百只，自春

① 《易州兴国寺太子诞圣邑碑》（寿昌四年，1098），见陈述辑校：《全辽文》卷九，第256页。
② 《梁援墓志》（乾统元年，1101），见向南编：《辽代石刻文编》，第521页。
③ 《耶律弘益妻萧氏墓志》（乾统八年，1108），见向南编：《辽代石刻文编》，第591页。
④ 《高泽墓志》（乾统十年，1110），见向南编：《辽代石刻文编》，第611页。
⑤ 《韩师训墓志》（天庆元年，1111），见河北省文物研究所编著：《宣化辽墓：1974—1993年考古发掘报告》（上），文物出版社2001年版，第304页。

泊秋，系日采花，持送诸寺。致供周年，延僧一万人。及设粥济贫，积十数载矣。诵法花经一十万部，读诵金光明经二千部，于道院长开此经及菩萨戒讲。建大院一所，州西砖塔一坐，高数百尺。雕镂金刚、梵行、佛顶、高王常、清净、灵枢、赤松子、中诚经、□□人福寿论、诸杂陀罗尼，举常印施，及设诸药。自余小善，不可卒言。"[1] 清河张世古，"自幼及耄，志崇佛教，常诵金刚、行愿等经，神咒密言，口未尝辍。请僧转金光明经千余部，维持经律论讲一十席，请尼万部，斋供终身。诵妙法莲花经三十余季，至今未阙。于圣因寺堂内，绘十方佛壁一门，又礼善友邑，曾办佛事，幢伞供具，咸得周备。每年马鞍山供合院僧，三十余载，今犹未尽。筵僧设贫，以为常务"[2]。清河张恭诱"始从龆龀，性自仁贤，以观音、行愿为常课，以满愿、准提为常持。于井亭院办佛事一门，请刘花严。常诵金光明经五百余部。筵设僧贫，罔知其数"。由于张恭诱崇佛，其家族中的人有多人"俱厌俗于荣，托身志于瞿昙，寄性存于教"，皈依佛门，如次女法智，"动止安闲笑有则，出火宅而御三车，入爱河而挥八棹。寻礼于卫家新院万部尼志总，为教之以八敬，导之以五篇，轻重之幽旨，开遮之深趣，罔不究焉。及学于大花严经讲，有颖秀之名，闻于内众"。三女小师姑，"年才及于卯，便自悟于空门，以诵持存其心，以礼念修其志"[3]。彭城刘承遂"身居俗谛，念契佛家。天庆三年，充维那妆印大藏经全。四年，请诸师读大藏经，其于斋糇之资，皆自供拟。又于王子寺画毗卢会，泊暖汤院绘大悲坛及慈氏相，并楼内画观音菩萨相，皆威容庠雅，侍从端凝。公焚课筵僧，不可尽纪"[4]。可见，至辽代晚期，佛教信仰已深深地植根于辽代社会生活中的每个角落，辽朝人对佛教已达到无比虔诚和笃信的程度。

此外，辽代皇后的弘扬佛教、研习佛学的现象亦十分突出，如圣宗钦哀

① 《张世卿墓志》（天庆六年，1116），见向南编：《辽代石刻文编》，第655—656页。

② 《张世古墓志》（天庆七年，1117），见河北省文物研究所编：《宣化辽墓：1974—1993年考古发掘报告》（上），第267页。

③ 《张恭诱墓志》（天庆七年，1117），见向南、张国庆、李宇峰辑注：《辽代石刻文续编》，第296页。

④ 《刘承遂墓志》（天庆九年，1119），见向南编：《辽代石刻文编》，第676页。

皇后，"好尚古风，勤求实际。普全六行之余，洞达三乘之义。动必协于人心，静必从于佛意"①。可见，钦哀皇后不仅对浮屠崇拜有加，而且还洞悉三乘之义。兴宗仁懿皇后"崇大雄之妙教，通先哲之灵章。精穷法要，雅识朝纲。建宝塔而创精蓝百千处，即中宫而居永乐迨五十霜。靖闲之仪，郁如兰蕙。温洁之行，皎若圭璋"②。仁懿皇后在深究妙教之法要的同时，还建经塔"百千处"以弘扬佛法。足见辽代后妃居宫修佛亦达到了前所未有的地步。

　　总体来说，有辽一代，信仰佛教的民众数量相当庞大，《六聘山天开寺忏悔上人坟塔记》载：忏悔上人，"十九受具，就学无方，所向迎刃。始讲名数税金吼石等论，次开杂花经，泊大乘起信等论，前后出却学徒数十人。兼放菩萨戒坛十余次，所度白黑四众二十余万"③。《法均大师遗行碑铭》载："自春至秋，凡半载，日度数千辈。半天之下，老幼奔走，疑家至户到，有神物告语而然。……乃受西楼、白霤、柳城、平山、云中、上谷泉、本地紫金之请，所到之处，士女塞涂，皆罢市辍耕，忘馁与渴。递求瞻礼之弗暇，一如利欲之相诱。前后受忏称弟子者，五百万余，所饭僧尼称于是。间或有暇，力救无告。"④可见，信仰佛教的俗家弟子不可胜计。若与前文述及的"千人邑"之类的宗教邑社联系起来考虑，居家修佛者数以百千万计，数量相当庞大。

---

① 《圣宗钦哀皇后哀册》（清宁四年，1058），见向南编：《辽代石刻文编》，第283页。
② 《兴宗仁懿皇后哀册》（大康二年，1076），见向南编：《辽代石刻文编》，第376页。
③ 《六聘山天开寺忏悔上人坟塔记》（大安五年，1089），见向南编：《辽代石刻文编》，第413页。
④ 《法均大师遗行碑铭》（大安七年，1091），见向南编：《辽代石刻文编》，第438页。

古代蒙古人、契丹人的"唾"习俗[*]

罗　玮（中国社会学院历史研究所博士后流动站）

《元史》卷一《太祖纪》载：

> 帝问金使曰："新君为谁？"金使曰："卫王也。"帝遽南面唾曰："我谓中原皇帝是天上人做，此等庸懦亦为之耶，何以拜为！"即乘马北去。金使还言，允济益怒，欲俟帝再入贡，就进场害之。帝知之，遂与金绝，益严兵为备。[①]

这是《元史·太祖纪》中一处十分生动有趣的情景描写，将成吉思汗对于金卫绍王的鄙夷态度描绘得淋漓尽致，成为蒙古部与金朝交恶的标志性事件。首次引起了笔者对于"唾"行为的注意。虽然此处颇类小说笔法，余大钧先生怀疑该处记载的史源是来自于南宋人所撰稗史、杂记[②]，而非官方史书。[③] 但任何稗官野史都无法脱离其所在的历史环境，荒诞不经的记载都包含有或多或少的史实内核。《元史·太祖纪》虽然记事简略，但仍然是了解早期蒙古史的重要史料之一。因此作为金蒙关系的分水岭事件，该记载也为

---

[*] 本文受国家留学基金资助，项目编号为"留金发［2014］3026号"。

[①] 《元史》卷一《太祖纪》，第15页。

[②] 笔者认为"源于稗史杂记"是有可能的，因为"我谓中原皇帝是天上人做"一语明显是宋元白话体例，不像是正式官方史书的口吻，与前后文体不甚一致。

[③] 余大钧：《〈元史·太祖纪〉所记蒙、金战事笺证稿》，见《辽金史论集》第二辑，书目文献出版社1987年版，第330页。

西方学者所接受。[1] 此处所描写成吉思汗的"唾"行为并不能仅仅理解为人类所共有的一般性鄙视行为——"吐口水"。将其作为一个窗口，虽然只透露出了很少的线索，但结合蒙元时代的更多相关史料记载，我们可以揭示出其所隐藏的历史信息，发现当时蒙古人的一种拥有特定文化含义的"唾"习俗，并进而探析其后更为深厚的内亚传统。因此本文试图在这方面做一些初步的探究，以待抛砖引玉。

一、问题的提出

在欧亚大陆的草原腹地，诞生过一个又一个强大的游牧帝国。虽然它们多数都昙花一现，但它们的历史重要性在于它们向东、向西运动时，对周边广大的定居地区，如中国、波斯、印度和欧洲所产生的压力，这种压力不断地影响着这些地区历史的发展。[2] 这正是古代历史上游牧文明与农耕文明互动的一个主要表现形式。其中，13 世纪初蒙古帝国的建立，无疑是一个划时代的里程碑性事件，代表了长期以来游牧政治文化传统演进的最高成就。穆斯林世界的史学家惊叹于蒙古人的征服，称"他们征服了世界上人口稠密的所有各国……即从东到西，从南到北的所有地区"[3]。其在人类历史上的震撼程度正如拉施都丁在《史集》序言中所感叹的那样："还有什么事比成吉思汗国家的建立更伟大呢？它开启了一个新纪元。"[4]

蒙古帝国的巨大征服和世界帝国的建立必然会对被征服的定居文明地区带来巨大影响。蒙古人本身的文化因素（如制度、风俗、意识形态等）在

[1] René Grousset, *The Empire of the Steppes,* New Jersey: Rutgers University Press, 1970, p.227.

[2] René Grousset, *The Empire of the Steppes*, p.V.

[3] Rašīdal-Dīn, *Jāmi' al-Tawārīkh: Compendium of Chronicles, A History of the Mongols*, English translated and annotated by W. M.Thackston, Harvard University, 1998, p.26.

[4] Rašīdal-Dīn, *Jāmi' al-Tawārīkh,* ed. by Mu ḥammad Rawšan, Tehrān:Našri Alburz,1994, Jeld, p.32；另可参考 Michal Biran, "The Mongol Transformation: From the Steppe to Eurasian Empire", in Johan P. Arnason and Björn Wittrock, eds., *Eurasian Transformations*，*Tenth to Thirteenth Centuries: Crystallizations，Divergences, Renaissances,* E. J. Brill, Leiden and Boston, 2004, p.339。

扩大征服和维持帝国统治方面起到了关键性的作用。巴托尔德说："他（成
吉思汗）留给帝国的组织毕竟能在死后四十年后维持帝国的大一统局面于不
坠，并且在帝国分裂为若干国家以后，成吉思汗家族也还能在这些国家以内
维持统治达几个世代之久。"① 因此研究当时蒙古人的文化因素及其对周边定
居地区历史发展的影响互动是一个意义巨大而且历久弥新的重大问题。其中
对蒙古政治组织制度于征服地区的影响的研究成果已经十分丰富了。② 而对
蒙古风俗的相关问题的研究尚有很大的拓展空间。

　　但在关注上述问题之外，我们还要关注蒙古人文化因素的内亚传统问
题。因为任何文明现象都不是孤立而凭空产生的，而有其发生发展的历史过
程。只有这样才能构成一个完整的历史认识的链条。

　　在这一点认识之上，蒙古统治者所遵循的政治智慧和意识形态都深植于
内亚游牧社会的传统。如果我们尝试考察蒙古帝国的风俗习惯的话，就无法
回避其背后具有更漫长的时间维度和更广阔的空间幅度，且通常被遮蔽在文
献之下的欧亚草原历史传统的影响。所以在这个新的帝国中，作为征服对象
的定居社会所需要面对的，并不仅仅是一个新兴的游牧政权，而是其背后所
隐含的、作为其根基的整个内亚游牧文化的传统。

　　只有我们全面理解蒙古征服的上述重要问题之后，我们才能明白为何13
世纪直至近代，在内亚游牧地区，"黄金家族"的政治合法性、突厥—蒙古式
的社会组织，以及突厥化的伊斯兰僧侣阶层，一直是构筑当地政权的基本要素。

　　下文就要探讨蒙古人的"唾"习俗的相关问题。

二、"唾"的政治意义

　　《元史》中还有一处记载颇值得注意，《元史·太祖纪》云：

① W. Barthold, *Turestan down to the Mongol Invasion*, Second Edition, Oxford University Press, 1928, p.461.
② 参见邱轶皓：《蒙古帝国的权力结构（13—14世纪）——汉文、波斯文史料之对读与研究》（未刊），复旦大学博士学位论文2011年，第2页。

汪罕令执燕火脱儿等至帐下，解其缚，且谓燕火脱儿曰："吾辈由西夏而来，道路饥困，其相誓之语，遽忘之乎？"因唾其面。坐上之人皆起而唾之。汪罕又屡责札阿绀孛，至于不能堪。札阿绀孛与燕火脱儿等俱奔乃蛮。①

相同的记载也见于《蒙古秘史》、《圣武亲征录》与《史集》中，逐一记录于下：

《蒙古秘史》第 152 节载：

于是，王汗下令逮捕了参加议论的额勒忽秃儿、忽勒巴里、阿邻太师等诸弟和那颜们。诸弟之中，（只有）札合·敢不逃避到乃蛮部里去了。

（王汗命人）把他们捆绑起来，叫进帐房里，对他们说：

"咱们经过畏兀儿、唐兀惕诸地来时，商议过什么话？我怎么能像你们那样考虑呢？"

说罢，就唾他们的脸，并命人为他们解除捆绑。他们被王汗唾脸后，帐房内所有的人都起来唾他们的脸。②

《圣武亲征录》载曰：

按敦阿速泄是语于王可汗，王可汗令执燕火脱儿及纳怜脱怜二人至帐下，解其缚，谓燕火脱儿曰："吾辈自西夏而来，道路饥困，祖誓之语，忘之乎？我心非汝也。"唾其面，座上之人皆起唾之。③

① 《元史》卷一《太祖纪》，第 7 页。
② 余大钧译注：《蒙古秘史》，河北人民出版社 2001 年版，第 208 页。
③ 贾敬颜校注：《圣武亲征录校本》，中央民族大学 1979 年油印本，第 129—130 页。

《史集》第一卷第二分册记载：

> 王汗下令将额勒—忽里与额勒—忽惕忽儿抓起来上了枷锁，带着枷锁押进了他的帐幕里。他取下他们所戴的枷锁，对额勒—忽惕忽儿说道："我们逃到唐兀惕国去时，说过些什么话？"——显然，他们在那里说过某些话，立过某种不得违反的誓约——"我真没想到，你会这样！"——他朝着他的脸唾了一口。在场的全体也都照着他的样子，朝着他的脸上唾了一口。①

　　这样一处记载同时存在于以三种语言书写的蒙元时代几大史籍：《元史》、《蒙古秘史》、《圣武亲征录》和《史集》中，除了一些细节略有差别外，其主要叙事结构都是相同的。学界一般的观点认为，《元史》和《史集》的一大史料来源就是总称为"脱卜赤颜（中古蒙文：〔蒙古文〕，现代蒙文：〔蒙古文〕，Tobčiyan，历史）"的诸多蒙元宫廷史书档案，而《蒙古秘史》畏兀儿体蒙古文原文无疑就是其中记载成吉思汗与窝阔台汗史事的史籍之一。② 可见这出记载来源于蒙古皇室最原始的记载。也可说明这种"唾"行为受到何等程度的重视，而被记入蒙古帝国皇家史册。

　　再把目光转向记载本身。这里主要叙述了王汗对于私下非议他并有背叛意图的额勒·忽秃儿、札阿·绀孛等人实行惩罚的事迹。对于职责并背叛的重罪，王汗仅仅"唾其面"，便释放子他。这种情形在一般的政治行为模式中是难以理解的，因为忠诚度是政治隶属关系中的最高价值。一旦失去了政治忠诚，面对统治者，其结局往往就是"除之而后快"。因此从功能上说，这里"唾"便不同于各民族一般的蔑视行为，而被赋予了一种被强化的惩罚功能，足以对政治上的不忠和背叛给予惩罚。因此在当时蒙古人的观念里，

---

① 〔波斯〕拉施特主编，余大钧、周建奇译：《史集》第一卷第二分册，商务印书馆 1983—1985 年版，第 174—175 页。

② 乌兰校勘：《元朝秘史·前言》（校勘本），中华书局 2012 年版，第 9 页。

"唾"成为一种政治上的惩罚工具，其对被唾者的侮辱作用已经远远超过我们通常的理解。

之后的细节更可谓意味深长。在王汗唾过之后，"坐上之人皆起而唾之"。这是一种多么充满仪式性的场面！如果王汗一个人的唾行为还不足以归结为一种文化习俗的话，那么众多人唾面的"盛大"场面就不能再让人熟视无睹了。也正因为"唾"在蒙古人中已经成为一种表达政治侮辱的习俗，被普遍接受，才能出现"唾"的集体行为。如果蒙古人的"唾"行为只是一个个体、偶然现象的话，那么这种"集体仪式"是无法解释的。

蒙古人的政治观念中，"唾"行为的侮辱功能已经有了质上的强化，以至于可以改变一个人的政治态度。基于这个认识，我们也就可以理解，在被唾之后，札阿·绀孛和燕火脱儿"至于不能堪"，最终一起逃向乃蛮部。

"王汗唾面"的事迹被郑重地记录于"脱卜赤颜"之中，并被属于三种不同文化区域的史书完整地保留下来，未有删削。这也从一个侧面说明蒙古人的"唾"行为具有特殊的文化意义。这在蒙元时代也许还为史籍编辑者所熟悉，随着时间的流逝而被逐渐遗忘。而这一十分珍贵的记载，即使在国际性的"《秘史》学"园地里也还没有得到充分的关注。①

作为蒙古人习俗中表达政治侮辱与惩罚的"唾"行为，在蒙元帝国的政治舞台上应该有更多的登场。幸运的是，在有限的史料中，我们还能找到相关的记述。如《元史·许扆传》载：

> 忽鲁火孙（许扆）与丞相安童善，国政多所赞益，桑哥忌之，数谮于上，帝不之信。桑哥败，系于左掖门，帝命忽鲁火孙往唾其面，辞不可，帝称其仁厚，赐以白玉带。且谕之曰："以汝明洁无瑕，有类此玉，

---

① 罗意果（Igor de Rachewiltz）的《〈蒙古秘史〉注释》收集全世界范围的《蒙古秘史》研究成果较为完备，但在对第 152 节的注释之中也没有提及对"唾"行为的研究成果。见 Igor de Rachewiltz, *The Secret History of The Mongols: A Mongolian Epic Chronicle of the Thirteenth Century,* Vol.1, Leiden-Boston, 2004, p.565。

故以赐汝也。"①

敛财之相桑哥倒台后，被拴绑于左掖门等待发落。此时忽必烈专门让许衡去唾他的脸，以示侮辱和复仇。在许衡推辞之后，忽必烈认为其拥有仁厚的美德，甚至赐以玉带。这种奇特的文化现象在汉族王朝的政治生活中是难以发生的。只有清楚了"唾"对于蒙古人的特殊文化意义，我们才能正确理解此处的历史情境。

通过上述讨论，我们再回来审视文首笔者所引的史料，便会有新的认识。因为成吉思汗向南唾骂卫绍王，因此金蒙之间关系交恶。在此中的除了成吉思汗的蔑视言语外，"唾"行为本身也起到了政治催化剂的作用。金朝统治者对于蒙古人的"唾"习俗也许是了解的，因此对于成吉思汗的态度迅速恶化。但后人显然已经遗失了这些历史知识。

三、"唾"的宗教意义

任何特定的习俗都是有其产生的根源。要探究蒙古人思想观念中表示政治惩罚和羞辱的"唾"行为，就有必要探讨其在宗教中的意义，才能接近其产生的本源。原始宗教、巫术和禁忌是涉及多学科知识的复杂问题。限于时间和笔者知识结构限制。这里只能结合有关史料做初步研究，留待以后继续深入。

在蒙元时期蒙古人的宗教和祭祀中，"唾"行为也发挥着重要作用。《元史·祭祀志六》就记载了一项蒙古皇室重要的"国俗旧礼"：

> 每岁，十二月十六日以后，选日，用白黑羊毛为线，帝后及太子，
> 自顶至手足，皆用羊毛线缠系之，坐于寝殿。蒙古巫觋念咒语，奉银槽

---

① 《元史》卷一六八《许衡传》，第 3964 页。

贮火，置米糠于其中，沃以酥油，以其烟熏帝之身，断所系毛线，纳诸槽内。又以红帛长数寸，帝手裂碎之，唾之者三，并投火中。即解所服衣帽付巫觋，谓之脱旧灾、迎新福云。①

在此处记载中，如果将红帛象征为灾祸的话，"唾"俨然成为一种祛除灾祸的仪式性手段，并且要唾三次，以示加强消灾作用。"唾"与"手裂"、"火"一起成为蒙古人观念中有效的驱邪手段，构成一个完整仪式系统。

而在蒙古的近亲民族的历史中，我们可以看到更多关于具有宗教含义的"唾"的记载。试举两例如下：

《旧五代史·契丹传》载：

十六日，次于栾城县杀胡林之侧，时德光已得寒热疾数日矣，命胡人鬻酒脯，祷于得疾之地。十八日晡时，有大星落于穹庐之前，若迸火而散，德光见之，西望而唾，连呼曰："刘知远灭，刘知远灭！"是月二十一日卒，时年四十六，主契丹凡二十二年。②

《宋史·符彦卿传》载：

辽人自阳城之败，尤畏彦卿，或马病不饮龁，必唾而咒曰："此中岂有符王（彦卿）邪？"③

以上两处记载十分清楚地表明在契丹人的观念中，"唾"是一种诅咒方式。耶律德光临终前通过"唾"来诅咒刘知远灭亡，辽朝士兵也用"唾"来诅咒大将符彦卿。

---

① 《元史》卷七七《祭祀志六·国俗旧礼》，第 1925 页。
② 《旧五代史》卷一三七《契丹传》，中华书局 1976 年版，第 1836 页。
③ 《宋史》卷二五一《符彦卿传》，第 8840 页。

不论蒙古人用"唾"驱邪还是契丹人用"唾"来诅咒，从本质上来说都是一种巫术行为。其宗教意义是十分相近的。而契丹与蒙古俱出于东胡系统，语言也同属于蒙古语族。这初步说明"唾"的宗教功能在蒙古语族诸民族中是被普遍接受的。

四、"唾"习俗的内亚传统

从以上的探究，我们看出"唾"具有特殊意义的现象已经不再局限于蒙古民族本身，而是涵盖了蒙古语族诸民族。由这一认识引申开去，我们可以联系到蒙古人所生活的广袤而又神奇的内亚世界。这一孕育了一个又一个草原帝国的欧亚大陆的内部世界，几个世纪以来一直吸引着全世界学者的注意力。已有的丰厚研究成果都从不同侧面不断证明一个事实：尽管疆域幅员辽阔，气候地貌复杂多样，但内亚的历史一直是作为一个整体出现在世界历史舞台上的，内亚的各个地区、民族之间的联系是广泛而持久的。[①]

在此基础上，很多内亚民族的习俗都不是一个个孤立现象，而是处于一个各民族之间相互影响、不断扩散又持续变化的过程中。在这一领域的研究成果中，西方的内亚学泰斗丹尼斯·塞诺的论文《以切成两半的狗立誓》（*Taking an Oath over a Dog Cut in Two*）[②] 是个很好的范例。根据此文的研究，以宰杀狗等动物作为誓约形式的习俗在内亚是普遍而又持久地存在着的。从库蛮人到蒙古人，从 13 世纪到晚近的 19 世纪，这种在定居文明的人们看来十分奇特的风俗一直延续着。

上文给了笔者很大的启发。那么"唾"习俗在广阔的内亚世界又是扮演着怎样的角色呢？人类学家 Manabu Waida 的论文《中亚的死神起源神话：

---

① Denis Sinor, *The Cambridge History of Early Inner Asia*, Cambridge University Press, 1990, p. 8.

② Denis Sinor, *Studies in Medieval Inner Asia*, Ashgate Publishing Company, 1997, pp. 301-307. 汉译见《丹尼斯·塞诺内亚研究文选》，中华书局 2006 年版，第 367—377 页。

对其结构与历史的比较分析》① 可以给我们一些解决问题的线索。Waida 广泛研究了内亚各民族的死神起源神话，发现其中存在着一个固定的故事蓝本，Waida 将其称为"中亚类型（Central Asian type）"。其梗概如下：

> 天神用泥土造出了人类始祖的躯体，却发现不能给予他呼吸和灵魂，使其拥有生命。于是神留下一只秃狗保护这个人的躯体，便返回天堂去取灵魂了。当天神走后，魔鬼便出现了。它承诺给秃狗毛皮以引诱它不再保护人类。之后魔鬼就唾了人类始祖，以污染他的躯体，使其不能拥有生命。

在这个固定情节的神话观念里，"唾"成为魔鬼进攻人类的有效武器。而唾液就是疾病和死亡之源，这个神话模式广泛存在于内亚的各个民族当中。从北海道的阿依努人（Ainu）到东欧的匈牙利、保加利亚等可以搜寻到这一神话的痕迹。因此"唾"习俗的特殊含义必然与神话中的"唾"的作用有着某种关系的。在内亚的神话中，"唾"既然可以作为恶魔的武器，那么逆向思维，"唾"也可以成为人类的武器，以达到侮辱或诅咒等作用。这是符合人类习俗演化逻辑的。

而从西方人类学家从早期人类的思维和文化的研究成果当中，"唾液"赋予了更明确的文化意义，如列维·布留尔在其巨著《原始思维》中通过大量的各民族的早期文化实例论证，生物的每一部分都具有独特的文化意义，可以履行特定的功能。如在西非的传统中，"鬣狗脑髓是代表诡诈的，鼻子是代表机敏的，尾尖则是代表隐身能力"。而布留尔还指出，在大量遍布世界各个角落的不同原始民族文化中，"唾液"都具有相似的意义，即象征着杀伤力，具有有害的神秘力量，并可以对人进行攻击。甚至在马来亚，疯狗

---

① Manabu Waida，"Central Asian Mythology of the Origin of Death: A Comparative Analysis of Its Structure and History"，*Anthropos*, Bd. 77, H. 5./6. (1982), pp. 663-702.

的唾液就被称为名为巴地（badi）恶魔。①

　　而在伊朗大诗人鲁米的著名叙事诗《玛斯纳维》中也记载了阿里对去向自己吐唾的勇士不加罪责的故事，借以赞颂他的宽容和伟大。②

　　由此，本文对"唾"习俗的探讨便构成了一个完整的链条，从习俗本身的研究到对其产生根源的探究。我们可以看到"唾"习俗在古代蒙古人群体的具体表现和其背后的内亚文化根源，并可追溯到人类早前共同的文化意识。

---

① 〔法〕列维·布留尔著，丁由译：《原始思维》，商务印书馆 1981 年版，第 30 页。另可参考〔法〕列维-斯特劳斯《野性的思维》的相关论述，见 Claude Levi-Strauss, *The Savage Mind,* Weidenfeld and Nicolson, 1966, p.117。

② Jalalu-'d-Din Muhammad Rumi, *Masnavi Ma'navi:The Spiritual Couplets of Maulana,* London：Routledge, 2000, p.56. 汉译见〔波斯〕莫拉维（鲁米）著，穆宏燕译：《玛斯纳维全集》第一册，湖南文艺出版社 2002 年版，第 375 页。

辽代康默记家族粟特族属考论[*]

辛　蔚（中山大学人类学系）

新近，契丹帝国的兴起与中古三夷教之关系诸问题，逐渐进入中外历史学界的研究视域。[①] 契丹帝国的初兴与太祖、太宗朝的族群结构息息相关，主要有：东胡族系的契丹皇族与宗室力量，突厥族系的回鹘后族与外戚力量，通古斯族系的渤海王族与右姓力量，中原汉族系的燕四大家族力量等[②]，特殊的族群结构奠定了契丹帝国多元开放的文化性格。

契丹帝国境内的中亚粟特族裔与昭武九姓胡人，依然活跃于松漠地区，且常常游离于蕃汉之间，具有等视汉人的特殊地位，亦为平衡契丹帝国多元族群结构的重要力量。辽太祖朝的康默记，即是其中非常典型的代表人物。康默记在辽代初期功勋卓著，系太祖朝佐命功臣二十一人之一，对于早期契丹帝国的形成与建构，具有极为重要的推动和促进作用。

关于辽代康默记的民族性质与家族世系问题，王民信先生在《辽朝时期的康姓族群》一文进行了详细的拟构和考述，赵振绩先生对此文有简短的

* 本文系笔者主持的国家社科基金项目"契丹文明与草原丝绸之路研究"（项目编号：15CKG011）与中国博士后科学基金项目"契丹帝国的王权政治与世界体系研究"（项目编号：2014M562231）阶段性成果之一。

① 有关契丹帝国的中古三夷教的主要论著，见〔日〕鸟居龙藏：《景教に关する画像石》，《考古学杂志》1937 年第 27 卷第 2 期；杨富学：《契丹族源传说借自回鹘论》，《历史研究》2002 年第 2 期；王小甫：《契丹建国与回鹘文化》，《中国社会科学》2004 年第 4 期。

② 目前，有关辽代的族群结构的研究，大体是围绕汉人与契丹人的关系层面展开的，最具代表性的论著：刘浦江：《说"汉人"：辽金时代民族融合的一个侧面》，见刘浦江：《辽金史论》，辽宁大学出版社 1999 年版，第 109—127 页；王善军：《世家大族与辽代社会》，人民出版社 2008 年版；蒋金玲：《辽代汉族士人研究》（未刊），吉林大学博士学位论文 2010 年。

《评论》，率先对康默记的族属提出质疑，指出："康氏是否真的汉人集团，是否与康居人有关系？"史怀梅先生（Naomi Standen）又在《辽代的越境之举》一书的"附录"，同样对康默记的族属发出疑问，在辽代的越境人名录中将其民族标注为"汉？"，至此康默记及其家族的粟特族属问题，逐渐浮出中外学术界的水平面。[①]然而，中国的辽金契丹女真史学界，针对此疑问，迄今为止，尚未给予明确的回应与系统的解析。[②]

2010 年 7 月，笔者曾经与刘凤翥先生通信探讨此问题，并向先生略陈小文之梗概，值此先生八十华诞即将来临之际，谨将晚辈的若干重要见解，重新整理如下，希冀能够对此问题给予圆满的诠释，并以此向先生的道德与文章，致以崇高的敬意。

一、康默记的蕃汉名讳与粟特族属的确定

中古中国的中亚粟特族裔与昭武九姓胡人，在 6 世纪以来的汉语历史文献中大量出现，关于如何甄别其外来民族的特殊身份，先是蔡鸿生先生根据陈寅恪先生的学理与方法提出了胡姓、胡名、胡貌、胡俗、胡气"五项标

---

① 相关论著，见王民信：《辽朝时期的康姓族群》，初刊中国文化大学史学研究所编：《第二届宋史学术研讨会论文集》，台湾中国文化大学史学研究所 1996 年版，第 11—23 页，辑入《王民信辽史研究论文集》，台湾大学出版中心 2010 年版，第 117—134 页。赵振绩先生的《评论》见诸王民信先生文后之《附录》。〔英〕Naomi Standen（史怀梅）：*Unbounded Loyalty：Frontier Crossings in Liao China*（《忠贞不贰？——辽代的越境之举》），Honolulu：University of Hawai'i Press, 2007。

② 近年来，张广达、刘永连、冯金忠、岳东等先生在相应的论著中亦曾提到康默记为粟特人或具有粟特文化背景，遗憾的是由于这些著作的论述重点并不局限于辽代的康默记家族，因此皆未能与前述王民信先生、赵振绩先生的论著建立直接的联系。张广达：《从"安史之乱"到"澶渊之盟"：唐宋变革之际的中原和北方》，2007 年提交台湾政治大学第三届中国史学会"基调与变奏：七至十二世纪的中国"国际学术研讨会，收入台湾政治大学历史系、日本中国史学会、台湾"中央研究院"编：《基调与变奏：七至十二世纪的中国》第三分册，台湾政治大学历史系、日本中国史学会、台湾"中央研究院"历史语言研究所、《新史学》杂志社联合出版，2008 年，第 1—20 页；刘永连：《九姓胡在朝鲜半岛史迹考略》，见陈春声：《海陆交通与世界文明》，商务印书馆 2012 年版，第 100—153 页；冯金忠：《唐代河北藩镇研究》，科学出版社 2012 年版，第 175—176 页；岳东：《辽上京与粟特文明》，《内蒙古农业大学学报》2013 年第 5 期。

准"①。其后，魏义天先生（étienne de La Vaissière）从人类学与社会学的角度提出了粟特姓名、婚姻关系、郡望观念"三项标准"②，诚然，随着中古中国的粟特族裔与昭武九姓胡人华化程度的加深，各项标准皆是逐渐淡化与消退的历史过程，然而无论如何 —— 粟特式的姓名 —— 都是判断其族群性质的首要与关键。

斯加夫先生（Jonathan Karam Skaff）最先确立了以粟特式姓名拟定汉语文献中粟特族裔的方法，即假设吐鲁番出土文献中具有昭武九姓姓氏的人即为粟特族裔或具有粟特文化背景的中亚族裔③，这种方法为吉田豐先生的历史语言学所证实。④ 辽代的康默记的姓与名，完全能够实现与以吐鲁番出土文书为中心的中古时期的历史文献的相互对应。

康默记的姓氏"康"以及《辽史·康默记传》所保留的其蕃汉两种名讳 —— 蕃式的"默记"和汉式的"照"⑤—— 皆与中亚粟特文化息息相关。

（一）康默记的姓氏

中亚粟特地区的城邦国家以撒马尔干（Samarkand）为中心的康国最为强大，且居首脑地位。由于康国的粟特族裔侨居海外后，多以国为姓氏，康氏遂为中亚粟特族裔和昭武九姓胡人中最大的姓。北朝以来，中亚粟特人沿丝绸之路大量入华，康氏依然是入华西域胡族中昭武九姓的第一大姓。⑥

（二）康默记的蕃式名讳

康默记的蕃式名字"默记"可以堪同为粟特语 Māh 意为"月神"或 Mākhch 意为"与月神相关的"，确切地说应该是粟特语 Māh 在辽代的汉字

---

①　蔡鸿生：《读史求识录》，广东人民出版社 2010 年版，第 30—35 页。

②　〔法〕魏义天（Étienne de La Vaissière）著，王睿译：《粟特商人史》，广西师范大学出版社 2012 年版，第 74—76 页。

③　〔美〕Jonathan Karam Skaff（J. K. 斯加夫）："The Sogdian Trade Diaspora in East Turkestan during the Seventh and Eighth Centuries"（《公元七至八世纪粟特人在东突厥的贸易扩张》），*Journal of the Economic and Social of the Orient*，46-4，2003，pp.475-524.

④　〔日〕吉田豐：《Sino-Iranica》，《西南アジア研究》1998 年第 48 卷。

⑤　《辽史》卷七四《康默记传》，第 1230 页。

⑥　姚薇元：《北朝胡姓考》（修订本），中华书局 2007 年版，第 406—410 页。

音写形式。

琐罗亚斯德教中的月神，系每月第十二日的庇护神，除却粟特文之外，其古代伊朗语言文字的其他形式，分别是：波斯文 Māh，帕拉维文 Māh，阿维斯塔文 Māvangha 等。[①] 从以吐鲁番出土文书为中心的中古时期的历史文献来看，Māh 或 Mākhch 在中亚粟特族裔和昭武九姓胡人中是一个较为常见的粟特式名字。（见表 1：中古历史文献中的粟特式蕃名"Māh"与"Mākhch"）

南北朝时期，中亚粟特族裔和昭武九姓胡名仅见 Māh，Mākhch 则暂未发现。汉字音写粟特语 Māh，仅使用"单字式"，即通常采用通摄、曾摄明母入声单字（穆、默）。由于明母入声字皆以 m 音开头且以 k 音收尾，因而采用单个汉字即可以完整地对应粟特语中的 m 和 h 这两个音素，如《梁书·康绚传》中的"康穆"[②]，《康敬本墓志》、《康武通墓志》中的"康默"[③] 等。

隋唐帝国时期，中亚粟特族裔和昭武九姓胡名 Māh 和 Mākhch 并行。汉字音写粟特语 Māh，分为"单字式"和"双字式"两种：前者采用宕摄明母入声单字（莫），由于明母入声字皆以 m 音开头且以 k 音收尾，因而采用单个汉字即可以完整地对应粟特语中的 m 和 h 这两个音素，此时汉字"莫"开始取代"穆"、"默"等成为音写粟特语的主流汉字，如《唐开元十九年（731）康福等领用充料钱物等抄》中的"安莫"[④] 等；后者采用果摄明母非入声字（摩、磨）+ 果摄、假摄见组字（诃、伽），由于明母非入声字以 m 音开头但不以 k 音收尾，因而需要以 k 音开头的见组字相互配合，用以对

---

① 〔伊朗〕贾利尔·杜斯特哈赫（Jalil Doostkhah）选编，元文琪译：《阿维斯塔：琐罗亚斯德教圣书》，商务印书馆 2005 年版，第 542 页。

② 《梁书》卷一八《康绚传》，中华书局 1973 年版，第 290—293 页。

③ 《康敬本墓志》、《康武通墓志》，见周绍良、赵超：《唐代墓志汇编》，上海古籍出版社 1992 年版，第 530—531、545 页。

④ 《唐开元十九年（731 年）康福等领用充料钱物等抄》，见国家文物局古文献研究室、新疆维吾尔自治区博物馆、武汉大学历史系编：《吐鲁番出土文书》第 10 册，文物出版社 1981—1991 年版，第 21—28 页。

表 1　中古历史文献中的粟特蕃名 "Mȧh" 与 "Mȧkhch"

时代	姓名	蕃名中古汉语拟音	汉语音韵结构	文献来源
南朝末	康穆	mɪuk(mbuk)	通摄明母入声字（以 k 音收尾）	《梁书·康绚传》
北周	康默	mək(mbək)	曾摄明母入声字（以 k 音收尾）	《康敬本墓志》，《康武通墓志》
唐	康莫遮	mak(mbak)/mo(mbo)+tʃiɐ	宕摄明母入声字（k 音收尾）/ 遇摄明母去声字＋假摄章组字	《唐咸亨四年（673）西州前庭府杜对正买驼契》
唐	何摩诃	mua(mbua)+ha	果摄明母非入声字（以 m 音开头）＋ 果摄见组字（以 k 音开头）	《何摩诃墓志》
唐	康磨伽	mua(mbua)+gɪɐ	果摄明母非入声字（以 m 音开头）＋ 假摄见字（以 k 音开头）	《康磨伽墓志》
武周	曹默是	mak(mbak)+ʒɪɛ	曾摄明母入声字（以 k 音收尾）＋ 止摄章组字	《武周西州高昌县王渠某堰头牒为申报当堰见种秋田数及田主佃人姓名事》
唐	安莫	mak(mbak)/mo(mbo)	宕摄明母入声字（k 音收尾）/ 遇摄明母去声字	《唐开元十九年（731）康福等领用充料钱物等抄》
唐	石默啜	mək(mbək)+ tʃʰuɐt/tuɐt	曾摄明母入声字（以 k 音收尾）＋ 山摄知组字 / 山摄章组字	《石默啜墓志》
唐	康莫遮	mak(mbak)/mo(mbo)+tʃiɐ	宕摄明母入声字（k 音收尾）/ 遇摄明母去声字＋假摄章组字	《唐匡遒口奴莫贺叶辩辞》
高昌	康莫至	mak(mbak)/mo(mbo)+tʃii	宕摄明母入声字（k 音收尾）/ 遇摄明母去声字＋止摄章组字	《高昌内藏奏得称价钱帐》
高昌	何摩遮	mak(mbak)/mo(mbo)+tʃiɐ	宕摄明母入声字（k 音收尾）/ 遇摄明母去声字＋假摄章组字	《高昌昭武九姓胡人曹门阤等名籍》
高昌	曹莫遮	mak(mbak)/mo(mbo)+tʃiɐ	宕摄明母入声字（k 音收尾）/ 遇摄明母去声字＋假摄章组字	《高昌昭武九姓胡人曹莫门阤等名籍》
高昌	曹莫之	mak(mbak)/mo(mbo)+tʃiei	宕摄明母入声字（k 音收尾）/ 遇摄明母去声字＋止摄章组字	《高昌昭武九姓胡人曹莫门阤等名籍》

说明：

1. 本表中古拟音依据：[日] 藤堂名保：《学研汉和大字典》，学习研究社 1978 年。

2. 同一汉字存在多音情况，亦一并列出，"/" 前为以汉字写粟特语的可能语音。

应粟特语中的 m 和 h 这两个音素，如《何摩诃墓志》中的"何摩诃"①，《康磨伽墓志》中的"康磨伽"② 等。汉字音写粟特语 Mākhch，则使用"双字式"，通常采用宕摄、曾摄明母入声字（莫、默）+ 假摄、止摄、山摄章组字（遮、是、啜），明母入声字对应粟特语中的 m 和 h 两个音素，章组字对应粟特语中的 ch 这个音素，如《唐咸亨四年西州前庭府杜对正买驼契》中的"康莫遮"③，《武周西州高昌县王渠某堰堰头牒为申报当堰见种秋亩数及田主佃人姓名事》中的"曹默是"④，《石默啜墓志》中的"石默啜"⑤，《唐匡遮□奴莫贺吐辩辞》中的"康莫遮"⑥ 等。

高昌王国时期，中亚粟特族裔和昭武九姓胡名仅见 Mākhch，而 Māh 则暂未发现。汉字音写粟特语 Mākhch，表现得极为规范和整饬，统一使用"双字式"，汉字的使用范围亦较隋唐时期更为集中，通常采用宕摄明母入声字（莫）+ 假摄、止摄章组字（遮、至、之），明母入声字对应粟特语中的 m 和 h 两个音素，章组字对应粟特语中的 ch 这个音素，如《高昌内藏奏得称价钱帐》中的"康莫至"⑦，《高昌昭武九姓胡人曹莫门陀等名籍》中的"何莫遮"、"曹莫遮"、"曹莫之"⑧ 等。

契丹帝国时期，中亚粟特族裔和昭武九姓胡名仅见 Māh，Mākhch 则暂未发现。虽然康默记的粟特语名字在不同的史籍中，其汉字音写粟特语的形式各不相同，但是汉字音写粟特语的规律还是非常清晰的。由于受中古汉语

---

① 《何摩诃墓志》，见周绍良、赵超：《唐代墓志汇编》，第 670 页。
② 《康磨伽墓志》，见周绍良、赵超：《唐代墓志汇编》，第 694—695 页。
③ 《唐咸亨四年（673）西州前庭府杜对正买驼契》，见国家文物局古文献研究室、新疆维吾尔自治区博物馆、武汉大学历史系编：《吐鲁番出土文书》第 7 册，第 389—390 页。
④ 《武周西州高昌县王渠某堰堰头牒为申报当堰见种秋亩数及田主佃人姓名事》，见国家文物局古文献研究室、新疆维吾尔自治区博物馆、武汉大学历史系编：《吐鲁番出土文书》第 7 册，第 194 页。
⑤ 《石默啜墓志》，见周绍良、赵超：《唐代墓志汇编》，第 2024—2025 页。
⑥ 《唐匡遮□奴莫贺吐辩辞》，见国家文物局古文献研究室、新疆维吾尔自治区博物馆、武汉大学历史系编：《吐鲁番出土文书》第 7 册，第 107 页。
⑦ 《高昌内藏奏得称价钱帐》，见国家文物局古文献研究室、新疆维吾尔自治区博物馆、武汉大学历史系编：《吐鲁番出土文书》第 2 册，第 318—325 页。
⑧ 《高昌昭武九姓胡人曹莫门陀等名籍》，见国家文物局古文献研究室、新疆维吾尔自治区博物馆、武汉大学历史系编：《吐鲁番出土文书》第 3 册，第 119—120 页。

促音入声韵尾逐渐消逝的影响，辽代汉字音写粟特语多采用初唐时期（武周之前）的双字式 —— 明母非入声字 + 见组字 —— 的方法。如：《辽史》中的"康默记"，首字将原曾摄明母入声字"默"等视为以 m 音开头但不以 k 音收尾的非入声字，是故末字需要以 k 音开头的见组字"记"相互配合。《尚暐墓志》中的"康梅棘"①，末字则将原曾摄见组字入声字"棘"等视为以 k 音开头但不以 k 音收尾的非入声字，是故首字需要以 m 音开头的蟹摄明母非入声字"梅"相互配合。至于《虏廷杂记》中的"康枚"②，则明显具有金元时期汉语的特点，仅采用了以 m 音开头的蟹摄明母非入声字"枚"，其后并没有再使用以 k 音开头的见组字相互配合，换言之：辽代以后汉字音写粟特语 Māh 的入声结构已经不复存在。

（三）康默记的汉式名讳

康默记的汉式名字"照"与"炤"同体，其正体作"燨"与"燳"，火部突出与祆教的光明与火焰崇拜暗合，意为若大人、日月之"光明"。

汉许慎《说文》："燨，明也。从火，昭声。"③ 唐张参《五经文字》定"炤"与"照"同体④，则《五经》之《易·离卦》"大人以继明照于四方"⑤、《书·泰誓》"若日月之照临"⑥ 中的"照"皆可以写作"炤"，康默记汉式名字"照"的字义即可能出自上述儒家经典，进而实现与祆教神祇月神之间在汉语意义上的互训。辽释行均《龙龛手镜》则将"炤"与"照"析分：前者

---

① 向南先生考证《尚暐墓志》中的"康梅棘"即《辽史》中的"康默记"，见向南编：《辽代石刻文编》，河北教育出版社 1995 年版，第 498—500 页。

② 金毓黻先生考证《虏廷杂记》中的"康枚"即《辽史》中的"康默记"，见金毓黻：《宋辽金史》，商务印书馆 1946 年版，第 21 页。

③ （汉）许慎著，（宋）徐铉校订：《说文解字》（影印清同治陈昌治刻本）卷十上"照"字条，中华书局 1963 年版，第 209 页下。

④ （唐）张参：《五经文字》（影印丛书集成初编本）卷中"炤"字条，见中华书局编：《丛书集成初编》语文学类第 1064 册，中华书局 1985 年版，第 53 页下。

⑤ （清）阮元校刻：《十三经注疏》（影印清嘉庆庆阮元校刻本），（三国魏）王弼、（晋）韩康伯注，（唐）孔颖达等正义：《周易正义》卷三《离》，中华书局 1980 年版，第 43 页上。

⑥ 《尚书正义》卷十一《周书》"泰誓下"，第 182 页。

定"炤"为正体，"烠"为今体；后者定"奭"为正体，"郹"为俗体①，康默记汉式名字"照"的字形即可能与其正体字"炤"与"奭"火部突出的形态有关，进而实现与祆教的光明与火焰崇拜之间在汉字字形上的关联。

综上所述，中古中国的中亚粟特族裔与昭武九姓胡人，其维系民族身份的一项重要传统和标志，即是在汉语中以国为姓氏，音译胡名。康默记的姓氏"康"为典型的中亚粟特姓氏，蕃名"默记"系中古汉字音写粟特语月神的名称 Māh，汉名"照"正体作"炤"和"奭"则与祆教的光明与火焰崇拜暗合，而其蕃汉名讳又可以实现粟特语与汉语之间在音、形、义上的关联与互训，说明其先父母有着深刻的粟特族源意识和较高的华夏文化修养，因此康默记为中亚粟特族裔和昭武九姓胡人的后裔应该是明确而肯定的。

二、康默记的政治履历与历史功绩

中古中国的粟特族裔与昭武九姓胡人在安史之乱的前后，逐渐向隋唐帝国北部边疆的河套六州、河北藩镇，辽海柳城等地域集结②，进而成为维系和确保丝绸之路在亚洲北部持续贯通的重要力量。隋唐帝国解体前后，常常游离于河北藩镇③以及亚洲北部新兴的政治势力之间，尤其是五代十国④、

---

① （辽）释行均：《龙龛手镜》（影印山西省文物局藏高丽刻本）《上声第二》"炤"字条，中华书局 1985 年版，第 243 页。

② 荣新江：《中古中国与外来文明》，生活·读书·新知三联书店 2001 年版，第 37—110 页。

③ 〔日〕森部豊：《略論唐代灵州和河北藩鎮》，见史念海编：《中国历史地理论丛增刊·漢唐長安與黄土高原》，1998 年。森部豊：《唐前半期河北地域における非漢族の分佈と安史軍淵源の一形態》，《唐代史研究》2002 年第 5 號。森部豊：《唐代河北地域におけるソグド系住民～開元寺三門樓石柱題名及び房山石經題記を中心に》，《史鏡》2002 年第 45 號。森部豊：《ソグド人の東方活動と東ユーラシア世界の歴史的展開》，《關西大學東西學術研究所叢刊》2010 年第 36 號。荣新江：《安史之乱后粟特胡人的动向》，《暨南史学》2003 年第 2 辑。高文文：《唐河北藩镇粟特后裔汉化研究：以墓志材料为中心》（未刊），中央民族大学博士学位论文 2012 年。冯金忠：《唐代河北藩镇研究》，科学出版社 2012 年版，第 173—193 页。

④ 芮传明：《五代时期中原地区粟特人活动探讨》，《史林》1992 年第 3 期。

敦煌归义军^①、回鹘汗国^②、契丹帝国^③、渤海王国^④、高丽王朝^⑤等相互角力的瓯脱地带。

10 世纪初期开始，随着契丹势力的崛起与扩张，隋唐帝国亚洲北部边疆故地的中亚粟特族裔与昭武九姓胡人逐渐被纳入新兴的契丹帝国的势力范围，其华化进程亦出现了两种完全不同的发展趋向：一种以安重荣为代表，固守"突厥化"（准确地说，应该是"内亚化"中的"沙陀化"）^⑥的旧的传统；一种则以康默记为代表，出现了"契丹化"或"汉儿化"相结合的新的变革。

关于康默记的籍贯和家族背景，《辽史·康默记传》仅言其"少为蓟州衙校"^⑦，如此则"蓟州"即当为其侨居地，"衙校"即"衙前兵马使"则当为其出身，显然具有明显的突厥化职业武人的背景。北朝隋唐以来，幽蓟地区作为中原北部的重要都会，始终保存有完整的中亚粟特族裔和昭武九姓胡

① 荣新江：《中古中国与外来文明》，第 258—274 页。

② 〔苏联〕Анатолий Гаврилович Малявкин（А. Г. 马里亚甫金）：*Уйгурские Государства：в IX - XII вв*（《九至十二世纪的回鹘帝国》），Новосибирск：Наука，1983.

③ 契丹本土的中亚粟特族裔与昭武九姓胡人，最著名的例子见诸《辽史·太祖纪》的近侍将军——康末怛。虽然杉山正明先生业已指出其为粟特人，但是并没有进一步分析其名字的波斯粟特含义及其相关史事。

　本文认为：康末怛的名字，系中古汉语音写波斯语 Mordād，意为每月第七日和每年五月的庇护神，代表神主的永恒和不朽的植物神。康末怛与太祖和淳钦皇后的关系非常密切，系依附淳钦皇后回鹘族系的粟特族裔。先是康末怛与萧翰受诏救镇州张文礼集团，其后淳钦皇后遣康末怛问太祖起居，太祖又遣康末怛受大諲譔之降，最终为渤海所害，这也是太祖决定攻灭渤海的重要原因。

　见〔日〕杉山正明著，乌兰、乌日娜译：《疾驰的草原征服者：辽、西夏、金、元》，讲谈社编：《中国的历史》第 8 册，广西师范大学出版社 2014 年版，第 158 页。

④ 张碧波：《渤海国与中亚粟特文明考述》，《黑龙江民族丛刊》2006 年第 5 期。

⑤ 刘永连：《九姓胡在朝鲜半岛史迹考略》，见陈春声编：《海陆交通与世界文明》，商务印书馆 2012 年版，第 100—153 页；刘永连：《朝鲜半岛康安诸姓群体初探》，《文史》2013 年第 2 辑。

⑥ 关于中古时期的中亚粟特族裔与昭武九姓胡人的"突厥化"问题之研究，见〔日〕森部丰：《唐末五代の代北におけるソグド系突厥と沙陀》，《東洋史研究》2004 年第 62 卷第 4 號。森部丰著，温晋根译：《唐后期至五代的粟特武人》，法国汉学编辑部编：《粟特人在中国》，中华书局 2005 年版，第 226—234 页。〔法〕魏义天（Étienne de La Vaissière）著，王睿译：《粟特商人史》，广西师范大学出版社 2012 年版，第 214—220 页。徐庭云：《沙陀与昭武九姓》，见辽宁大学出版社编：《庆祝王锺翰先生八十寿辰学术论文集》，辽宁大学出版社 1993 年版，第 333—346 页。钟焰：《安禄山等杂胡的内亚文化背景》，《中国史研究》2005 年第 1 期。彭建英：《东突厥汗国属部的突厥化》，《历史研究》2011 年第 2 期。

⑦ 《辽史》卷七四《康默记传》，第 1230 页。

人社区：幽州城在安禄山出任范阳、平卢节度使期间曾立有祆庙，并且岁岁举行大型的祭祀祆神的活动[1]，中高等级的粟特族裔和昭武九姓胡人家族亦曾在幽蓟地区长期存在[2]，而房山石经题记中则保留有大量的崇信佛教的粟特族裔和昭武九姓胡人民众的功德名录。[3] 关于辽代康默记家族的先世，虽然暂时不能确定其在前朝的谱系和支脉，但是本文怀疑其似应与唐代幽州康志达家族存在某种联系，有待新史料的发现和确认。

康默记凭借其中亚粟特族裔与昭武九姓胡人的特殊文化背景，在太祖朝建立了卓越的历史功绩，对于契丹帝国的形成与建构，具有极为重要的推动和促进作用，仅将其履历分述如下：

（一）出仕

唐天复元年（901），契丹遥辇氏痕德堇可汗命太祖为本部夷离堇和大迭烈府夷离堇，三面用兵：西向连破室韦、羽厥、奚，南向经略河东代北，东向攻伐女真，南向复掠河东蓟北，遂拜于越，总知军国事。康默记即是在天复三年（903）十月，太祖首次蓟州征讨时出仕契丹的，《辽史·康默记传》言"太祖侵蓟州得之，爱其才，隶麾下"[4]，从此与太祖一并登上了契丹帝国初期的历史舞台。

（二）政治

契丹开国元年（907）前后，太祖先后即可汗位和皇帝位。[5] 开国三年（909），太祖以"为长九年"[6] 且"中国之王无代立者"[7] 威制诸部，突破了

---

① 张小贵：《中古华化祆教考述》，文物出版社 2010 年版，第 27—38 页。

② 见高文文：《唐河北藩镇粟特后裔汉化研究：以墓志材料为中心》（未刊），中央民族大学博士学位论文 2012 年，第 12—33 页。冯金忠：《唐代河北藩镇研究》，科学出版社 2012 年版，第 175—176 页。

③ 〔日〕森部豊：《唐代河北地域におけるソグド系住民～開元寺三門樓石柱題名及び房山石經題記を中心に》，《史鏡》2002 年第 45 号。

④ 《辽史》卷七四《康默记传》，第 1230 页。

⑤ 本文认同《辽史·太祖纪》关于契丹开国年代的记载，刘浦江先生曾撰文对《辽史》提出异议，今不取其说。见刘浦江：《契丹开国年代问题》，《中华文史论丛》2009 年第 4 辑。

⑥ 《资治通鉴》卷二六六《后梁纪》，开平元年（907）五月，《考异》注引《虏廷杂记》，中华书局 1956 年版，第 8676—8679 页。

⑦ 《新五代史》卷七二《契丹》，第 886 页。

"八部大人，法常三岁代"①的旧制，进而统一诸部实现"变家为国"。根据中原史籍的记载，奉劝太祖不受代的是晋王李克用和太祖周边的汉人，《虏廷杂记》则胪列了其中的名单，而起到实质作用的则是：韩知古、韩延徽、康默记三人。②由于太祖"为长九年"前后，韩知古的官职并不显赫，韩延徽则是在其后刘守光即将覆灭之际出使契丹为太祖所执的，是故彼时太祖核心幕府集团中的汉人只有康默记一宗。康默记劝太祖不受诸部之代进而实现"变家为国"，乃是其成就"佐命功臣"的重要资历。

（三）平乱

开平五年（911），由太祖"变家为国"所诱发的"诸弟之乱"，虽然在本质上属于新兴的中央集权制与保守的部落联盟制之间的冲突，但是中古三夷教亦参与了其间的政治角力。③《辽史·太祖纪》中保存的太祖诏谕极为少见，仅有平定诸弟之乱的两通训谕和平定渤海的一封诏书，皆具有明显的"神道设教"的色彩，显然不可能全部出自太祖御笔。

其一：诸弟性虽敏黠，而蓄奸稔恶。尝自矜有出人之智，安忍凶狠，溪壑可塞而贪黩无厌。求人之失，虽小而可恕，谓重如泰山；身行不义，虽入大恶，谓轻于鸿毛。昵比群小，谋及妇人，同恶相济，以危国祚。虽欲不败，其可得乎？④

其二：致人于死，岂朕所欲。若止负朕躬，尚可容贷。此曹恣行不道，残害忠良，涂炭生民，剽掠财产。民间昔有万马，今皆徒步，有国以来所未尝有。实不得已而诛之。⑤

---

① 《辽史》卷六三《世表》，"唐"，第956页。
② 蒋金玲：《辽代汉族士人研究》（未刊），吉林大学博士学位论文2010年，第51—55页。
③ 关于契丹帝国的兴起与中古三夷教的关系问题，笔者拟另撰《契丹帝国的兴起与中古三夷教之关系》一文详细探讨。
④ 《辽史》卷一《太祖纪上》，开平三年（909）正月，"甲辰"条，第9页。
⑤ 《辽史》卷一《太祖纪上》，开平三年（909）七月，"丙申"条，第9—10页。

首通训谕巧妙运用祆教哲学的"善恶二元论"，将太祖的新势力定位为"善"，将昆弟的旧势力定位为"恶"，末通训谕则以解答"阿胡拉·马兹达之问"①的方式，将太祖定位为下凡消除暴虐、拯救牲畜的祆神，从而避免了社会舆论的非议，有利于新兴的契丹帝国的团结与稳定。本文认为两通训谕皆为具有祆教背景的康默记草拟，正是由于康默记的实际功效是以太祖训谕的形式出现，因而《辽史·太祖纪》少见其平定诸弟之乱的具体活动，仅在《辽史·康默记传》和《论赞》中略有涉及，前者赞其"罹禁网者，人人自以为不冤"②，后者则褒其"治狱不冤"③。是故，太祖平定诸弟之乱，虽然群臣各有职司，但是康默记实是其中的幕后总裁。

（四）律法

太祖"变家为国"从根本上突破了部落联盟性质的法律体系④，重新建构中央集权性质的法律体系即成为必需。由于康国的"胡律"在中亚粟特地区和昭武九姓胡人之中具有普遍意义⑤，因此康默记遂以"诸弟之乱"和"克定诸夷"为契机，参考唐律、契丹律、粟特胡律等既有法律体系，对契丹帝国的法律体系进行了两次厘定。首次，开平七年（913），太祖平定诸弟之乱，权宜立法，诏群臣分决滞讼，曰："朕自北征以来，四方狱讼，积滞颇多。今休战息民，群臣其副朕意，详决之，无或冤枉"⑥，遂以康默记总裁，萧敌鲁"疏决"⑦，韩知古"录事"，只里姑"捕亡"⑧，《辽史·康默记传》曰："时诸部新附，文法未备，默记推析律意，论决重轻，不差毫厘。

---

① 祆教经典《阿维斯塔》描述了阿胡拉·马兹达责令琐罗亚斯德拯救世界的缘起：古舒尔万被恶魔摧残致死后，灵魂升天，向阿胡拉·马兹达请求派遣使者拯救世界。阿胡拉·马兹达遂向诸天神发问："谁能够庇护牲畜，保护牧场和耕地，消除暴虐和虚伪？"琐罗亚斯德挺身而出，临危受命，毅然表示可使真诚、善良和秩序从天而降。（见〔伊朗〕贾利尔·杜斯特哈赫（Jalil Doostkhah）选编，元文琪译：《阿维斯塔：琐罗亚斯德教圣书》，商务印书馆2005年版，第7—11页）
② 《辽史》卷七四《康默记传》，第1230页。
③ 《辽史》卷七五《论赞》，第1243页。
④ 武玉环：《辽代刑法制度考述》，《中国史研究》1999年第1期。
⑤ 蔡鸿生：《唐代九姓胡与突厥文化》，中华书局1998年版，第8—10页。
⑥ 《辽史》卷六一《刑法志上》，第937页。
⑦ 《辽史》卷六一《刑法志上》，第937页。
⑧ 《辽史》卷一《太祖纪上》，开平七年（913）十月，"癸未"条，第8页。

罹禁网者，人人自以为不冤。"① 末次，神册六年（921），太祖克定诸夷，诏定法律②，曰："凡国家庶务，巨细各殊，若宪度不明，则何以为治，群下亦何由知禁"③，遂以突吕不撰《决狱法》④，而在此前一年，康默记已经出任皇都夷离毕⑤参知政事且掌刑政⑥，因此康默记势必参与契丹帝国首部成文法典之草拟。

（五）民族

契丹帝国初期，一方面积极调整帝国内部的战略空间：东向抄略女真，南向吞并奚霫，西向讨击羽厥；一方面积极拓展帝国外部的战略空间：西征阻卜、匡扶回鹘，南交晋梁、围困幽蓟，东平渤海、革立东丹。由于中亚粟特族裔与昭武九姓胡人始终扮演着丝绸之路上的外交协调者的角色⑦，因此康默记亦承担着契丹帝国的中外关系即对外的邦交事务与对内的民族事务的双重任务，《辽史·康默记传》曰："一切蕃、汉相涉事，属默记折衷之，悉合上意。"⑧虽然现有史料缺乏对康默记协理中外关系的具体事宜的记载，但是太祖与李克用的"会盟"与"背盟"当与之有着直接的关联，李克用派遣契丹首次乞盟的使节"通事"康令德⑨即为一名中亚粟特族裔与昭武九姓胡人⑩，康默记实际上也兼具"通事"的职责⑪亦同为中亚粟特族裔与昭武九姓胡人，因此本文认为康默记应该直接负责并参与了双方的谈判。契丹帝国初

---

① 《辽史》卷七四《康默记传》，第 1230 页。

② 《辽史》卷二《太祖纪下》，神册六年（921）五月，"丙戌"条，第 16 页。

③ 《辽史》卷六一《刑法志上》，第 937 页。

④ 《辽史》卷七五《耶律突吕不传》，第 1240—1241 页。

⑤ 《辽史》卷二《太祖纪下》，神册五年（920）闰六月，"丁卯"条，第 16 页。

⑥ 《辽史》卷一一六《国语解》，"夷离毕"条，第 1535 页。

⑦ 见〔苏联〕Анатолий Гаврилович Малявкин（А. Г. 马里亚甫金）：*Уйгурские Государства：в IX - XII вв*（《九至十二世纪的回鹘帝国》），Новосибирск：Наука，1983。

⑧ 《辽史》卷七四《康默记传》，第 1230 页。

⑨ 《辽史》卷一《太祖纪上》，唐天祐二年（904）七月，第 2 页。

⑩ 杉山正明先生业已指出其为粟特人。见〔日〕杉山正明著，乌兰、乌日娜译：《疾驰的草原征服者：辽、西夏、金、元》，讲谈社编：《中国的历史》第 8 册，第 94 页。

⑪ 李锡厚先生业已指出其兼具"通事"的职责，遗憾的是并未指出其为粟特人。见李锡厚：《临潢集》，第八篇《契丹立国初期的通事》，河北大学出版社 2001 年版，第 127 页。

期与中原藩镇的交结，皆是其远交近攻的战略方针的具体体现，其战略意图非常明确：先后利用河东李克用集团与梁洛朱全忠集团，希冀实现对幽蓟刘仁恭集团的合围或击破。^① 康默记生长于蓟州军旅，对刘仁恭集团的军事实力以及幽蓟地区的政治形势应该非常熟悉，因此根据契丹的军事实力审时度势地制定了"远交晋梁，近攻幽蓟"的战略方针。

（六）军事

神册六年（921），太祖经略中原，出居庸关、下古北口，以康默记将汉军攻幽蓟地区的经济中心长芦水寨^②，此次南伐旨在接应内附的晋新州防御使王郁部之山北汉军，借此与晋王李存勖做短暂的军事接触，进而为大规模西征阻卜和东平渤海奠定基础。天赞四年（925），太祖举国东征，康默记与韩知古将汉军从行^③，次年围忽汗城，渤海末王大諲譔出降，太祖因遣近侍中亚粟特族裔和昭武九姓胡人康末怛等入城受降^④，然为渤海巡卒所害，《辽史·康默记传》曰：太祖"命诸将攻之。默记分薄东门，率骁勇先登"^⑤，遂先破渤海上京城。天显元年（926）三月，康默记与韩延徽攻长岭府，破之。^⑥ 九月，康默记又与阿古只出击渤海残部，会鸭渌府游骑七千势甚嚣张，阿古只率精锐直范其锋，一战克之，遂挺军回跋城，破之。^⑦ 康默记率先攻破渤海上京城，又先后与韩延徽、阿古只等负责扫荡渤海残余势力，禁断长岭府"营州道"和鸭渌府"朝贡道"，攻破回跋城，阻滞渤海残余势力与中原藩镇及高丽王朝之间的联系，充分显示了其中亚粟特族裔和昭武九姓胡人突厥化职业武人的军事才能和战术素养。

① 彭艳芬、于淼：《论阿保机与李克用的会盟》，《北方文物》2008 年第 4 期。
② 《辽史》卷七四《康默记传》，第 1230 页。
③ 《辽史》卷七四《韩知古传》，第 1233—1235 页。
④ 《辽史》卷二《太祖纪下》，天显元年（926）正月，"丙子"条，第 22 页。
⑤ 《辽史》卷七四《康默记传》，第 1230 页。
⑥ 《辽史》卷二《太祖纪下》，天显元年（926）八月，"辛卯"条，第 23 页。
⑦ 《辽史》卷七三《阿古知传》，第 1223—1224 页。

（七）营造

神册元年（916），太祖在龙化州建元受册①，由于龙化州系遥辇氏汗庭，非世里氏本土，是故命康默记新建皇都。先是太祖取天梯、蒙国、别鲁等三山之势于潢水畔之苇甸，射金龊箭以识之②，因有龙眉宫、明王楼、天雄寺等，是为太祖岁时游猎四时捺钵之"西楼"③。神册三年（918），康默记以礼部尚书兼版筑使的身份负责皇都的设计和营造④，《辽史·康默记传》曰："默记董役，人咸劝趋，百日而讫事。"⑤于是，梁、晋、吴越、渤海、高丽、回鹘、阻卜、党项及幽、镇、定、魏、潞等州各遣使来贡。⑥康默记建造的上京城具有明显中亚城市的特征：一方面，其平面布局呈粟特式城市的"日"字形结构；一方面，其功能区划呈粟特式城市的"五元"结构，与东亚世界普遍存在的唐式都城的"回"字形平面布局和"四元"式（缺失前者的"要塞"或"卫城"）功能区划完全不同。此外，康默记亦遵循中亚城市的建造模式：虽然在设计上有着完整的规划蓝图，但是在营造上则根据城市的发展进度有计划地分次建造。由于城市周边正处于持续移民的过程，是故最初仅营建了"宫城"和"皇城"，平定渤海后再修建"卫城"和"汉城"。⑦因太祖驾崩，康默记从渤海前线回京之后，随即负责祖陵的设计和营造⑧，故上京城的营造暂时搁置，直太宗时期方才在康默记设计蓝图的基础上，实现中轴线由"东西向"向"南北向"的转换。目前，虽然学界对祖陵的整体认知尚不及上京城，但需要特别指出是：祖陵神道两侧的石像生中发现了隋

---

① 《辽史》卷一《太祖纪上》，神册元年（916）二月，"丙戌"条，第10页。
② 《辽史》卷三七《地理志一》，《上京道》，第438页。
③ 《辽史》卷一一六《国语解》，"西楼"条，第1240—1535页。
④ 《辽史》卷一《太祖纪上》，神册三年（918）二月，"癸亥"条，第12页。
⑤ 《辽史》卷七四《康默记传》，第1230页。
⑥ 笔者认为：以上诸国遣使来朝之事，当系贺皇都之既成，不应在"二月"始建之月，康默记董役"百日而讫事"，故实在"七月"。（《辽史》卷一《太祖纪上》，神册三年（918）二月，"癸亥"条，第12页）
⑦ 关于辽代上京城的形制与布局问题，笔者拟另撰《辽代上京城及其近畿地区的城市布局与规划研究》一文详细探讨。
⑧ 《辽史》卷七四《康默记传》，第1230页。

唐帝王陵寝中不曾出现的"犬"的圆雕雕像[1]，则可能与祆教葬礼中的"犬视"（Sagdīd，波斯语，意为"犬凝视尸体"的宗教仪式[2]）存在联系，祖州城屹立至今的著名的"石室"，亦有可能与粟特葬俗中的"石堂"（Snkyn'k βγkt'k 粟特语意为"石头做的房子"、"众神的屋子"[3]）存在联系。（见表2：辽代上京城与粟特式城市结构和功能对比表）

表 2　辽代上京城与粟特式城市结构和功能对比表

城市结构	粟特式城市	契丹式城市	城市功能
城堡	城堡	大内	土室或贵族居住区
内城	沙赫林斯坦	皇城	衙署区、皇家宗教区
外城	拉巴德	汉城	居住区、商业区、农业区、工业区
市场	巴扎	市楼	集市、贸易区、工商管理区
要塞	要塞	渤海卫城	卫星城、军事卫戍区

（八）逝世

天显二年（927），康默记营建祖陵告竣遂薨，至于王民信先生提出的被淳钦皇后殉杀说[4]，恐怕完全不能成立。首先，契丹帝国延续了回鹘与粟特相对友善的族群关系，如前文提到的近侍将军康末怛，即与太祖和淳钦皇后的关系非常亲密。其次，康默记长期担任的夷离毕职，亦应得到淳钦皇后家族的支持，因为遥辇氏时期的阿扎割只职，即世为淳钦皇后家族的父辈执掌。[5] 再次，淳钦皇后殉杀大臣的根本原因在于皇位继承权，康默记提领汉军，受太宗天下

[1] 中国社会科学院考古研究所内蒙古第二工作队、内蒙古文物考古研究所：《内蒙古巴林左旗辽代祖陵陵园遗址》，《考古》2009 年第 7 期。
[2] 参见 Judith Lerner（乐仲迪）：Central Asians in Sixth-Century China: A Zoroastrian Funerary Rite（《六世纪中国的中亚人：琐罗亚兹德教的丧葬仪式》），Iranica Antiqua，vol.XXX，1995，pp.179-190。
[3] 见〔日〕吉田豊：《西安新出史君墓志的粟特文部分考释》，法国汉学编辑部编：《粟特人在中国》，中华书局 2005 年版，第 26—42 页。
[4] 见王民信：《辽朝时期的康姓族群》，初刊中国文化大学史学研究所编：《第二届宋史学术研讨会论文集》，中国文化大学史学研究所 1996 年，第 11—23 页，辑入《王民信辽史研究论文集》，台湾大学出版中心 2010 年版，第 117—134 页。
[5] 《辽史》卷七三《萧敌鲁传》，第 1222—1223 页。

兵马大元帅节制，双方当无过隙。最后，太祖朝与康默记齐名的韩延徽、韩知古等皆得以善终，康默记功勋卓著，至少对其本人而言，理不应被害。

综上所述，辽太祖朝几乎全部重大政治事件皆有康默记的历史身影，从契丹帝国初期的社会历史实际与元修《辽史》列传的编纂次序来考察，除却皇族宗室力量和后族外戚力量之外，康默记的实际政治地位应当远在韩知古和韩延徽之上，因此以康默记为代表的"契丹化"或"汉儿化"的中亚粟特族裔与昭武九姓胡人，在契丹帝国的形成与建构过程中起到了中流砥柱的历史作用。

此外，需要附带说明的是：契丹小字的创制亦可能与粟特语言和文字存在一定程度的关联。中国民族古文字学界一般认为，契丹小字的创制系参考了回鹘文的拼写方式。[1]《辽史·皇子表》曰："回鹘使至，无能通其语者，太后谓太祖曰：'迭剌聪敏可使。'遣迓之。相从二旬，能习其言与书，因制契丹小字，数少而该贯。"[2] 然而契丹帝国与西徙中央亚细亚的回鹘诸汗国始终保持着密切的联系，契丹朝廷没有通回鹘语言者似乎不太现实，或认为彼时恰好没有通回鹘语言者在场[3]，然亦可不必专门指派耶律迭剌从习数旬之久。本文认为：契丹帝国与西徙中央亚细亚的回鹘诸汗国交聘所使用的官方语言为汉语、契丹语或回鹘语，双方不存在官方语言交流的障碍，由于粟特人始终承担着丝绸之路上的外交协调者的角色[4]，是故太祖和淳钦皇后指

---

① 清格尔泰著，吴英喆协助：《契丹小字釋读問題》，東京外國語大學國立亞非語言文化研究所 2002 年版，第 1 页。

② 《辽史》卷一《皇子表》，"耶律迭剌"条，第 967—979 页。

③ 见联合国教科文组织编写中亚文明史国际科学委员会：《中亚文明史》，〔塔吉克斯坦〕M. S. 阿西莫夫（Mukhamjed Sajjfetdenovech Asimov）、〔英〕C. E. 博斯沃思（Clifford Edmund Bosworth）主编，华涛译：第四卷上册《辉煌时代：公元 750 年至 15 世纪末 —— 历史、社会和经济背景》，〔美〕D. 西诺尔（Denis Sinor）撰，华涛译：《契丹与哈喇契丹》，中国对外翻译出版公司、联合国教科文组织联合出版 2002—2013 年版，第 172—183 页。

④ 根据 A. Г. 马里亚甫金（Анатолий Гаврилович Малявкин）的研究：从突厥第一汗国时代开始，到 10 至 11 世纪的回鹘诸汗国，粟特人始终承担着外交协调者的角色，五代期间，回鹘诸汗国遣往中国宫廷的使节，大多具有粟特姓氏，特别是在 907 至 960 年间的 53 名使节中，有粟特人 14 位、突厥人 16 位、汉人 19 位。见〔苏联〕Анатолий Гаврилович Малявкин（А. Г. 马里亚甫金）：*Уйгурские Государства：в IX - XII вв*（《九至十二世纪的回鹘帝国》），Новосибирск: Наука, 1983, с 240。

派耶律迭剌学习的应该是回鹘出使契丹的粟特使节自身所使用的母语语言文字——粟特语文。是故，耶律迭剌受太祖和淳钦皇后的特别委派，跟随回鹘诸汗国出使契丹的粟特使者学习二旬，在全面掌握粟特语言与文字的基础上（即"言与书"），最终设计制作了较之契丹大字"数少而该贯"的契丹小字。目前，关于粟特语言文字与契丹语言文字之间的联系问题，虽然需要深入细致的探讨，但是仅在现有的契丹语之中即可发现两个以突厥语为媒介的粟特语借词（见表 3：契丹语中的粟特语借词举例）：

表 3　契丹语中的粟特语借词举例

粟特语	突厥语	契丹语	汉语意义
qwat'yn	Qatun	qadun	可敦（皇后）
k'dy	Ked	köti	非常、十分、珍贵的

前者作为粟特语专有名词通过突厥语传入契丹语并不奇怪，后者作为粟特语表示强调意义的副词和形容词，则是通过景教文献和佛教文献传入突厥语的[1]，契丹语的借入过程则可能同样具有中古三夷教的背景。[2] 契丹语言文字与回鹘语言文字之间，虽然在阿尔泰诸语言内部的顶层设计方面，双方确实存在着一定程度的关联[3]，但是我们不能因此忽视在阿尔泰诸语言之外更加广阔而深厚的跨语际交流与实践方面，双方所存在的历史联系。

三、康默记的家族世系与华化历程

契丹帝国境内的中亚粟特族裔与昭武九姓胡人，虽然普遍保持着隋唐时

---

[1] 阿不里克木·亚森、阿地力·哈斯木：《〈突厥语大词典〉等文献中的粟特语借词》，《西域研究》2006 年第 3 期。

[2] 需要特别指出的是：孙伯君、聂鸿音先生《契丹语研究》虽然准确指出了契丹语中的 qadun 系突厥语借词，但是并没有进一步探讨其粟特语语源，对于契丹语中的 köti 则错误地认为系通古斯语借词，见孙伯君、聂鸿音：《契丹语研究》，中国社会科学出版社 2008 年版，第 73—74 页。

[3] 有关契丹小字与回鹘文字在顶层设计方面之关联，见傅林：《契丹语和辽代汉语及其接触研究：以双向匹配材料为基础》（未刊），北京大学博士学位论文 2013 年，第 15—18 页。

代以来的"突厥化"的共通底蕴，但是根据其族群活动地域和华化进程则可复分为两种类型：一种是以康末怛家族为代表的侨居契丹本土的"契丹化"族群，另一种则是以康默记家族为代表的侨居幽云地区的"汉儿化"族群。契丹帝国初期，中亚粟特族裔与昭武九姓胡人中的侨居幽云地区的"汉儿化"族群，就已经从契丹帝国的"观念"、"法律"和"婚姻"等人类学和社会学的层面，确定了其"汉人"的特定身份。

首先，契丹帝国初期，由于以安禄山为首的中亚粟特族裔与昭武九姓胡人长期担任隋唐帝国押奚、契丹两番的幽州节度使，故而新兴的契丹在族群观念上很容易将侨居幽云地区的粟特族群等视为唐朝内地的汉人。康默记出仕契丹，太祖委任其为尚书省之左尚书（尚书左仆射）及礼部尚书。① 初唐时期，由于尚书令曾为唐太宗所任职，因此后世多回避空置，尚书左仆射即成为首席宰相。辽太祖朝可能延续了初唐时期的政治制度，委任康默记为首席宰相，而韩延徽和韩知古则曾委任为中书省之中书令。② 正是由于太祖视康默记、韩延徽、韩知古等同为"汉人"，方可委任其为契丹帝国蕃汉二元制政治体系中的"南面朝官"。前文太祖不受诸部之代的政治运动中，中原史籍亦视康默记、韩延徽、韩知古等同为"汉人"。这种情况说明：无论是"契丹人"，还是"中国人"（特指中原人），在族群观念上皆视幽云地区的"粟特人"为"汉人"。

其次，契丹帝国境内，以康默记家族为代表的侨居幽云地区的中亚粟特族裔与昭武九姓胡人在族群观念上等视"汉人"，亦得到了契丹帝国蕃汉二元制法律体系的认可。神册六年（921），太祖克定诸夷，诏定法律，此次厘定律法具有重要的历史意义：一方面出台了第一部相对完善的中央集权性质的成文法典，另一方面确立了"治契丹及诸夷之法，汉人则断以律令"③ 的蕃汉二元制法律体系。前文业已考证出，康默记曾参与此次法律之厘定，说明

① 《辽史》卷四七《百官志三》，"尚书省"条，第778—779页。
② 《辽史》卷四七《百官志三》，"中书省"条，第774—776页。
③ 《辽史》卷六一《刑法志上》，第937页。

契丹帝国将侨居幽云地区的中亚粟特族裔与昭武九姓胡人等视为"汉人"，从观念转变为法律的过程，应该得到康默记的直接支持或默许。康默记将侨居幽云地区的中亚粟特族裔与昭武九姓胡人定为"汉人"，使之服从早已熟谙和相对完备的《唐律》和《唐令》，不仅符合在华粟特人的社会历史实际，而且直接促进了在华粟特人的华化进程。契丹帝国时期，中亚粟特族裔与昭武九姓胡人，自主通过律法形式加速民族融合，则是其华化进程中非常重要而显著的特征。

最后，契丹帝国境内的中亚粟特族裔与昭武九姓胡人，无论是其传统的"突厥化"的共通底蕴，还是新兴的"契丹化"或"汉儿化"的表现形式，都需要以 —— 非同族通婚为基础而实现。[①] 康默记家族的华化进程，则是经过六代人的集体努力，尽管出现了"汉儿化"与"契丹化"相互交错的文化现象，但是依然努力维系着中亚粟特族裔和昭武九姓胡人的特定身份，分述如下（见表4：辽代康默记家族世系拟构表）。

（一）第一代

康默记前辈和平辈族人，暂时无考。虽然《辽史》并无明确记载，但是根据下文即将讨论的，康默记家族第三代男性成员依然保持"突厥化"职业武人的特征，女性成员依然保持粟特族群婚姻关系的现象，说明早期康默记家族的族群观念和婚姻关系可能在一定程度上依然维系着相对保守和稳定的粟特族群内部的社会联系。

（二）第二代

康默记子辈族人，暂时无考。《辽史》亦无明确记载，由于《辽史》中与康默记并列的汉人，如韩延徽、韩知古等"本传"之后皆列有其子辈族人的"附传"，因此本文推测：最初康默记"本传"之后似应同样列有其子辈族人的"附传"，只是由于后世辗转纂修过程中为人因故削删所致。由于康默记营造祖陵工程完毕之后旋即辞世，唯一可能的因素即在于其子辈族人可

---

① 〔法〕魏义天（Étienne de La Vaissière）著，王睿译：《粟特商人史》，第216—217页。

能参与了太宗与人皇王之间的皇位之争。韩延徽子德枢与太宗关系密切，太宗尝曰："是儿卿家之福，朕国之宝，真英物也"①，韩知古子匡嗣又与淳钦皇后关系密切，淳钦皇后"视之犹子"②，康默记的子辈族人很可能在其辞世之后，站在了太宗和淳钦皇后的对立面，导致人物事迹不存，疑点颇堪玩味。

（三）第三代

康默记孙辈族人，有三支可考：第一支，为《辽史·康延寿传》③及《金史·康公弼传》④所见之康延寿。康延寿，字胤昌，少倜傥，尝谓其所亲曰："大丈夫为将，当效节边陲，马革裹尸。"景宗特授千牛卫大将军。宋人攻南京，诸将既成列，延寿独奋击阵前，敌遂大溃，以功遥授保大军节度使，特赐丹书铁券，遂家于燕京之宛平。乾亨三年（981）卒。康延寿风流倜傥、马革裹尸，景宗朝在南京保卫战中战功赫赫，以骁勇见称，保持有明显的突厥化职业武人的文化风貌与崇武精神；第二支，为《尚暐墓志》⑤所见之康氏县君。⑥康氏县君，闺仪高洁，姿态维熙，适中京大定府少尹尚暐，遂家于中京大定府。咸雍八年（1072）卒。康氏县君与尚氏家族的联姻，依然保持有粟特族群内部婚姻的特征，尚氏家族似应为鲜卑族裔，且与粟特族裔始终保持有一定程度的联姻关系，康氏县君仙逝之后，尚暐即再娶"武威县君安氏，即安太保之女"，安氏县君显然是粟特族裔，可惜没有子嗣。由于《尚暐墓志》没有记载康氏县君的类似"武威县"的西域式郡望徽号，是故不清楚以康默记家族为代表的粟特族裔在契丹帝国的郡望观念，殊为遗憾⑦；第三

---

① 《辽史》卷七四《韩德枢传》，第 1232 页。
② 《辽史》卷七四《韩匡嗣传》，第 1234 页。
③ 《辽史》卷七四《康延寿传》，第 1230 页。
④ 《金史》卷七五《康公弼传》，第 1725 页。
⑤ 《尚暐墓志》，见向南编：《辽代石刻文编》，第 498—500 页。
⑥ 康延寿与康氏县君虽然皆为康默记孙中男女，但是二人卒年相差悬殊，是故康氏县君或为康默记族孙之女，然本文暂且以平辈论述。
⑦ 需要特别指出的是：景宗乾亨年间的《许丛赟墓志》，言及大同军节度使许丛赟之夫人为长沙康氏，即云州都指挥使康敬之女，亦当为契丹帝国的中亚粟特族裔与昭武九姓胡人。如此，则云州康敬家族的郡望为"长沙郡"，只是目前的史料，并不能够建立起其与蓟州康默记家族之间的历史联系，是故蓟州康默记家族的郡望观念依然待考。（《许丛赟墓志》，见向南、张国庆、李宇峰辑校：《辽代石刻文续编》，第 19—21 页）

支，为《辽史·王继忠传》^① 所见"康默记族女"之父。康默记族女之父，承天皇太后命康默记族女过继为中京留守王继忠女，遂家于中京大定府。继忠为圣宗时人，则其父必与康延寿、康氏县君同辈。承天皇太后将康默记与王继忠两个家族结合在一起，既是看中双方卓越的外交才能，又是对两个相对弱势家族的关爱与扶植。康默记族女之父这一支，很可能即是整个早期康默记家族政治和外交能力最为卓越的一脉，当然也是受到前述太宗与人皇王之间的皇位之争影响最为沉重的一脉，所幸有赖人皇王系的眷顾和保全而得以赓续。康默记家族至第三代，逐渐由沉潜转向中兴，通过突厥化职业武人的军事才能实现家族复兴，且与若干具有少数族裔背景的中高等级家族建立新的血缘和业缘关系，其聚居地再从契丹帝国的腹地，回向迁徙至契丹帝国的新兴都市 —— 中京和南京。

（四）第四代

康默记曾孙辈族人，第一支，康延寿的子女状况暂不明；第二支，康氏族女即过继为王继忠女。康氏族女。统和二十一年（1003），宋将王继忠出仕契丹，承天皇太后特授户部使，又以康默记族女女之。王继忠系促成澶渊之盟的关键人物，尽忠于两朝，双方礼遇甚厚：辽承天皇太后与圣宗特授中京留守，赐国姓名耶律显忠，又改名"宗信"与兴宗皇帝连讳，封楚国王，赐宫户三千；宋真宗则特录其妻子，子孙为官者甚众，京师号"陷蕃王太尉家"，岁遣使至契丹，必以袭衣、金带、器币、茶药赐之，是故《辽史》、《宋史》皆有传。由于王继忠受赐契丹国姓，等视国族，则康默记族女亦必有国姓名，康默记家族此支遂开启其"契丹化"进程；第三支，康氏县君则有二子三女。^② 尚氏子女。康氏县君子女中的男子，通过庇荫和科举开启其"汉儿化"进程，如：长子君诲，在班祇候；次子益谦，备进士举。女子，则通过婚姻关系开启其"汉儿化"进程，如长女，适将作少监、知随驾太常礼院韩君详；次女，适进士王泗。幼女，适后晋末帝孙、中京诸军都虞候石

---

① 《辽史》卷八一《王继忠传》，第 1284—1285 页。
② 《尚暐墓志》，见向南编：《辽代石刻文编》，第 498—500 页。

瀚，则依然保持有粟特系沙陀族群婚姻关系的现象。康默记家族至第四代，得益于契丹帝国在政治、经济和文化上的全盛，家族势力的增进日趋强劲而稳健，族群融合的特征更加相得益彰。虽然康默记家族与粟特族群婚姻关系的传统继续维持和延续，但是新出现的"契丹化"和"汉儿化"相互交错的现象，则是契丹帝国的中亚粟特族裔与昭武九姓胡人群体在华化进程中的重要标志和时代特征。

（五）第五代

康默记玄孙辈族人，第一支康延寿和第二支王继忠的孙女状况暂不明；第三支，康氏县君则有孙男女六人。[①] 尚龙树，尚马鸣，尚文殊，皆以佛教人物为名，具有明显的佛教色彩，似为长期在宫廷任职的尚君诲之后。尚大安、尚永安、尚长安，则皆以治国理念为名，具有明显的儒教色彩，似为长期准备科举的尚益谦之后。康默记家族至第五代，由于史料的中断，两个重要的支系情况不明，出现了家族势力与家族规模有所"退化"的假象，至少从未来的发展趋势来看绝非如此，当然也很有可能的确处于一个非常重要的"蛰伏"阶段。虽然康默记家族，仅就少数已知的族人而言，其华化进程出现了与宗教文化相互结合的现象，但是同样准确反映了契丹帝国晚期宗教势力的崛起与繁荣。

（六）第六代

康默记来孙辈族人，第一支，康延寿曾孙见康公弼。[②] 康公弼，字伯通，少好学，第进士，除著作郎、武州军事判官，辟枢密院令史。历任朔州宁远县令、平州路钱帛司都检点、乾州广德军节度使等。时与左企弓、虞仲文、曹勇义等号四公子，皆有才识之士，事朝廷数有论建。[③] 保大二年（1122），天祚帝奔夹山，康公弼等遂与张琳、李处温、萧干、耶律大石等辅立耶律淳于燕京，尊号天锡皇帝，改元建福，是为北辽。[④] 天锡皇帝拜之以参知政事、

① 《尚暐墓志》，见向南编：《辽代石刻文编》，第498—500页。
② 《辽史》卷七四《康延寿传》，第1230页。《金史》卷七五《康公弼传》，第1725页。
③ 《金史》卷七五《论赞》，第1727页。
④ 《辽史》卷二九《天祚帝纪三》，保大二年（1122）三月，第343—344页。

签枢密院事、赐号忠烈翊圣功臣。[①]金人克燕京，金太祖授之以同中书门下平章事、枢密副使权知院事、签中书省、封陈国公。[②]保大四年（1124），金人捐燕京与宋，迁全燕豪族东徙，路经平州，为留守张毅于滦河畔栗林下缢杀之。[③]金人赐谥号"忠肃"，后赠侍中，又改赠特进、道国公；第二支，王继忠曾孙女状况暂不明；第三支，康氏县君曾孙则仅见尚演论。[④]演论以佛教经典为名，具有明显的佛教色彩，似为尚龙树或尚马鸣之后。[⑤]康默记家族至第六代，由于康公弼如白驹过隙、天马行空的一生，似乎完美再现了其先辈康默记的才华与能力，再次显现了康默记家族的强大生命力，同样也暗示着契丹帝国的中亚粟特族裔与昭武九姓胡人群体在华化进程中的政治能量和历史抉择。

综上所述，契丹帝国的中亚粟特族裔与昭武九姓胡人，虽然在太祖朝既已从"观念"、"法律"、"婚姻"等方面确定为"汉人"，但是以康默记家族为代表的——先侨居山前幽云地区，再转迁松漠腹地，复回向中京、南京等契丹帝国的新兴都市播迁的——粟特族群，则展现了其华化进程的复杂性和多样性，出现了"契丹化"与"汉儿化"相互交错的文化现象，这种情势说明：契丹帝国的中亚粟特族裔与昭武九姓胡人，虽然已经主动或被动地纳入进主流强势族群——"汉人"和"契丹人"——的范畴，但是他们依然试图努力维系其少数外来族群的特定身份，并且与契丹帝国的历史命运紧紧联系在一起。

从人类学与社会学的观点来考察，契丹帝国康默记家族的华化进程，亦完全符合主流强势族群之外的少数弱势族群的一般发展规律。康默记家族的女性成员，多通过婚姻关系，选择具有粟特血统或少数族裔背景的男性成员

---

① 《金史》卷七五《左企弓传》，第 1723—1724 页。
② 《金史》卷七五《左企弓传》，第 1723—1724 页。
③ 《辽史》卷二九《天祚帝纪三》，保大四年（1124）五月，第 347—348 页。
④ 《尚暐墓志》，见向南编：《辽代石刻文编》，第 498—500 页。
⑤ 此外，王民信先生在《辽朝时期的康姓族群》一文中曾误以左企弓子泌、瀛、渊等为康公弼子，尚无人指出，特此申明。

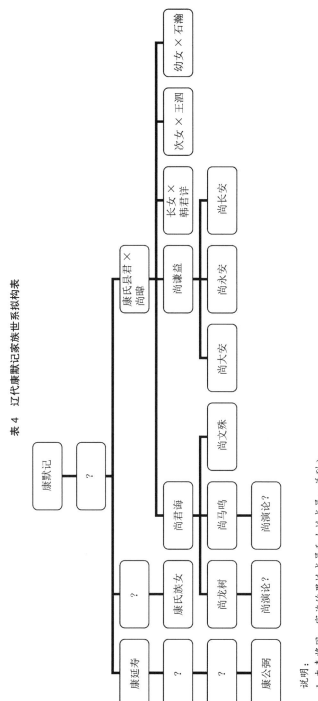

表 4 辽代康默记家族世系拟构表

说明：
1. 本表将同一家族的男性成员和女性成员一并列入。
2. "？" 表示名讳不可考，名讳后再加 "？"，表示世次暂不确定。"×" 表示婚姻关系，名讳后加 "？"，表示世次暂不确定。

相互结合，进而努力维系粟特族群内部的"血缘关系"，如康氏县君与鲜卑尚氏的婚姻关系、康氏县君幼女与粟特系沙陀石氏的婚姻关系等，都是非常典型的例证；康默记家族的男性成员，则热衷于通过军功、庇荫、科举、宗教等社会关系融入新兴的契丹帝国的历史潮流，进而努力拓展粟特族群外部的"业缘关系"。虽然整个粟特族群处于少数弱势族群的不利地位，但是他们的新生代则在此原理和基础之上，通过特定的粟特族群内部婚姻的方式，实现在次生代——在血缘上保持有一定程度的母系粟特血统的纯粹性，在业缘上又能够从父系社会关系中取得的良好发展空间——从而在主流强势族群之外，依然能够保持和维系必要的少数弱势族群的民族身份认同和社会文化认同。

此外，需要特别指出的是：根据目前有限的史料，虽然康默记家族在契丹帝国的门阀政治中，似乎表现得并不十分突出，但是契丹帝国幽云地区的粟特集团依然保持有强大的政治势力，最为明显的例证即是天锡皇帝耶律淳的燕京独立运动。尽管燕京的独立是契丹帝国末期政治形势的合力使然，特别是与契丹帝国山前地区的族群结构与族群关系息息相关[1]，然而其中以康公弼和曹勇义为代表的粟特集团，显然起到了推波助澜的历史作用。契丹帝国幽云地区的城市地带，作为契丹帝国草原丝绸之路体系的南部中段，左交海东、右通西域，不仅是中亚粟特族裔与昭武九姓胡人生息聚集的城邦，也是中古中国与东亚世界族群关系变幻最为剧烈的地域。如果说隋唐帝国时代的分水岭是安（禄山）史（思明）粟特集团在幽州的主动反叛，那么"第二次南北朝时代"的转折点即是康（公弼）曹（勇义）粟特集团在燕京的被动独立。中古中国的中亚粟特族裔与昭武九姓胡人，再一次参与和变更了东亚世界的政治格局，至于耶律大石西徙中央亚细亚的重大历史抉择，是否亦与其

[1] 诸如：耶律大石代表的契丹皇室集团；萧翰代表的奚人集团；张琳、李处温代表的具有新兴契丹本土仕宦背景的汉人集团；虞仲文、左企弓代表的具有前朝仕宦背景的汉人集团等。特别是虞仲文和左企弓，根据《中州集》和《金史》的记载，分别为虞世南和左皓之胤，其间世代变幻，或有鲜卑、沙陀、粟特之背景亦未可知。虞仲文和左企弓与康公弼和曹勇义在天锡朝过从甚密，说明他们具有共同或共通的利益背景，即代表着燕京地区固有的"汉人"与"粟特人"族群集团，然而在金人掠燕之后，迁全燕豪族东徙使得燕京民众失去了赖以维系的城市经济的基础，人心向背，遂为张毂历数其"十宗罪"后，于滦河畔栗林下杀身成仁。

幕下未知的粟特幕僚或武士集团存在特定的联系，则是有待继续探索和发现
的历史之谜。

结　语

契丹帝国的兴起与中亚粟特族裔与昭武九姓胡人有着特定的历史联系。
辽太祖朝的佐命功臣康默记系侨居幽云地区的中亚粟特族裔与昭武九姓胡
人，康默记家族则是契丹帝国的"汉儿化"粟特族群。虽然康默记在契丹
帝国初期贵为首席宰相，但是康默记家族在契丹帝国的历史境遇，却并不
像韩延徽、韩知古家族一样十分显赫，其中缘由，有待对新旧史料的发现
与追寻，然而诚如王民信先生的论赞 —— 辽朝得康默记而兴，失康公弼而
亡 —— 从云中之盟、澶渊之盟，到海上之盟，都能见到康默记家族的历史
身影，其与契丹帝国的历史命运始终是紧密联系在一起的。辽代康默记粟特
族属的确定，为我们探索契丹帝国的家族政治和族群关系提供了新的视角。
契丹帝国的"契丹化"或"汉儿化"粟特族群尚有多个，探索契丹帝国与中
亚粟特族裔和昭武九姓胡人的关系问题，对于理解和诠释中古中国与东亚世
界的社会历史变迁具有重要的价值与意义。

附　记

本文的初稿，创作于 2013 年 4 月间，原系为庆祝刘凤翥先生八十华诞
而作。2014 年 6 月，提交美国哈佛大学费正清研究中心举办的第一届"九至
十五世纪的中国学术研讨会"（Conference on Middle Period China 800—1400）。
论文全文在美国会议网站在线发表（http://middleperiodchina2014.org），并在
第 32 场分论坛"族群认同与多样性"（Ethnic Identities and Diversities）口头宣
读和小组讨论。会议期间，蒙南加州大学柏清韵先生（Bettine Birge）评议，
并提宝贵意见，谨致谢忱！

考古发现与研究

辽朝的城"坊"与城市管理[*]
——以石刻文字为中心

张国庆（辽宁大学历史学院）

　　辽承唐制，城市设"坊"，以方便对城居者的有效管理。宋人路振曾于大中祥符元年（统和二十六年，1008）以知制诰身份充任"贺契丹国主生辰使"，出使契丹辽国。路振使辽，途经南京（又称燕京，唐代称幽州，今北京市），对南京城设"坊"状况有所见闻。他在其使辽语录《乘轺录》中即言："幽州幅员二十五里……城中凡二十六坊，坊有门楼，大署其额，有阒宾、肃慎、卢龙等坊，并唐时旧坊名也。居民棋布，巷端直，列肆者百室。"[1] 关于辽朝城市设"坊"问题，因为传世文献记载不多，因而，研究者亦寥寥。[2] 笔者不揣浅陋，钩沉辽代石刻文字及相关文献史料，在前人研究的基础上，拟对辽朝城市设"坊"及其管理等略作考论，不当之处，敬祈方家教正。

一、辽朝之城"坊"

　　关于辽朝之城"坊"，笔者根据石刻文字及文献史料记载，在前人研究

* 本文为国家社会科学基金一般项目"辽代石刻所见辽朝史事研究"（13BZS031）阶段性成果。

① 赵永春编注：《奉使辽金行程录》，吉林文史出版社1995年版，第15页。
② 专题研究辽代城"坊"者，仅见鲁晓帆：《试析辽南京城二十六坊》，见首都博物馆编：《北京历史与文化论文集》，北京出版社2007年版。此外，王玲的《北京通史·辽代卷》（北京燕山出版社1990年版）等亦稍有论及。

的基础上，列表如下：

表 1　辽朝城 "坊" 表

城市名称	坊名	史料出处	沿革
南京	隗台坊	应历八年（958）《赵德钧妻种氏墓志》	唐幽州为 "招贤里（坊）"，金中都为 "金台坊"
南京	卢龙坊	保宁十年（978）《李内贞墓志》；路振《乘轺录》	据《唐故棣州司马姚（子昂）府君墓志》及《元一统志》等，唐、金亦有 "卢龙坊"
南京	肃慎坊	乾亨四年（982）《许从赟暨妻康氏墓志》；路振《乘轺录》	据《唐幽州大都督府录事参军蓟州刺史陆（日岘）府君妻王氏墓志》，唐已有 "肃慎坊"
南京	通阓坊	统和七年（989）《李熙墓志》	据《唐故幽州节度衙前讨击副使太中大夫试殿中监温（令绥）府君合祔墓志》，唐已有 "通阓坊"
南京	辽西坊	开泰九年（1020）《澄赞上人塔记》	据《唐姚季仙墓志》等，唐已有 "辽西坊"
南京	显忠坊	太平五年（1025）《契丹藏·妙法莲花经》题记	据《元一统志》，金亦有 "显忠坊"
南京	军都坊	重熙九年（1040）《大般若波罗密多经》题记	据《唐故幽州随使节度押衙正议大夫检校国子祭酒兼侍御史上柱国太原王（晟）府君夫人清河张氏合祔墓志》，唐已有 "军都坊"
南京	时和坊	重熙十三年（1044）《李继成暨妻马氏墓志》	据《（唐）南阳郡清河张氏夫人墓志》，唐已有 "时和里（坊）"；据《元一统志》，金亦有 "时和坊"
南京	永平坊	重熙十四年（1045）《王泽妻李氏墓志》	据《元一统志》，金亦有 "永平坊"
南京	单罗坊	清宁三年（1057）《丁求谨墓志》	辽仅有
南京	宣化坊	咸雍元年（1065）《弥勒邑特建起院碑》（附《卖地券》）	辽仅有
南京	北罗坊	咸雍五年（1069）《韩资道墓志》	辽仅有
南京	棠阴坊	寿昌末《燕京大昊天寺传菩萨戒妙行大师遗行碑铭》	据《元一统志》，金亦有 "棠阴坊"
南京	齐礼坊	天庆四年（1114）《王师儒墓志》	据《元一统志》，金亦有 "齐礼坊"
南京	衣锦坊	天庆十年（1120）《杜悆墓志》	辽仅有
南京	市骏坊	《房山石经题记汇编》《佛说守护大千国土经》题记；王珪《奉使契丹诗·市骏坊》原注	辽仅有
南京	阗宾坊	路振《乘轺录》	辽仅有

城市名称	坊名	史料出处	沿革
南京	玉田坊	《房山石经题记汇编》	据《唐故幽州节度衙前兵马使检校太子宾客兼监察御史济阴董（庆长）府君夫人太原郡君王氏墓志》及《元一统志》，唐、金亦有"玉田坊"
南京	归厚坊	《房山石经题记汇编》	据《元一统志》，金亦有"归厚坊"
南京	甘泉坊	《元一统志》引"灵泉禅院"	据《元一统志》，金亦有"甘泉坊"
南京	仙露坊		据《元一统志》，唐、金均有"仙露坊"，推断辽亦有"仙露坊"
南京	敬客坊		据《唐故衙前散将游击将军守翊府中郎将和（元烈）公墓志》、《房山石经题记汇编》（金）及《元一统志》，唐、金均有"敬客坊"，推断辽亦有"敬客坊"
南京	铜马坊		据《唐故中山郡郎氏夫人墓志》及《元一统志》，唐、金均有"铜马坊"，推断辽亦有"铜马坊"
南京	蓟北坊		据《唐濮阳卞氏墓志》及房山云居寺藏《大般若波罗蜜石经》题记，唐有"蓟北坊"，推断辽亦有"蓟北坊"
南京	开阳坊		据《唐故彭城夫人刘氏墓志》及《元一统志》等，唐、金均有"开阳坊"，推断辽亦有"开阳坊"
南京	蓟宁坊		据《有唐故处士纪（宽）公墓志》及《元一统志》，唐、金均有"蓟宁坊"，推断辽亦有"蓟宁坊"
南京	奉先坊		据《元一统志》及《析津志》，金有"奉先坊"，推断辽亦有"奉先坊"
南京	来远坊		据《唐故卢龙征马使游击将军守左武卫大将军赐紫金鱼袋曹（朝宪）府君故夫人原陶氏墓志》及《元一统志》，唐、金均有"来远坊"，推断辽亦有"来远坊"
南京	杏坛坊	王珪《奉使契丹诗·杏坛坊》	辽仅有
中京	贵德坊	开泰九年（1020）《耿延毅墓志》；太平八年（1028）《李知顺墓志》	辽仅有
云州（后升为西京）	丰稔坊	乾亨四年（982）《许从赟暨妻康氏墓志》	辽仅有

依据出土石刻文字以及宋人使辽语录、诗词等文献确切记载，辽朝南京城有"坊"20个，中京城有"坊"1个，云州（后升为西京）城有"坊"1

个。鲁晓帆先生依据唐朝石刻文字及金元文献记载，推断出辽朝南京城还有
"仙露"、"敬客"、"铜马"、"蓟北"、"开阳"、"蓟宁"、"奉先"、"来远"
等8坊。笔者认为，鲁晓帆先生的"推断"结论应该是可信的。辽朝南京
城的历史沿革是：唐朝幽州→辽朝南京（燕京）→金朝中都。宋人路振了解
到的情况是南京城26坊，"并唐时旧坊名也"。上表所列有石刻文字及文献
史料明确记载的南京20坊大多形成于唐，中经辽而沿承到金。鲁先生推断
出的8坊，大多也是形成于唐，至金仍然存在，只是缺乏中间环节（在辽）
的记载（或有记载的石刻文字及文献史料尚未被发现）。而依照辽朝南京城
"坊"大多是唐、辽、金三朝（或唐辽或辽金两朝）沿承相继，那么，鲁先
生推断出的这8坊在辽朝应该是存在的。此外，北宋王珪使辽，在他的使辽
诗作中，除见"市骏坊"外，还有"杏坛坊"，也是作为他的"使辽诗"诗
名出现的。[1] 如此算来，辽朝南京城的"坊"已达29个，远不止路振所记之
数。笔者以为，随着辽朝南京地区（今北京市）辽墓考古工作的不断深入，
不排除还会有新的"坊"名在石刻文字中出现。

辽朝中后期的都城——中京城是辽人仿中原城市建造的，所以中京城
内也有"坊"。遗憾的是，目前只在石刻文字中见到一"坊"——"贵德
坊"。可以肯定地说，辽朝中京城绝不会只是"贵德"一"坊"。但中京城
还有哪些"坊"？亦期待在这一地区有新的石刻出土后被发现。辽朝西京的
前身为云州，始建于唐玄宗开元十八年（730，《旧唐书·地理志》记为开元
二十年）。[2] 当下出土石刻文字所见辽朝云州（后升为西京）城所设之"坊"
亦仅一个——"丰稔坊"。一城之内不可能仅设一"坊"。辽朝西京（云州）
城内到底还有哪些"坊"呢？亦期待有新的石刻文字或文献史料被发现（其
他未见设"坊"辽朝城市类同）。

研究隋唐史的学者，依据出土石刻文字及历史文献记载，认为隋唐时

① 赵永春编注：《奉使辽金行程录》，第41页。
② 《辽史》卷四一《地理志五》，中华书局2016年版，第577页。

期城市的"坊"也可称为"里"。① 这就是说,"里"作为最基层的行政组织不仅仅存在于州县之乡下,也出现在城市中。如唐代的幽州城即有"时和里",鲁晓帆先生认为此"时和里"即"时和坊",因为到了辽朝,南京城有"时和坊",金中都也有"时和坊",三者应是有沿承关系的。但有时同名的"坊"和"里"又在同朝同城出现,如唐朝幽州城既有"通阛坊"(《唐故幽州节度衙前讨击副使太中大夫试殿中监温[令绶]府君合祔墓志》),也有"通阛里"(《唐故幽州节度押衙摄檀州刺史充威武军营田团练等使银青光禄大夫检校国子祭酒兼御史大夫上柱国南阳乐[邦穗]公墓志》)。故而学界也有不同观点,认为"里"不能代替"坊",坊数是不能用"里"来凑数的。此种现象在辽朝的城市中也有呈现,但笔者目前仅见一例,那就是南京城中既有"肃慎坊",也有"肃慎里"。如乾亨四年(982)的《许从赟暨妻康氏墓志》即载:许从赟"以应历八年九月六日薨于燕京肃慎坊之私第,享年五十七"②。而乾统四年(1104)的《范阳丰山章庆禅院实录》却载:"西南趣柳谿,至玄心,则下寺也。又道出甘泉村南,并坟庄,涉泥沟河水,东南奔西冯别野,则碾庄也。又东北走驿路,抵良乡,如京师,入南肃慎里东高氏所营讲宇,则下院也。"③ 辽朝南京城中"肃慎坊"与"肃慎里"到底是何关系?因于相关史料稀缺,相类事例又未他见,笔者也不好妄下结论,只能存疑待考了。

辽朝城市"坊"的布局与形制,石刻文字不见记载。《辽史·地理志》对辽朝南京城"坊"的记载仅见一句:"南京析津府,……又曰燕京。城方三十六里,崇三丈,衡广一丈五尺,敌楼、战橹具。……坊市、廨舍、寺观,盖不胜书。"④ 而于其他四京及诸州城"坊"只字未提。好在使辽宋人在其使辽语录中有简要记述,使我们对辽朝南京与中京城"坊"之设置稍有了

---

① 详见周晓薇、王其祎:《片石千秋:隋代墓志铭与隋代历史文化》,科学出版社 2014 年版,第 204 页。

② 向南、张国庆、李宇峰辑注:《辽代石刻文续编》,辽宁人民出版社 2010 年版,第 19 页。

③ 向南编:《辽代石刻文编》,第 544—545 页。

④ 《辽史》卷四《地理志四》,第 561—562 页。笔者认为,"坊市、廨舍、寺观"应各自顿开,成"坊、市、廨、舍、寺、观"为好。

解。比如，通过前引路振《乘轺录》对南京城"坊"的记载，获知南京城诸"坊"已不仅仅是居民区的一般划分，其布局、建筑及管理都比较规范，即每一"坊"的四周都有围墙环绕，"坊"与"坊"之间均有小巷连接，坊的出口处应有坊门与街路相通；坊门之上有楼，门楼正中悬挂写有"坊"名的匾额；坊门一般是白天开放，夜晚关闭。① 路振《乘轺录》对辽朝中京城"坊"之设置也有一段描述：中京"外城高丈余步，东西有廊，幅员三十里。……自朱夏门入，街道阔百余步，东西有廊舍，约三百间，居民列廛肆庑下。街东西各三坊，坊门相对，虏以卒守坊门，持梃击民，不令出观。徐视坊门，坊中阒地，民之观者无多。又于坊聚车橐驼，盖欲夸汉使以浩穰"②。"街东西各三坊"，说明辽朝中京城的确不止"贵德坊"一坊，此街两旁即有六坊。由"虏以卒守坊门，持梃击民，不令出观"可知，辽朝中京相关部门对"坊"居之民的管理是很严格的。"又于坊聚车橐驼，盖欲夸汉使以浩穰"，即在各"坊"还停放一些驼车，路振理解为辽人有意向北宋使臣彰显中京城的繁盛。此外，宋人王曾使辽语录《王沂公行程录》亦记载，辽朝南京（燕京）"城中坊门皆有楼"；中京城"多坊门"③。由此亦知，辽朝城"坊"建制于五京各城之间应该没有多大差别。

二、城市之管理

辽朝政府是如何管理城市坊居民众的？辽朝的城市管理方式有哪些？传世历史文献及出土石刻文字均记载不多。韩光辉先生著《宋辽金元建制城市研究》，将宋、辽、金、元四朝城市管理划分为几种类型：厢制管理类型（宋），警巡院管理类型（辽、金、元），录事司管理类型（金、元），司候

① 王玲：《北京通史·辽代卷》，第69页。
② 赵永春编注：《奉使辽金行程录》，第17页。
③ 赵永春编注：《奉使辽金行程录》，第28—29页。

司管理类型（金）。① 从韩先生的研究中看到，辽朝的城市管理，似乎仅有警巡院管理方式而不见其他。笔者钩沉文献史料及石刻文字后发现，辽朝的城市管理除了有警（军）巡院系统外，也应存在着其他管理方式。

警巡院管理。警巡院是辽朝所设五京城市治安及民政管理机构。《辽史·百官志》"南面京官"条记载辽朝五京均置有警巡院："五京警巡院职名总目：某京警巡使。某京警巡副使。上京警巡院。东京警巡院。中京警巡院。南京警巡院。西京警巡院。"② 警巡使是辽朝警巡院行使城市管理职能的主要官员。《辽史·马人望传》记载马人望曾在道宗朝后期出任"南京警巡使"③。检索出土石刻文字，还有几人曾在辽朝中后期出任五京警巡使，如"西京警巡使"张绩④，"东京警巡使"张可及⑤，等等。作为辽朝五京城市治安及民政管理机构的警巡院，其主要职能有巡查缉盗、执法鞫讼、济众安民及户口检括与户籍管理等。如《辽史·马人望传》即言，马人望任南京警巡使后，"京城狱讼填委，人望处决，无一冤者。会检括户口，未两旬而毕。同知留守萧保先怪而问之，人望曰：'民产若括之无遗，他日必长厚敛之弊，大率十得六七足矣。'保先谢曰：'公虑远，吾不及也。'"⑥

另据《辽史·兴宗纪》载：重熙十三年（1044）三月，"置契丹警巡院"⑦。辽兴宗之所以批准设置契丹警巡院，亦与警巡院的城市管理职能有关。《辽史·耶律重元传》云："先是契丹人犯法，例须汉人禁勘，受枉者多。重元奏请五京各置契丹警巡使，诏从之。"⑧ 说明重熙十三年（1044）前，在五京城区无论是汉人还是契丹人，只要涉嫌违法，统由警巡院的汉人警巡使处理。可能契丹人认为汉族出身的警巡使有时会执法不公，便通过耶律重元奏

---

① 参见韩光辉：《宋辽金元建制城市研究》，北京大学出版社 2011 年版。

② 《辽史》卷四八《百官志四》，第 899—900 页。

③ 《辽史》卷一〇五《能吏·马人望传》，第 1610 页。

④ 向南编：《辽代石刻文编》，第 314 页。

⑤ 向南编：《辽代石刻文编》，第 424 页。

⑥ 《辽史》卷一〇五《能吏·马人望传》，第 1610 页。

⑦ 《辽史》卷一九《兴宗纪二》，第 262 页。

⑧ 《辽史》卷一一二《逆臣上·耶律重元传》，第 1652 页。

请，兴宗诏批，在各京置设契丹警巡院，实行汉人与契丹人的分别管理。

军巡院管理。辽承唐制，于五京城市设军巡院，亦为城市管理机构之一。《辽史·百官志四》"南面京官"条云："东京军巡院。《地理志》，东京有归化营军千余人，籍河朔亡命于此，置军巡院。"① 查《辽史·地理志二》记载与之大致相同："东京辽阳府，……军巡院，归化营军千余人，河、朔亡命，皆籍于此。"② 出土石刻文字反映，辽朝除东京外的其他京城也有军巡院置设。比如，圣宗时期在上京城亦设军巡院，常遵化即曾出任上京军巡使。统和二十六年（1008）的《常遵化墓志》即载："至（统和）十九年，授（常遵化）上京军巡使、京内巡检使。顿得盗贼併（俅）迹，豪户洗心。巷陌宽而舞手行，辰夜静而启门卧。"③ 辽朝五京警巡院管理的是城区的民户户籍，而军巡院，依照上引《辽史·百官志四》及《辽史·地理志二》的记载，应主要管理城市外来入籍之军户。④ 这应是军巡院与警巡院城市管理职能的主要区别。

厢制城市管理源于唐末五代，起因是唐末战乱破坏了都城之"坊"，割据的军阀们为独裁之需要，使用禁军管理城市。禁军在都城以"厢"为单位驻防。有史料证明，最迟至后唐，"厢"已被用作城市社区管理的基本单元，即"军（警）巡院 —— 厢"管理模式。到了北宋，都城汴京首先设厢，厢下有坊，设厢巡检和军巡捕等军职，差军人进行城市分区管理。张国庆先生指出："厢坊制的建立便利了城市户口版籍的更造。"⑤ 辽朝城市管理系统有无"厢制"，韩光辉先生书中没有论及。其实，辽制承唐仿宋，辽朝城市管理系统中的"厢制"式分区管理，尽管文献史料及石刻文字极少记载，但还是有一丝踪迹可循的。笔者钩沉石刻文字发现，辽朝有的城市居民也是分"厢"而居的，并且也是仿五代的"军（警）巡院 —— 厢"管理模式。如乾统七

① 《辽史》卷四八《百官志四》，第 902 页。
② 《辽史》卷三八《地理志二》，第 517—518 页。
③ 向南编：《辽代石刻文编》，第 128 页。
④ 张国庆：《辽朝警巡、军巡与巡检制度考略》，《辽宁大学学报》2015 年第 2 期。
⑤ 韩光辉：《宋辽金元建制城市研究》，第 13 页。

年（1107）的《董承德妻郭氏墓志》即见"大辽西京警巡院右厢住人久居系通百姓董承德"①字样，表明西京警巡院确有管理城区"厢"内常住居民户籍的职能。此外，天庆三年（1113）的《惠州李祜墓幢记》中亦见"大辽惠州西城东厢，业农陇西李祜"②等字样。惠州属中京道，为辽朝的刺史州。可见，辽朝不仅五京都城设"厢"置"坊"，一般的州城也有分厢管理者。唐末五代至辽，军、警巡院机构除了具有京城徼巡缉盗、理讼问案的职能外，亦有"领诸厢坊、抚治齐民"的作用。也就是说，军巡院和警巡院要负责城市各厢常住人口的日常管理。北宋城市之"厢"自身设有管理"厢务"的厢巡检、军巡捕及文职诸厢吏等，辽朝城市的"厢"有无类似的专职管理官员，现有石刻并无一字之记，故只能存疑待考。

录事司是金朝于诸府节镇城市始设的与都市警巡院职能相类、独立于诸府节镇行政系统之外的城市管理机构，元朝沿置。在追溯录事司机构的起源时，韩光辉先生认为《辽史·百官志》中的"某州录事参军事"、《辽史·世宗纪》中的"州县录事参军事"及《辽史·地理志》中的"辽州录事"等文字，均表明辽承唐制，在节镇州下属行政系统中出现了"录事"职官，但还不能确指辽朝在节镇州治城市中设置了"录事司"专门机构。③的确，毕竟《辽史》中并没有出现明确的"录事司"机构字样，韩先生的谨言是值得称赞的。笔者钩沉出土辽代石刻文字，发现了一例辽朝"录事司"机构名称，即开泰二年（1013）的《净光舍利塔经幢记》在记载建经幢邑人时有"录事司押司官郝保升，通引官刘裔，坊市赵延祚"④等字样。可见，该石刻不仅有"录事司"机构名称，并且见"押司"、"通引官"及"坊市"等官吏称号。此外，该石刻中还多处出现"顺州"字样。并且，该幢石出土地点正是在北京顺义（辽朝顺州旧址）。因而，可以初步断定该"录事司"应与辽朝

① 向南编：《辽代石刻文编》，第573页。
② 向南编：《辽代石刻文编》，第638页。
③ 韩光辉：《宋辽金元建制城市研究》，第70页。
④ 向南、张国庆、李宇峰辑注：《辽代石刻文续编》，第54页。

南京析津府所属的顺州有关。顺州"录事司"的出现，是否表明辽朝城市管理中已有"录事司"管理系统，因目前尚无其他史料佐证，还无法得出确切结论，也只能存疑待考了。

辽朝城市除了上述管理模式外，其近畿是否存在着"分衙"式管理？据向南先生考证，唐朝幽州节度使管下，应分为北衙、南衙和内衙等军事兼民政辖区。幽州入辽，改称南京（燕京），南京城内的汉军仍有南、北衙之分。路振《乘轺录》即云："幽州（南京）……城中汉兵凡八营，有南北两衙兵。"[1] 缘此，笔者推断辽朝南京都城近畿某些特殊区域应该存在分衙式管理模式。如应历五年（955）的《北郑院邑人起建陀罗尼幢记》中即见建幢邑人"北衙栗园庄官王思晓，妻都氏。北衙栗园庄官许行福，妻张氏，男重霸"[2]。该幢石出土于北京房山西南北郑村一座辽塔内。可见，至少在辽穆宗应历年间，辽朝南京近畿有官营栗园[3]，栗园所在的官庄即归幽都府卢龙军节度所属之"北衙"管理。

辽朝城市管理体系中还有一项不得不提，那就是对城区以寺院为核心的"佛教社区"的"分街"式管理。

至辽朝中后期，五京均已建成。辽朝政府为管理五京城市僧尼事务，因此仿效唐、宋僧尼管理制度，创制了一套行之有效的城市僧尼"分街"管理模式。唐朝后期，曾于两京所在地设置隶属于两街功德使的左、右街僧录，作为管理全国僧尼事务的中央僧官。[4] 到了北宋，则以隶属于鸿胪寺的两京左、右街僧录为中央僧官。[5] 辽朝亦于京城设置左、右街僧录，但与唐宋不同的是，在左、右街僧录之前加"管内"二字，表明辽朝的某京左、右街僧录已非管理全国僧尼事务的中央僧官，而是变成了某京城市的地方僧职。比如辽朝南京（燕京）有管内左、右街僧录。清宁九年（1063）的《纯慧大师

---

① 赵永春编注：《奉使辽金行程录》，第 16 页。

② 向南编：《辽代石刻文编》，第 12 页。

③ 《辽史》卷四八《百官志四》"南面京官"即见"南京栗园司"，职官有"典南京栗园"。

④ 张弓：《汉唐佛寺文化史》（上），中国社会科学出版社 1997 年版，第 359 页。

⑤ 游彪：《论宋代中央和地方僧官体系及其特征》，《河北大学学报》（哲学社会科学版）1994 年第 4 期。

塔幢记》即载：纯慧大师非浊于重熙年间（1032—1054）被"授燕京管内左街僧录"①。

在唐朝，所谓"左街"与"右街"，是指以皇都长安诚的南北中轴线——朱雀大街为分界，东城为"左街"，西城为"右街"。②后来的辽、宋均仿唐制，京城佛寺亦以城市的南北中轴线划界，坐落在左、右街上（即东、西两城区内）。文献史料及石刻文字均显示，辽朝五京城内佛寺均如此分布，"左街僧录"应分管东城所有佛寺的僧尼佛教事务，"右街僧录"应分管西城所有佛寺的僧尼佛教事务。③

三、结语

辽朝城市分厢设坊，置军、警巡院等机构进行管理，是中国古代城市发展和管理体制逐步完善过程中的重要环节，历史意义十分重大。但遗憾的是，因于辽朝传世文献稀缺，记载辽朝城市厢坊状况及管理方式的文字鲜见，因而，严重制约并影响了人们对这一问题的研究。尽管笔者仔细钩沉、认真检索相关辽朝石刻文字及宋人使辽语录，对辽朝城市分厢设坊及城市管理作如上之考述，力图复原一些史事真相，但还是缘于各种主客观原因，存在某些缺漏和讹误是肯定的。冀望今后能有新的石刻文字或文献史料被发现，以便于此问题再作补充与修正。

---

① 向南编：《辽代石刻文编》，第 317 页。
② 龚国强：《隋唐长安城佛寺研究》，文物出版社 2006 年版，第 92 页。
③ 张国庆：《佛教文化与辽代社会》，辽宁民族出版社 2011 年版，第 57—59 页。

北京地区辽代壁画墓

齐　心（北京市文物研究所）

　　北京有着 3000 多年的建城史与 800 多年的建都史。先人们在这里留下了丰富的遗迹与遗物，仅就古代墓葬而言，目前就已发掘了数千座之多，遍布北京城区与郊区，为研究北京史提供了不可替代的第一手资料。而其中壁画墓则更加突出地展现了北京地区古代社会生活、文化生活、民族习俗等诸多方面的历史风貌。北京地区壁画墓最早可上溯至魏晋，下迄明清，延续不断，北京地区共发现有壁画的冢墓 40 余座，主要分布在东城、西城、门头沟、石景山、丰台、房山、海淀、大兴、延庆、密云等区县。绝大多数为唐、辽、金三朝墓葬，其中又以辽代数量最多，有 20 多座，几乎是已发掘北京地区壁画墓总数的一半。这些墓中的壁画多数已漫漶不清，仅有十余座保存较好。下面仅择重要者简要介绍。

　　辽辖今北京地区凡 196 年。后晋天福元年（936），石敬瑭将幽云十六州割让给契丹，是为辽辖今北京之始。同年，耶律德光升幽州为南京，作为陪都，直到辽天祚帝保大二年（1122），金与北宋联兵攻辽，金军攻陷辽南京析津府，是为辽辖今北京之终。

　　据北京地区辽代纪年壁画墓的风格与墓葬具体年代，可分为三期。这三个时期与辽南京地区的历史发展基本一致。第一期为幽云十六州割让之后，"澶渊之盟"以前。这一时期辽南京虽然生产生活有所恢复，宋辽互有攻伐，唐及五代的文化风格遗留较多，还未形成具有鲜明时代特征的丧葬习俗。第二期为"澶渊之盟"之后，包括辽圣宗、辽兴宗和辽道宗三朝。这一期社会稳定，生产发展，逐渐形成了辽南京特有的丧葬习俗。第三期为辽代最后一个皇帝天祚帝时期，已具有鲜明而成熟的时代特征。

一、北京地区早期壁画墓

辽代前期纪年壁画墓葬两座：分别为应历八年（958）的赵德钧夫妇合葬墓和统和十三年（995）的韩佚夫妇合葬墓；无纪年壁画墓葬两座：大兴区青云店M1和M2墓。

赵德钧夫妇合葬墓　发现于南郊永定门外海慧寺西。此墓南10米处发现赵德钧妻种氏墓志，种氏于辽应历八年（958）入葬。根据这一线索，发掘者认为这座墓葬是应历八年的赵德钧和妻种氏合葬墓。此墓为三进九室，总面积达144平方米，分为前、中、后三室，每室平面均为圆形，间距大体相等，四壁有通道通向各室。各室柱头斗拱和补间斗拱形制一致。前室墓壁上壁画全毁。左前室已坍塌。右前室东、西两侧各有壁画一幅，东壁下设一炉灶。中室放置棺木，周壁砌有八柱，原有壁画均已脱落。左中室砌有四柱。右中室砌有六柱及直棂窗，木门尚存，门上保留有门钉钉痕及铺首遗

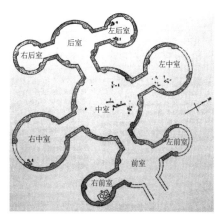

图1　赵德钧夫妇合葬墓平面图

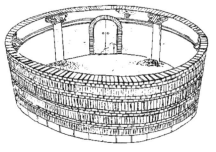

图2　赵德钧夫妇合葬墓左后室复原示意图

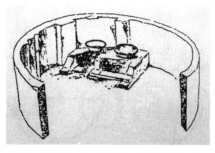

图3　赵德钧夫妇合葬墓右后室复原示意图

迹，东西两侧有壁画。后室墓壁全塌，砌有四柱。左后室保存完整，砌有四柱，室内东西两侧各置有铜钱一堆。

　　九个墓室的墙壁、立柱、阑额、柱头枋、斗拱、门框、直棂窗均用白灰粉刷，再施黑、红二彩。九个墓室皆施有壁画，但大部剥落，完整者仅存三幅。左中室东侧一幅，共绘九人，左三人着红袍，戴展角幞头，其中二人有短须，脸部肥胖，三人正在欣赏一幅画，画的内容可看出有类似凤凰的形象。估计这三人中可能包括墓主人在内。右面六人为童仆，三人戴冠，其中一人手持宝剑，另三人梳髻，一人叉手于胸前。右前室保留了两幅壁画。东侧壁画绘一女仆坐在案前，案旁还有一水盆。女仆梳高发髻，体态较胖，两袖卷起，正在用手揉面。西侧的一幅也绘一女仆，高梳发髻，上绕一环形饰物，着方领长衫，手托一圆盘，盘底绘有山水画，盘上置面食两个。①

图4　东侧壁画保存较好，共九人，三人看画，其余六人均为男女侍者，为三人聚首赏画图案，画中似绘有一只鸟

---

①　苏天钧：《北京南郊辽赵德钧墓》，《考古》1962年第5期。

图 5　这两幅壁画中，墓东侧一幅描绘了一女仆在案前两袖卷起揉面的姿态。墓西侧一幅则描绘了一个身着汉服、手持食盘的妇人，低眉敛目、神态安详，不似侍女。据陈直先生推测，此壁画描绘的当为种氏以饮食迎接后晋少帝的故事

韩佚夫妇合葬墓　发现于八宝山殡葬管理所院内。墓主韩佚，燕人，其祖韩延徽为辽太祖耶律阿保机所器重，封为宰相。此后，其家族历代显贵。韩佚卒于辽统和十三年（995），于统和十五年（997）入葬。其墓1981年在石景山区八宝山革命公墓院内发掘，后证实此地韩家山即为韩佚家族墓地。

此墓穹窿顶单室砖墓，由墓道、墓门、甬道和墓室四部分组成。墓门为券顶，仿木建筑结构，均以白彩作底，以黑彩勾出门框，橼檐以下各部构件全部涂朱，斗拱、枋、柱用黑彩勾出轮廓，拱眼用墨勾画花卉。甬道东西两壁涂有一薄层白灰，其上绘壁画，因剥落太甚，只能隐约辨认出，似东西壁各绘一官吏，头戴展角幞头，身着束带红袍，脚蹬皂靴，面向北侧，拱手端立。

墓壁与顶起券处砌有影作砖雕莲瓣 12 个，墓室周壁及

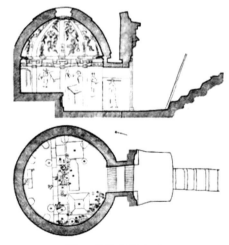

图 6　韩佚墓平面、剖面图

穹隆顶绘彩画。墓壁上部绘斗拱，下承壁柱，四壁彩绘布局匀称，共七幅，题材为花鸟、侍女等。壁画先用墨线在白灰面上勾勒起稿，然后用红、黑、黄、棕等色平涂设色。画面整体漫漶剥落较严重。正对室门的北壁壁画正中为三扇花鸟围屏 1 座。红色边框中绘盛开的山茶花，两只山雀飞翔追逐。围屏两侧各绘一名侍女。东西两壁各绘三幅壁画，每幅皆绘有侍女一人，间绘飞禽、花卉、方桌、衣箱、衣架等。

　　墓室穹顶正中绘莲花，四周用八条红色弧形宽垂带将穹顶分成八格。每格内绘白色飞鹤一只，间以流云。穹顶下部四周分绘头顶生肖像、身着宽袖长袍的人物 12 个，均面对室内，拱手端立。间距略有差距。[①]

图 7　该壁画绘于穹隆顶上，12 人头顶生肖肃立，上有飞鹤流云。北壁正中绘花鸟屏风和侍女，穹隆顶上分 8 格绘云鹤，下绘十二生肖，壁画题材和布局有晚唐五代的遗风

① 黄秀纯、傅公钺：《辽韩佚墓发掘报告》，《考古学报》1984 年第 3 期。

图 8　墓室北壁正中绘三扇花鸟围屏，内有两只麻雀和盛开的花朵。围屏两侧各绘一侍女，东侧侍女手捧托盘，西侧侍女状似侧首回望。墓室东、西两壁分别绘一幅侍女图：东壁侍女手持琵琶、伫立于桌旁；西壁为侍女沐浴更衣图，其身后绘有衣箱、衣架。各幅中间以花卉、飞鸟画相隔

图 9　韩佚墓还出土有越窑青瓷水注、盏托、注碗等珍贵瓷器。越窑青瓷水注上刻画有仙人宴饮图案

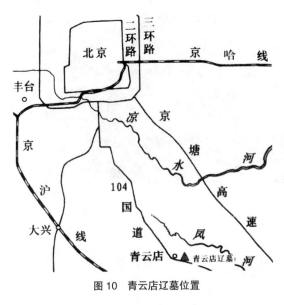

图 10　青云店辽墓位置

大兴区青云店辽墓

2002 年在大兴区青云店镇东南的西杭子村王致和腐乳厂西墙外发掘，共两座。两座墓形制相同，为青砖砌成的圆形穹隆顶单室墓，由墓道、墓门及门墙、甬道、墓室四部分组成。墓门上部呈弧形，门上部有三个斗拱，均用黑色线条勾边，斗拱之上为一排椽子，共 10 根。壁画绘于墓室内。

其中 M1 在墓壁四角绘有四根立柱，八个斗拱。斗拱上方是两条内绘云纹的黑带。壁画主体以四根立柱相隔，分成四部分。第一部分位于墓室南壁，壁中为墓门，墓门上方是一组花草图案；墓门两侧各绘一侍女，东侧侍女手持长颈凤首壶，西侧侍女伫立于一灯旁，右臂前伸，做点灯状。第二部分位于墓室 2—3 号立柱之间，中砌一棂窗，窗南绘两侍女，一女持挑杆，一女作抄写状侧首回视。窗北则绘一高髻簪花侍女。再北侧为晾布料场所，布料为红色，画面破损严重。第三部分位于 3—4 号立柱之间，中间绘两扇红门，门上绘有门钉，一门后启，一侍者右手托盘，正欲向室内走来。门西侧绘一红边带锁木箱，箱顶置一满溢方孔圆星钱币的鼓腹容器。箱后有一女，坐在椅子上，双手托腮，肘支撑在箱子顶部，做休憩状。门东绘有两侍女，一女手持巾状物，一女双手托碗盏。第四部分位于 4—1 号立柱之间的墓室东壁，壁中部上方有一棂窗，与西壁窗相对称。窗下有砖砌一桌、一椅，桌面绘有水注碗与碗盏等物，椅后立一红衣侍女。窗北侧绘一正面妇人，双手于胸前持白色巾状物，左下有一男童右手牵该妇人衣袖，髡发，呈戏耍状。

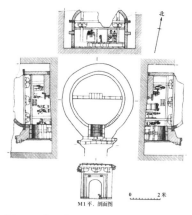

图 11　青云店辽墓 M1 墓平面、剖面图

图 12　青云店辽墓 M1 墓外景

图 13　青云店辽墓 M1 墓门上方所绘斗拱

图 14　青云店辽墓 M1 西壁壁画

图 15　青云店辽墓 M1 南壁壁画。墓门两侧各绘一侍女，东侧侍女手持长颈凤首壶，西侧侍女伫立于一灯旁，右臂前伸，作点灯状

图16　青云店辽墓 M1 北壁墓门西侧壁画。3—4 号立柱之间，中间绘两扇红门，门上绘有门钉，一门后启，一侍者右手托盘，正欲向室内走来

图17　青云店辽墓门西侧绘一红边带锁木箱，箱顶置一满溢方孔圆星钱币的鼓腹容器。箱后有一女，坐在椅子上，双手托腮，肘支撑在箱子顶部，作休憩状

图18　青云店辽墓 M1 北壁门墓门东侧侍女。门东绘有两侍女，一女手持巾状物，一女双手托碗盏

图 19　青云店辽墓 M1 东壁壁画。墓室东壁，壁中部上方有一棂窗，与西壁窗相对称。窗下有砖砌一桌、一椅，桌面绘有水注碗与碗盏等物，椅后立一红衣侍女。窗北侧绘一正面妇人，双手于胸前持白色巾状物，左下有一男童右手牵该妇人衣袖，髡发，呈戏耍状

　　M2 墓室壁画以立柱作为间隔，虽因浸水和破坏，大部分壁画已模糊不清，但仍可看出由四部分内容组成。其中，1—4 号立柱之间画一髡发男童，作写字状。墓壁装饰采用壁画与影作结合的手法，墓中出土器物带有唐代风格，故此墓年代为辽代早期。两座墓的壁画中均绘有髡发儿童，可知当时汉人儿童有髡发的习俗。

二、北京地区中期壁画墓

　　辽代中期，发现纪年壁画墓分别为重熙十二年（1043）李继成夫妇合葬墓，重熙二十二年（1053）王泽夫妇合葬墓，清宁三年（1057）刘六符及夫人合葬墓，咸雍五年（1069）董匡信夫妇合葬墓，咸雍七年（1071）康文成墓，以及无纪年的壁画墓等。

　　李继成夫妇合葬墓　　发现于丰台路口南侧，墓主人系辽代朝议郎、尚书水部郎中、守幽都府蓟北县令。李继成卒于辽统和二十三年（1005），马氏卒于辽重熙十二年，此墓由墓门、甬道、墓室三部分构成。墓门南向，有

仿木砖雕。甬道西侧有一小龛。墓室平面为圆形，穹隆顶，北部置棺床。甬道及墓室内皆有壁画，但脱落漫漶严重，不可辨认。[①]

王泽夫妇合葬墓　发现于丰台区丰台镇桥南。王泽妻李氏入葬于辽兴宗重熙十四年（1045），王泽入葬于辽兴宗重熙二十二年（1053）。此墓为圆形砖券墓，甬道东壁上有一小龛。墓室券顶已坍塌，墓壁原绘有壁画已看不清所绘内容。棺床位于墓底偏北部，方砖砌成，未发现完整骨架，只有残骨。墓室东壁有影作的桌椅。[②]

刘六符及夫人合葬墓　发现于丰台区云岗街道东王佐北部。刘六符，祖籍河间。祖刘景，景宗朝任南京副留守。父慎行，官至北府宰相。据《辽

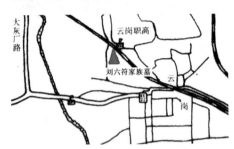

图 20　刘六符家族墓位置示意图

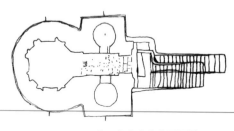

图 21　刘六符及夫人合葬墓平面图

史》载，刘六符在辽兴宗、道宗朝官至太尉兼侍中，地位显赫。2007年，在丰台区云岗街道东王佐北部的中国航天科工集团第三研究院院内，共发现两座砖室墓，M1为辽代燕国公刘六符及四位夫人合葬墓，M2为刘六符之子刘雨墓。

此墓为二次葬，第一次埋葬时间为辽道宗清宁三年（1057），之后四位夫人相继袝葬，最后一位埋葬时间是辽道宗寿昌四年（1098）。

此墓由墓道、天井、墓门、前室、东西耳室、后室组成。墓道有两条，1号墓道打破2号墓道。墓门为砖砌仿木构形制，阑额上承3朵斗拱，均为五铺作重斗拱计心造，斗拱表面黑线勾边，内填白色。拱眼壁彩绘飞鸟、花卉。墓门阑额下为砖雕门簪、门洞。门洞上彩绘门额，两侧彩绘立颊，立颊内侧彩绘凤鸟、流云，外侧为人物。前甬

① 王清林等：《丰台路口南出土辽墓清理简报》，《北京文博》2002年第2期。
② 苏天钧：《近年来北京发现的几座辽墓》，《考古》1972年第3期。

道券顶，两侧壁各彩绘一门吏。前室券顶，平面长方形，四壁底涂白灰，上施彩绘，但皆已漫漶不清。前室与耳室及后室之间甬道相连。东西耳室位于前室两侧，平面圆形，穹隆顶。耳室内彩绘亦漫漶不清。后室平面呈八角形，穹隆顶，遭盗毁严重，葬具、葬式皆已不明。①

图 22　刘六符家族墓发掘现场

图 23　墓前室墓志及随葬品位置

图 24　刘六符家族墓墓门阑额下为砖雕门簪、门洞。门洞上彩绘门颊，两侧彩绘立颊，立颊内侧彩绘凤鸟、流云，外侧彩绘人物

---

① 参见周宇：《丰台云岗辽墓 07FHM 1 发掘简报》，《北京考古》（第一辑），北京燕山出版社 2008 年版。

图 25　前甬道内壁两侧也各有一彩绘门吏。一奴婢手持骨朵，另一奴婢身着汉服

图 26　刘雨墓：备餐图　　　　　图 27　刘雨墓：夫妻对坐图

董匡信夫妇合葬墓　发现于月坛北。董匡信于辽重熙二十二年（1053）卒，其夫人太原王氏逝于辽重熙二十年（1051），于辽咸雍五年（1069）入葬。[①]此墓为圆形砖室墓，大部被破坏只保留有部分墓壁。残存壁面上砌嵌有砖雕

---

① 参见北京市文物研究所：《北京市文物研究所藏墓志拓片》，北京燕山出版社 2003 年版。

七菱窗一扇，其余壁画已漫漶不清。①

康文成墓　发现于海淀区增光路，墓主人身份为银青崇禄大夫、检校尚书、右仆射兼殿中侍御史、骁骑尉、东平县开国男、食邑三百，逝于辽道宗咸雍七年（1071），同年下葬。该墓由墓道、影风墙、甬道、墓室四部分组成。墓道平面为长方形，影风墙位于墓道和甬道之间的东西两侧，作开口微向北的八字形。甬道两壁抹有一层白灰。墓室大部分已经被破坏，残存的东壁上有红、黑两色描绘的壁画残迹，已无法辨认。②

昌平邓庄辽墓 M1　2009 年 3 月 21 日，在昌平区西关邓庄发现两座辽墓，编号为 M1、M2。M1 为砖石混筑的圆形穹庐顶砖室墓，由墓道、墓门、墓室组成。

墓门位于门墙的中部，整体为仿木结构，门洞外砌筑方形门框，上顶部绘有祥云、花鸟图案，门框外左右两侧绘有缠枝花草纹饰。砖门上部两侧有砖砌仿木结构斗拱，再上是由仰瓦和覆瓦做出的六道瓦垄。

在墓室顶部白灰墙皮上绘有祥云纹图案，其上为五组莲花、祥云图案，其间以方格为界。室壁基础部分因白灰墙皮脱落，具体壁画纹饰不详。

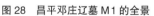

图 28　昌平邓庄辽墓 M1 的全景　　　图 29　昌平邓庄辽墓 M1 的墓门

---

① 参见苏天钧：《北京郊区辽墓发掘简报》，《考古》1959 年第 2 期。
② 参见朱志刚：《海淀中国工运学院辽墓及墓志》，《北京文物与考古》（第六辑），民族出版社 2004 年版。

图30　昌平邓庄辽墓M1的墓顶壁画　　　　图31　昌平邓庄辽墓M1内的棺床

三、北京地区晚期壁画墓

发现辽代晚期纪年壁画墓两座，分别为天庆三年（1113）的马直温夫妇合葬墓，天庆元年（1111）丁文道父子墓，无纪年壁画墓十余座。

马直温夫妇合葬墓　发现于大兴区西红门。马直温妻张氏于辽天祚帝天庆三年（1113）入葬。此墓葬为圆形单室墓，早期被盗。墓道未发掘，甬道为券顶。墓室顶部已坍塌，东壁已被破坏无存，西、南、北侧残存。墓室底面北端为放置木榻的位置。室内壁底部平面呈八角形的砖阶。推测墓内很可能原有墓帐设施。墓室正中有凹角方形祭台1座，表面涂有白灰，白灰面上残存黑红色彩绘痕迹。此墓出土十二生肖木俑像（缺狗），木雕男像、女像残件、楠木小钵、木榻栏板残件。其中柏木圆雕男像即墓主人的真容像，骨灰放在关节能活动的木俑的胸腹腔内。[1]

丁文道父子墓　发现于百万庄。丁文道入葬于辽天庆三年（1113），丁文道之子丁洪入葬于辽天庆元年（1111）。[2] 此墓为前后两室的圆形砖室墓，两室之间甬道联通。墓门门框上部有两块砖雕门簪，门簪作长方形，涂深红色。门框上两侧绘对称牡丹图案花两株，白地、黑叶、红花，下有对称不知名花草图案两株，门框四周涂土红色。甬道两侧分绘守门卒，一着圆领紫

---

① 张先得：《北京市大兴县辽代马直温夫妻合葬墓》，《文物》1980 年第 12 期。

② 参见北京市文物研究所：《北京市文物研究所藏墓志拓片》，北京燕山出版社 2003 年版。

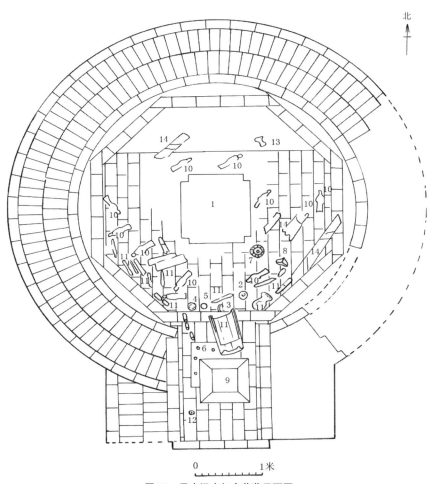

图 32　马直温夫妇合葬墓平面图

1. 祭台　2. 影青瓷盏托　3. 定窑白瓷小碟　4. 白瓷折腹小碟　5. 辽白瓷小碗

6. 铜钱　7. 石经幢顶　8. 石经幢身残片　9. 墓志　10. 十二辰木俑　11. 木偶人

12. 楠木小钵　13. 柏木榻残件栏板　14. 柏木墓帐残片

图 33　木雕马直温真容头像

　　木偶男像高 1.7 米，即马直温真容头像。全身由 17 个部件组成，用合槽式、插榫式、转轴套接式等五种结构形式连接。头部是一整块木头，胸部系用一段圆木凿成匣状，背部有盖可以开关，内藏骨灰。木偶可以左右摇动，还可站、跪、坐。这种仿照死者生前真容，雕刻木偶盛骨灰于胸腔内的葬俗，在北京辽墓是首次发现。可见，这种流行于契丹族的火葬习俗也影响到了辽南京的汉人。

　　该墓出土的马直温妻张绾的墓志具有重要的史料价值。马直温生平并不显赫，但他的姻亲却都很有权势，夫人张绾为辽代名相张俭的孙女，而马直温的五个女儿都嫁给了皇族耶律氏及刘氏、李氏、张氏等汉家大族。

衣，头戴冠，双手执持伞；一着圆领黑衣，头戴冠，此幅壁画大部脱落漫漶不清。墓室顶部全部坍塌，推测原来是穹隆式顶。前室墓壁砖砌影作立柱四个，上施红彩。立柱上设有雕砖斗拱。东西两壁各有直棂窗一处。墓壁四周涂抹白灰，分绘壁画，但漫漶脱落严重。室内四壁有壁画四幅，前两幅绘武士像，分设东西两壁前半部，一着红袍，头戴盔，白面长须，手持长剑，前立文臣一人；一着土红衣，头戴盔，白面黑须，手持短刀，前立文臣一人。

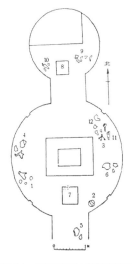

图 34　百万庄丁文道墓平面图

图 35　甬道壁画

甬道两侧分别绘有门吏一身着圆领紫衣，手执伞盖；另一门吏具体形象无法辨认

图 36　东、西壁壁画（一）

由残存的痕迹大致可辨认出其中一幅为女仆烹饪的题材

图 37　东、西壁壁画（二）

墓室东西两壁各绘有一武士，均白面黑须，其一手执长剑，另一手执短刀，其前各立有一文臣

其他两幅壁画大部分脱落，由残存的痕迹可以看出一幅为一女仆，在灶前作烹饪状，墙壁上画有鸡、鱼等食物痕迹；另一幅亦为一女仆，两手在木盆前作洗涤状，头和身躯已大部脱落。后门拱券砌法与墓门相同，后室内中央设一棺床，上置木制骨灰盒一个，已腐朽。后室结构大致与前室相同，壁画全部脱落，在淤土中存留有较多的火烧骨。[①]

大兴新城北区辽代壁画墓墓群　2008 年发现在大兴区新城北区 16 号地，共发现辽墓 20 余座，其中壁画墓近 10 座。墓地西距永定河仅数公里，墓地被永定河泛滥的泥沙掩埋，因此保存较好，多数辽金墓原状保存。北京地区发掘的辽金墓葬多数被破坏，因此这批墓葬的发掘资料尤显重要。

这些壁画墓为圆形穹隆顶砖室墓，由墓道、甬道、墓门、墓室、棺床等部分构成，有些还有祭台。壁画绘于墓门之上、墓室顶部及墓壁四周。斗拱、门、直棂窗、橡子等均绘有壁画。门、斗拱和橡之间绘线条或简单的花卉、祥云图案。有的墓门两侧彩绘喜鹊、牡丹等图案。

2010 年整理了辽代墓葬 12 座，编号为 M17、M18、M19、M20、M21、M26、M31、M36、M41、M42、M43、M44。墓葬均带墓道，坐北朝南，葬俗为火葬。大多数墓葬的墓门为砖雕仿木结构，壁面上涂有一层白灰，上用红色、黑色勾勒。墓室内多砖雕有灯檠、桌椅。在 M42 的穹窿顶做出一部分封土。墓葬的随葬品分布于墓室内东西两侧，有陶器、瓷器等。

根据墓葬形制、出土器物等方面的依据，我们认为这批墓葬的时代应为辽中晚期至金初。这批辽金墓规模较大、保存较好且内涵较丰富，而出土较多精美的瓷器和富有浓郁生活气息的陶明器，丰富和拓展了我们对这一地区墓葬形制、丧葬习俗、建筑形制、经济状况、社会生活等多方面的认识。

---

① 苏天钧：《北京西郊百万庄辽墓发掘简报》，《考古》1963 年第 3 期。

图 38　发掘现场

图 39　M43墓门（南—北）

图 40　M42墓室东壁桌椅

图 41　M43俯视（南—北）

图 42　M42、M43、M44的
位置关系（北—南）

图 43　墓门正面的彩绘

图 44　彩绘斗拱

图45　墓壁上的彩绘直棂窗

图46　斗拱间的云朵

图47　墓室内的彩绘柱子与斗拱及影作墓门（一）

图48　墓室内的彩绘柱子与斗拱及影作墓门（二）

四、结语

辽代壁画墓的发现以庆陵为开端，材料极为丰富。辽政权建立后，不断学习先进的汉文化，墓葬制度主要效法唐制，且厚葬之风蔓延。辽墓壁画是研究当时物质文化与风俗习惯的可靠资料，如契丹髡发习俗、车舆马种、人物服饰等都是重要的图像资料（草原风光、开阔豪放）。同时，将壁画与文献资料相印证，对研究宋辽时期社会习俗、文化有重要参考价值。宋辽之间由于地域不同，墓葬壁画也有所不同，各具地方特点，因此需要进行分期与分区的研究。

由于辽境内游牧民族与农耕民族并存，辽政府采取"因俗而治"的方针，不同的文化传统和习俗得以各自保存，因此辽代壁画墓也表现出两种不同的面貌。由早期的韩佚墓到中期的王泽墓仿木结构硬座开始在增多，辽晚期汉人壁画墓开始大量增加。北京、大同、辽阳等地都有发现，各具地方特色。这些墓葬与同一时期的中原北宋砖雕壁画墓形制相同，壁画中人物的衣冠、起居用具也与北宋壁画墓中所绘类似，题材多表现"开芳宴"。这些壁画墓的发现为了解当时社会习俗、礼仪制度、审美风俗提供了一手资料。

从目前所发掘的墓葬资料来看，北京地区纪年壁画墓始于唐，盛于辽、金两代，至元明清时期逐渐衰落。

北京地区辽代早期纪年壁画墓发现两座，从其内容与特点分析，具有承上启下的特征。赵德钧为五代时期幽州的统治者之一，卒于辽代，其墓有九室，可能为仿帝陵格局。赵德钧墓内所绘揉面妇人等不仅营造了强烈的生活氛围，其人物形象也饱满丰腴，与之后的宋辽金壁画墓中的妇女形象大不相同，更接近西安地区唐代墓葬中的妇女形象。晚于赵德钧墓38年的韩佚墓的墓室穹窿顶绘为八格，不同于唐代壁画墓绘出日月星辰，而与之后的辽金墓葬顶部内容较为一致，此外，其北壁绘出的三扇花鸟围屏与唐代王公淑墓北壁牡丹芦雁图、李殷辅墓北壁牡丹鸽子图更为接近。中期的几座壁画墓，仅刘六符墓中的壁画可以辨认出内容。刘六符墓规模较大，有前后室和两个耳室，其甬道两侧的门吏，以及墓门仿木结构与其上所绘的飞鸟、流云等具有显著的时代特征。王泽墓墓室东壁有桌椅，这种布置在前期墓葬中未发现，却是此后辽金时期北京地区墓葬中的普遍现象，丁文道父子墓在甬道两侧绘有门卒，这一场景显然与刘六符墓中的甬道两侧绘门吏的情况具有一定的继承性，而在墓室内有有武士、女仆等，女仆或烹饪，或洗涤，具有浓厚的生活气息，本文共介绍15座壁画墓，希望以此能够引起学术界对辽代南京地区壁画墓的关注与研究。

辽萧公妻耶律氏墓志铭考证

盖之庸（内蒙古文物考古研究所）

2008 年夏，笔者在内蒙古宁城县辽中京博物馆见到辽代墓志一方，2010 年辽宁人民出版社出版的《辽代石刻文续编》并将该墓志录文收入书中。[①]据相关介绍，该墓志出土于宁城县头道营子乡埋王沟北上马坊附近，墓主人应属辽后族国舅帐大父房萧继远家族萧氏之妻耶律氏，因之故名《辽萧公妻耶律氏墓志铭》。辽后族国舅帐大父房萧继远家族墓地位于今内蒙古宁城县与河北平泉县接壤处的埋王沟，曾陆续出土辽代墓志多方。[②]这些墓志的出土，对辽代历史研究起到了重要作用。而通览《辽萧公妻耶律氏墓志铭》，虽文字着墨不多，墓主人身世记载隐晦，但对该墓志进行仔细整理、研读后发现墓志记载与辽代许多事件相关，故实有考证之必要，笔者未避浅陋，考证如下。

一、志文："长宁宫使、同签点司事萧公故夫人耶律氏墓志铭并引。"

关于长宁宫，检《辽史·营卫志》载："蒲速盌斡鲁朵，应天皇太后置。兴隆曰'蒲速盌'，是为长宁宫。以辽州及海滨县等户置。其斡鲁朵在高州，

---

① 向南、张国庆、李宇峰辑注：《辽代石刻文续编》，辽宁人民出版社 2010 年版，第 220 页。

② 《秦晋国大长公主墓志》（重熙十五年，1046）、《萧阁妻耶律骨欲迷己墓志》（咸雍五年，1069）、《萧阁墓志》（咸雍六年，1070）、《萧闸墓志》（咸雍八年，1072）、《萧勃特本墓志》（大康六年，1080）、《秦晋国大长公主墓地残志（一）、（二）、（三）》等，见盖之庸：《内蒙古辽代石刻文研究》（增订本），内蒙古大学出版社 2007 年版，第 302、320、331、341、350、356、363、364 页。

陵寝在龙化州东一百里。世宗分属让国皇帝宫院。"① 又,《辽史·百官志》"十二宫职名总目条"亦云:"应天皇太后长宁宫。"② 从以上记载可知,长宁宫为应天皇太后的斡鲁朵,应天皇太后,为辽太祖耶律阿保机皇后,太宗会同初年加尊号应天皇太后。③

　　斡鲁朵即宫卫,宫卫制度是有辽一代重要的制度之一。究其职能,据《辽史·营卫志》载:"辽国之法:天子践位置宫卫,分州县,析部族,设官府,籍户口,备兵马。崩则扈从后妃宫帐,以奉陵寝。有调发,则丁壮从戎事,老弱居守。"④ 知宫卫本为辽帝专属,皇帝生时拱卫扈从,崩则奉陪陵邑,此种制度一直沿袭至蒙元及清。终辽共历九帝,分置九斡鲁朵(宫卫),而应天皇太后和承天皇太后曾临朝称制别置宫卫,加之圣宗弟耶律隆庆和丞相耶律隆运(即韩德让)或身份尊贵或权倾朝野亦设宫卫(府),为"太祖曰弘义宫,应天皇太后曰长宁宫,太宗曰永兴宫,世宗曰积庆宫,穆宗曰延昌宫,景宗曰彰愍宫,承天太后曰崇德宫,圣宗曰兴圣宫,兴宗曰延庆宫,道宗曰太和宫,天祚曰永昌宫。又孝文皇太弟有敦睦宫,丞相耶律隆运有文忠王府"⑤。凡十二宫一府。以上十二宫一府,据《辽史·百官志》"十二宫职名总目条"载:某宫设某宫使、某宫副使、某宫太师、某宫太保、某宫侍中等。⑥ 知长宁宫使为职掌应天皇太后宫卫的主官,某宫使属辽代北面官系统,品秩不明,但检相关史料及其他出土辽代墓志看,出任宫使的皆为辽代皇族、后族勋戚。

二、宣政殿学士、崇禄大夫、行尚书礼部侍郎、翰林学士、知制诰、充史馆修撰、柱国、天水郡开国公、食邑二千五百户、食实封二百五十户赵孝严撰

　　墓志撰写者赵孝严,《辽史》无传,其事迹见于《辽史·道宗纪》,其中

---

① 《辽史》卷三一《营卫志上》,中华书局 1974 年版,第 365 页。
② 《辽史》卷四五《百官志一》,第 719 页。
③ 《辽史》卷三《太宗纪上》,第 28 页。
④ 《辽史》卷三一《营卫志上》,第 362 页。
⑤ 《辽史》卷三一《营卫志上》,第 362 页。
⑥ 《辽史》卷四五《百官志一》,第 717 页。

载：大安二年（1086）"正月癸酉，召权翰林学士赵孝严等讲五经大义"①。寿隆元年（1095）"六月己巳，以权参知政事赵孝严为汉人行宫都部署"②。寿隆五年（1099）"十二月甲子，以参知政事赵孝严为汉人行宫都部署"。寿隆六年（1100）"五月乙酉，汉人行宫都部署赵孝严薨"③。

赵孝严还为当时其他辽重臣撰写过墓志，已发现有咸雍八年（1072）《耶律仁先墓志》④、《耶律宗愿墓志》⑤；大安三年（1087）《皇弟秦越国王耶律弘世墓志》⑥；大安十年（1094）《耶律智先墓志》⑦、《耶律庆嗣墓志》⑧及未知年号的《秦晋国大长公主墓地残志（一）》⑨。

赵孝严撰写过墓志的墓主人，其中耶律仁先因平叛"重元之乱"有功，官至于越、宋王⑩；耶律宗愿为圣宗次子，历上京留守、混同郡王⑪；耶律弘世为道宗同母弟，赠秦越国王⑫；耶律智先为耶律仁先弟，耶律庆嗣为仁先子，《秦晋国大长公主墓地残志》的墓主人应为圣宗姊秦晋国大长公主与萧继远的后胤，皆为当时辽勋戚显贵。赵孝严为如此众多的辽重臣撰写墓志，也可从侧面看到其在当时的文学地位。

赵孝严在咸雍八年（1072）《耶律仁先墓志》署："前崇义军节度使、银青崇禄大夫、检校□散骑常侍、兼殿中侍御史、飞骑尉赵孝严撰。"⑬同为咸雍八年的《耶律宗愿墓志》则署："尚书屯田郎中、充史馆修撰、应奉阁下

---

① 《辽史》卷二四《道宗纪四》，第 291 页。
② 《辽史》卷二六《道宗纪六》，第 312 页。
③ 《辽史》卷二六《道宗纪六》，第 313 页。
④ 向南编：《辽代石刻文编》，河北教育出版社 1995 年版，第 352 页。
⑤ 盖之庸：《内蒙古辽代石刻文研究》（增订本），第 381 页。
⑥ 盖之庸：《内蒙古辽代石刻文研究》（增订本），第 430 页。
⑦ 向南、张国庆、李宇峰辑注：《辽代石刻文续编》，第 222 页。
⑧ 向南编：《辽代石刻文编》，第 456 页。
⑨ 盖之庸：《内蒙古辽代石刻文研究》（增订本），第 356 页。
⑩ 《辽史》卷九六《耶律仁先传》，第 1395 页。
⑪ 盖之庸：《内蒙古辽代石刻文研究》（增订本），第 381 页。
⑫ 盖之庸：《内蒙古辽代石刻文研究》（增订本），第 430 页。
⑬ 向南编：《辽代石刻文编》，第 352 页。

文字、赐紫金鱼袋臣赵孝严奉敕撰。"① 大安三年（1087）《皇弟秦越国王耶律弘世墓志》为："翰林学士、通议大夫、行给事中、知制诰、充史馆修撰、上轻车都尉、天水郡开国侯、食邑一千五百户、食实封一百五十户赵孝严撰。"② 大安十年（1094）《耶律智先墓志》、《耶律庆嗣墓志》分别署："宣政殿学士、崇禄大夫、行尚书礼部侍郎、知制诰兼翰林学士、充史馆修撰、柱国、天水郡开国公、食邑二千五百户、食实封二百五十户赵孝严撰。"③ 和"宣政殿学士、崇禄大夫、行尚书礼部侍郎、知制诰兼翰林学士、充史馆修撰、上柱国、天水郡开国公、食邑二千五百户、食实封二百五十户赵孝严撰。"④ 从以上衔署可以看到赵孝严的官、爵、勋、邑的变化。又所撰《经义释演密钞引文》署："朝议大夫、行起居郎、充乾文阁待制、史馆修撰、骑都尉、赐紫金鱼袋臣赵孝严敕撰。"⑤《经义释演密钞引文》书于何时，已无考，但衔署低于其咸雍八年所历官职，似应早于咸雍八年。

另外，辽宁朝阳市曾经发现《玉石观音像唱和诗碑》，此碑文撰于寿隆五年（1099），其中有署"特进、礼部尚书、参知政事赵长敬"者⑥，据《辽史·道宗纪》载当时的参知政事为赵孝严⑦，故知"赵长敬"与"赵孝严"为同一人。

综上所述，墓志的撰写者主要活动于辽道宗时期，为道宗时重臣，曾官至参知政事和汉人行宫都部署，爵位为开国公，薨于道宗寿隆六年（1100）五月。为当时名动一时的文界领袖，因此许多辽代的重臣、勋戚的墓志铭由其撰写，并以求得其撰写墓志为荣，故本志后文才有"寄言□原曰：'弟能为我丐文于翰林天水公，肯为之志，则使栖圹者，庶无遗恨矣！'"之语。

---

① 盖之庸：《内蒙古辽代石刻文研究》（增订本），第 381 页。

② 盖之庸：《内蒙古辽代石刻文研究》（增订本），第 430 页。

③ 向南、张国庆、李宇峰辑注：《辽代石刻文续编》，第 222 页。

④ 向南编：《辽代石刻文编》，第 456 页。

⑤ 向南编：《辽代石刻文编》，第 355 页。

⑥ 向南编：《辽代石刻文编》，第 502 页。

⑦ 《辽史》卷二六《道宗纪六》，第 312 页。

三、志文："越九月一日，奄终于居例山之阳。"

墓主人的薨地为"居例山"。关于"居例山"，《辽史·地理志》载辽上京境内有"居劣山"。① 另据辽乾亨四年（982）《韩匡嗣墓志》载："以统和三年十月九日卜葬于渠劣山之阳，礼也。"② 此外统和三年（985）《韩德昌墓志》③、统和十一年（993）《韩匡嗣妻秦国太夫人墓志》④、统和十四年（996）《韩德威墓志》⑤、统和二十八年（1010）《耶律隆祐墓志》⑥、重熙六年（1037）《耶律遂忠墓志》⑦ 并作"渠劣山"。太平七年（1027）《耶律遂正墓志》写为"屈劣山"⑧；咸雍七年（1071）《耶律宗福墓志》称"渠列山"⑨；大康九年（1083）《耶律元佐墓志》书作"屈烈山"⑩。以上"渠劣山"、"屈劣山"、"渠列山"、"屈烈山"亦即为《辽史·地理志》所载"居劣山"。而墓主人薨地"居例山"，也应为此山，皆属同音互译。经考辽之"居劣山"，即今内蒙古赤峰市白音勿拉苏木白音罕山。

四、志文："时萧公方从□翠华远畋黑岭。"

《辽史·道宗纪》载：大安九年（1093）"秋七月辛卯，如黑岭"⑪。志文与记载相合。辽之黑岭，《辽史》多有记载，其称始见于辽圣宗太平五年（1025）。检《辽史·游幸表》，圣宗太平五年"四月，猎黑岭"⑫。七年（1027）"七月猎于黑岭"⑬。兴宗重熙十四年（1045）"七月猎于黑岭"⑭。道宗

---

① 《辽史》卷三七《地理志一》，第 439 页。
② 盖之庸：《内蒙古辽代石刻文研究》（增订本），第 82 页。
③ 盖之庸：《内蒙古辽代石刻文研究》（增订本），第 105 页。
④ 盖之庸：《内蒙古辽代石刻文研究》（增订本），第 112 页。
⑤ 盖之庸：《内蒙古辽代石刻文研究》（增订本），第 121 页。
⑥ 盖之庸：《内蒙古辽代石刻文研究》（增订本），第 133 页。
⑦ 盖之庸：《内蒙古辽代石刻文研究》（增订本），第 151 页。
⑧ 盖之庸：《内蒙古辽代石刻文研究》（增订本），第 144 页。
⑨ 盖之庸：《内蒙古辽代石刻文研究》（增订本），第 161 页。
⑩ 盖之庸：《内蒙古辽代石刻文研究》（增订本），第 172 页。
⑪ 《辽史》卷二五《道宗纪五》，第 301 页。
⑫ 《辽史》卷六八《游幸表》，第 1061 页。
⑬ 《辽史》卷六八《游幸表》，第 1062 页。
⑭ 《辽史》卷六八《游幸表》，第 1067 页。

咸雍元年（1065）"七月幸黑岭"①。大康四年（1078）"七月猎于黑岭"②。

《辽史·圣宗纪》亦载：太平六年（1026）"秋七月戊申，如黑岭"③，七年（1027）"夏四月乙未，猎黑岭"④，九年（1029）"秋七月戊午朔，如黑岭"⑤。《辽史·兴宗纪》：重熙四年（1035）"秋七月壬午朔，猎于黑岭"⑥，七年（1038）"秋七月戊申，如黑岭"⑦，二十二年（1053）"秋七月庚申，如黑岭"⑧。《辽史·道宗纪》：清宁四年（1058）"秋七月壬午，猎于黑岭"⑨。咸雍四年（1068）"秋七月丙子，猎黑岭"⑩，八年（1072）"秋七月丁酉，幸黑岭"⑪。大康九年（1083）"五月，如黑岭"⑫，十年（1084）"秋七月甲辰，如黑岭"⑬。大安三年（1087）"秋七月丙辰，猎黑岭"⑭，六年（1090）"秋七月丙子，如黑岭"⑮，九年（1093）"秋七月辛卯，如黑岭"⑯。寿隆四年（1098）"秋七月壬戊午，如黑岭"⑰。《辽史·天祚皇帝纪》：乾统二年（1102）"秋七月，猎黑岭"⑱，六年（1106）"秋七月甲午，如黑岭"⑲，七年（1107）"秋七月，如黑岭"⑳。

另外，《皇弟秦越国王耶律弘世墓志》云："岁在单阙（岁在单阙，星岁

---

① 《辽史》卷六八《游幸表》，第 1071 页。
② 《辽史》卷六八《游幸表》，第 1072 页。
③ 《辽史》卷一七《圣宗纪八》，第 199 页。
④ 《辽史》卷一七《圣宗纪八》，第 200 页。
⑤ 《辽史》卷一七《圣宗纪八》，第 203 页。
⑥ 《辽史》卷一八《兴宗纪一》，第 216 页。
⑦ 《辽史》卷一八《兴宗纪一》，第 220 页。
⑧ 《辽史》卷二〇《兴宗纪三》，第 246 页。
⑨ 《辽史》卷二一《道宗纪一》，第 256 页。
⑩ 《辽史》卷二一《道宗纪一》，第 268 页。
⑪ 《辽史》卷二三《道宗纪三》，第 274 页。
⑫ 《辽史》卷二四《道宗纪四》，第 288 页。
⑬ 《辽史》卷二四《道宗纪四》，第 289 页。
⑭ 《辽史》卷二五《道宗纪五》，第 295 页。
⑮ 《辽史》卷二五《道宗纪五》，第 299 页。
⑯ 《辽史》卷二五《道宗纪五》，第 301 页。
⑰ 《辽史》卷二六《道宗纪六》，第 311 页。
⑱ 《辽史》卷二七《天祚皇帝纪一》，第 318 页。
⑲ 《辽史》卷二七《天祚皇帝纪一》，第 322 页。
⑳ 《辽史》卷二七《天祚皇帝纪一》，第 323 页。

纪年，即大安三年。——笔者注），秋七月，天子驭六龙，驱万骑，雷动飙起，将校猎于黑岭之野，讲武事也。"①从以上记载可以看出，辽圣宗及以后诸帝多在秋七月去黑岭狩猎。

《辽史·地理志》：庆州，玄宁军载"庆云山，本黑岭也。圣宗驻跸，爱羡曰'吾万岁后，当葬此'。兴宗遵遗命，建永庆陵。有望仙殿、御容殿。"②《辽史·兴宗纪》亦载：景福元年（1031）"十一月壬辰，上率百僚奠于菆涂殿，出大行皇帝服御、玩好焚之，纵五坊鹰鹘。甲午，葬文武大孝宣皇帝于庆陵。……丙申，谒庆陵，以遗物赐群臣，名其山曰庆云，殿曰望仙"③。另外，《圣宗皇帝哀册》④、《圣宗皇帝钦哀皇后哀册》⑤、《圣宗皇帝仁德皇后哀册》⑥等史料也有类似相关记载，并知辽黑岭为今庆陵主峰，在辽兴宗时改名庆云山。

《辽史·营卫志》又载：辽四时捺钵之秋捺钵"曰伏虎林。七月中旬自纳凉处起牙帐，入山射鹿及虎。林在永州西北五十里。尝有虎据林，伤害居民畜牧。景宗领数骑猎焉，虎伏草际，战栗不敢仰视，上舍之，因号伏虎林。每岁车驾至，皇族而下分布泺水侧。伺夜将半，鹿饮盐水，令猎人吹角效鹿鸣，既集而射之。谓之'舐碱鹿'，又名'呼鹿，'"⑦辽之捺钵，是重要的制度，是政治中心的四时移转，关于此学者多有探讨，此不赘述，但秋捺钵的具体位置，一直不甚清楚，但通检《辽史》可见，圣宗及以后几代辽帝，在秋七月多猎于黑岭，因此辽秋捺钵的地点在圣宗时应改到了黑岭，黑岭附近庆州的建立或也与此相关，只是在兴宗建圣宗永庆陵后才改为奉陵邑的，辽代中、后期的三个皇帝葬于黑岭附近，因此辽秋捺钵应该还有祭祀先帝的内容。

① 盖之庸：《内蒙古辽代石刻文研究》（增订本），第430页。
② 《辽史》卷三七《地理志一》，第444页。
③ 《辽史》卷一八《兴宗纪一》，第213页。
④ 盖之庸：《内蒙古辽代石刻文研究》（增订本），第258页。
⑤ 盖之庸：《内蒙古辽代石刻文研究》（增订本），第269页。
⑥ 盖之庸：《内蒙古辽代石刻文研究》（增订本），第282页。
⑦ 《辽史》卷三二《营卫志中》，第374—375页。

五、志文："遣长子麽撒里躬护灵榇，先往香台山依先茔择便地。"

香台山，见于咸雍六年（1070）《萧閣墓志》，其中载："以岁次夏四月十五日癸时归葬于白霤香台山冈极寺之离位，故燕王、秦晋国大长公主之先茔。"① 而其妻《萧閣妻耶律骨欲迷己墓志》则载："遂归全于白霤之壤，至蒙谷山于冈极寺前，具阴仪而权厝之。以当年冬十月二十八日，附祖姑秦晋国大长公主寝园之午位。"② 又检重熙十五年（1046）《秦晋国大长公主墓志》在记载其葬地时云："其月二十日发引，明年十二月十五日权窆于马盂山先王茔垣之丘堂。"③ 咸雍八年（1072）《萧闱墓志》又载："因寓泊于马盂山之阳，香台峰之下。"④ 大康八年（1082）《萧勃特本墓志》又记："以大康七年四月四日归葬于中京西，香台山冈极寺之南，荒原之右。"⑤ 从以上墓志记载对比，知香台峰即应为马盂山之主峰。

史载辽之马盂山有两处。一属上京临潢府，见《辽史·地理志》及《清一统志》："马盂山在阿禄科尔沁旗东北二百六十五里，札鲁特右翼西北二百二十里。"⑥ 一属中京大定府，见《辽史·地理志》及《明一统志》："马盂山又名永安山，广袤千里，中一峰似马盂。"⑦ 又，永安山据《地名大词典》："永安山在热河平泉、凌源、建平三县间。"⑧ 从地望可知，本墓志所载香台山，即为辽中京所属马盂山，又名永安山。其为辽代萧继远及秦晋国大长公主的家族墓地，其中以上所列萧閣、萧闱、萧勃特本俱为此家族成员。而本墓志主人之夫萧氏，墓志仅记其职为长宁宫使、同签点司事，并隐去其名讳，但据墓葬地点看，知其也应为萧继远家族成员，对其以上几方墓志大

---

① 盖之庸：《内蒙古辽代石刻文研究》（增订本），第332页。
② 盖之庸：《内蒙古辽代石刻文研究》（增订本），第321页。
③ 盖之庸：《内蒙古辽代石刻文研究》（增订本），第303页。
④ 盖之庸：《内蒙古辽代石刻文研究》（增订本），第342页。
⑤ 盖之庸：《内蒙古辽代石刻文研究》（增订本），第350页。
⑥ 盖之庸：《内蒙古辽代石刻文研究》（增订本），第309页。
⑦ 盖之庸：《内蒙古辽代石刻文研究》（增订本），第309页。
⑧ 盖之庸：《内蒙古辽代石刻文研究》（增订本），第309页。

都提到，马盂山为白霤之地，而契丹族又有归葬习俗，故为我们研究契丹后族萧氏一支萧继远家族与奚族的关系提供了线索。

六、志文："夫人本宗属之子，普贤妃即先姚也，懿德后即从母也。"

墓主人仅记为宗属之子，其父名讳未载，其母普贤妃，据重熙十四年（1045）《秦国太妃墓志》载其诸孙"孙女十三人：长曰化哥……次观音女，次普贤女"①。其中观音女即为道宗懿德皇后，《辽史·后妃传》载：道宗宣懿皇后萧氏"小字观音，钦哀皇后弟枢密使惠之女……清宁初，立为懿德皇后"②。《辽史·后妃传》将懿德皇后之父萧孝惠脱字误载为"萧惠"，关于萧孝惠，《辽史》列传将其书为萧孝忠，已成学界定论，此不赘述，懿德后既为墓主人从母；从母，《尔雅·释亲》："母之姊妹为从母"，可知观音女与普贤女为亲姊妹，同为萧孝惠之女，其家族为辽中后期后族最为显赫的一支，谱系关系详见文后。

墓主人之母普贤妃出身于显赫的辽后族世家，其父亦应为辽皇族耶律氏的重要成员，但本墓志仅记墓主人为宗属之子，其父名讳隐晦未提，并不符合撰写墓志的常例，令人费解。但《辽史·后妃传》关于道宗宣懿皇后传的一些记载，使该问题显露了端倪，其传曰："皇太叔重元妻，以艳冶自矜，后见之，戒曰'为贵家妇，何必如此'。"③可见皇太叔重元妻与宣懿皇后关系之密切，其很可能就是宣懿皇后之妹，即墓主人之母普贤妃，而墓主人之父应为皇太叔耶律重元。重元受封秦国王，其正妻例封国妃，这大概也是本志将普贤女书为普贤妃的原因。

耶律重元，《辽史》将其入《逆臣传》，其传载："重元，小字孛吉只，圣宗次子。材勇绝人，眉目秀朗，寡言笑，人望而畏。太平三年，封秦国王。圣宗崩，钦哀皇后称制，密谋立重元。重元以所谋白于上，上益重之，

---

① 向南、张国庆、李宇峰辑注：《辽代石刻文续编》，第 92 页。
② 《辽史》卷七一《后妃传》，第 1205 页。
③ 《辽史》卷七一《后妃传》，第 1205 页。

封为皇太弟，历北院枢密使、南京留守、知元帅府事。重元处戎职，未尝离
辇下，先是契丹人犯法，例须汉人禁勘，受枉者多。重元奏请五京各置契丹
警巡使，诏从之，赐以金券誓书。道宗继位，册为皇太叔，免拜不名，为天
下兵马大元帅，复赐金券，四顶帽、二色袍，尊崇所未有。清宁九年，车驾
猎滦水，以其子涅鲁古素谋，与同党陈国王陈六、知北院枢密事萧胡睹等凡
四百余人，诱胁弩手军阵于帷宫外。将战，其党多悔过效顺，各自奔溃。重
元既知失计，北走大漠，叹曰'涅鲁古使我至此'，遂自杀。先是重元将举
兵，帐前雨赤如血，识者谓败亡之兆。子涅鲁古。"[1] 耶律重元的反叛事迹，
相关记载略同，史称"重元之乱"，其当时属于罪人，因此本志不载其名讳，
亦属正常，应视为墓志撰写者因避讳而用曲笔，这也符合墓志撰写的惯例。

辽制，皇帝及亲王之女封公主，墓主人作为重元嫡女，而本志未载受封
公主，也有因重元反叛而波及和牵连的原因。另外，普贤女身份尊崇，其女
也应因母而贵，本来赵孝严为其撰写墓志也是情理之事，但本志却记"公将
发骑，置寄鸽原曰：'弟能为我丐文于翰林天水公，肯为之志，则使栖圹者，
庶无遗恨矣。'予且感其意，勉述之"。显示出该家族没落中衰的境遇，这可
能都与耶律重元权力失势有关。

七、志文："故枢密使、驸马都尉、鲁王。秦晋国大长公主即祖舅、祖姑也。"

故枢密使、驸马都尉、鲁王当指萧继远。萧继远，《辽史》有传[2]，《辽
史·公主表》及其本传皆称"萧继先"，而帝纪和重熙十五年（1046）《秦晋
国大长公主墓志》并作"萧继远"。萧继远和秦晋国大长公主合葬墓是埋王
沟辽代萧氏家族墓地的主墓，其他墓葬皆围绕和环拱此墓而营建，萧继远和
秦晋国大长公主还是辽代后族此支系所追溯的宗祖，所有相关墓志的家世大
都以溯源到此二人为开始。此墓志所记萧继远为枢密使、驸马都尉同于《辽
史》所载，但其爵封"鲁王"，《秦晋国大长公主墓志》载为"兰陵郡王，赠

---

[1] 《辽史》卷一一二《逆臣传》，第1501页。
[2] 《辽史》卷七八《萧继先传》，第1268页。

宋王"①，与本志互歧，鲁王很可能为萧继远故后赠爵的改封，可补史阙。

秦晋国大长公主，有墓志出土②，《辽史·公主表》也有其相关记载。据载，知其为辽景宗嫡长女，与圣宗皇帝为姊弟，墓主人如是耶律重元之女，与秦晋国大长公主为其祖姑的行辈无不合，这也为墓主人是耶律重元之女提供了佐证。

八、志文："故北府宰相安定即先舅、先姑也。"

墓主人为普贤妃之女，其舅即应为萧孝惠之子。检《辽史·萧孝忠（惠）传》："子阿速，终南院枢密使。"③结合相关史料，可知萧孝惠仅此一子。关于阿速，重熙十四年（1045）《秦国太妃墓志》记为"阿素"④，应为同音异译。《辽史·道宗纪》载：清宁五年（1059）"己丑，以南院枢密使萧阿速为北府宰相"⑤。历官也与安定相同，故安定与阿素应为一人，安定可能是阿速汉名。

九、志文："有男二：长曰麽撒里；次曰郁野里。女曰涅里，尚幼。"

本志未载墓主人之夫的名讳，仅据墓志可知其为长宁宫使，检《辽史·萧得里底传》称其"大安中，燕王妃生子，得里底以妃叔故，历宁远军节度使、长宁宫使"⑥。本志作于大安九年（1093），而《辽史·萧得里底传》载萧得里底任长宁宫使为大安中，相差时间为三至四年，考虑到任官有时间的连续性，因此墓主人之夫所任官职和任职时间与萧得里底有相符之处。

另外，《辽史·萧得里底传》载："子麽撒，为金兵所杀。"⑦麽撒也与本志墓主人之子"麽撒里"音近。又检《金史·挞懒传》："获辽枢密使得里

---

①　盖之庸：《内蒙古辽代石刻文研究》（增订本），第302页。
②　盖之庸：《内蒙古辽代石刻文研究》（增订本），第302页。
③　《辽史》卷一一二《萧孝忠传》，第1285页。
④　向南、张国庆、李宇峰辑注：《辽代石刻文续编》，第91页。
⑤　《辽史》卷二一《道宗纪一》，第257页。
⑥　《辽史》卷一〇〇《萧得里底传》，第1428—1429页。
⑦　《辽史》卷一〇〇《萧得里底传》，第1428—1429页。

底及其子磨哥、那野。"^① 其中磨哥、那野与墓主人两子"长曰麼撒里；次曰郎野里"的发音皆符，故墓主人之夫无疑就为萧得里底，萧得里底为辽晚期重要人物，为天祚帝所倚重，很多历史事件与其有关。

关于萧得里底，本传载为"晋王孝先之孙。父撒钵，历官使相"^②。但若如此，其世系所出与本传"大安中，燕王妃生子，得里底以妃叔故，历宁远军节度使、长宁宫使。……元妃萧氏，得里底之侄，谓得里底曰'尔任国政，致君至此，何以生为！'得里底但谢罪，不能对。明日，天祚怒，逐得里底与子麼撒"^③的记载不符。得里底即为天祚帝燕王妃和元妃之叔，世系应与燕王妃和元妃一致。检《辽史·后妃传》："天祚皇后萧氏，小字夺里懒，宰相继先五世孙。大安三年入宫。明年，封为燕国王妃"^④，和"天祚元妃萧氏，小字贵哥，燕国妃之妹。年十七，册为元妃"^⑤。由以上记载可知，萧得里底世系也应出于萧继远，其为燕国妃之叔，即应为萧继远四世孙，而非晋王孝先之孙。

《辽史》将萧得里底系为萧孝先之孙，亦不应视为单纯的误载，辽代有勋戚故后无子，为了祭祀和部曲、财产等有人继承的需要，存在过继的习俗，萧得里底载其为萧孝先之后，也存在这种可能性。另外，《辽史·萧得里底传》与《辽史·萧奉先传》^⑥两传事迹有许多相同之处，故《辽史·萧得里底传》校勘记称"疑为一人两传"^⑦，但《辽史·萧得里底传》将其系为燕国妃之叔，而《辽史·天祚皇后萧氏传》和《辽史·萧奉先传》将萧奉先明确载为燕国妃之兄，因此"疑为一人两传"之说值得商榷。

萧得里底为萧继远之四世孙，墓主人之夫即为萧得里底，因此其归葬于萧继远的家族墓地也为顺理成章，而萧得里底据其本传载"得里底既去，

① 《金史》卷七七《挞懒传》，中华书局 1975 年版，第 1762—1763 页。
② 《辽史》卷一〇〇《萧得里底传》，第 1428—1429 页。
③ 《辽史》卷一〇〇《萧得里底传》，第 1428—1429 页。
④ 《辽史》卷七一《后妃传》，第 1206 页。
⑤ 《辽史》卷七一《后妃传》，第 1207 页。
⑥ 《辽史》卷一〇二《萧奉先传》，第 1439 页。
⑦ 《辽史》卷一〇〇"校勘记"，第 1432 页。

为耶律高山奴执送金兵。得里底伺守者怠，脱身亡归，复为耶律九斤所得，送之耶律淳。时淳已僭号，得里底自知不免，诡曰：'吾不能事僭窃之君！'不食数日，卒"①。通过以上记载分析，萧得里底死后应未与其夫人合葬。另外从契丹的归葬祖茔的习俗上看，将萧得里底系为萧孝先之孙也是错误的。

萧得里底所属的萧继远（先）家族，萧继远，据其本传记载："萧继先，字杨隐，小字留只哥。幼颖悟，叔思温命为子，睿智皇后尤爱之。"②又检《辽史·萧思温传》载思温为"宰相敌鲁之族弟忽没里之子"③。由此可知，萧继远为思温侄，应与萧敌鲁家族世系相同。

关于墓主人两子麽撒里和郳野里，其中长子麽撒里，《辽史·萧得里底传》载为"麽撒"，《辽史·外戚表》作"磨撒"④，《金史·挞懒传》称"磨哥"⑤，俱为同音异译，为一人，后被金兵所杀。

萧得里底家族是辽后族重要的一系，萧敌鲁为其肇祖，此家族深入影响着辽代社会的发展，萧得里底本人在辽晚期亦为重要人物，但《辽史》对后族世系记载或含混模糊，或避讳曲笔，因此实有系统研究之必要，也只有如此，才能深入揭示本墓志的内涵，笔者结合相关史料进行了一些初步探讨，作为余论，补缀如下。

萧敌鲁据相关记载，其为淳钦皇后兄。他们的母亲据《辽史·萧敌鲁传》记载："其母为德祖女弟。"⑥另外，《辽史·太宗纪》：天显十年（935）"夏四月丙戌，皇太后父族及母前夫之族二帐并为国舅，以萧缅思为尚父领之"⑦。可见淳钦皇后之母曾两嫁，而且各有子嗣。淳钦皇后兄为敌鲁，其弟据相关史料可知为室鲁和阿古只两人。萧敌鲁很可能为淳钦皇后之母与其前夫所生，而室鲁和阿古只为其母后夫所生。萧敌鲁及其家族于国舅帐称大父

① 《辽史》卷一〇〇《萧得里底传》，第1428—1429页。
② 《辽史》卷七八《萧继先传》，第1268页。
③ 《辽史》卷七一《萧思温传》，第1266页。
④ 《辽史》卷六七《外戚表》，第1030页。
⑤ 《金史》卷七七《挞懒传》，第1762—1763页。
⑥ 《辽史》卷七三《萧敌鲁传》，第1222页。
⑦ 《辽史》卷三《太宗纪上》，第36页。

房，室鲁和阿古只及其家族于国舅帐称少父房，两房为国舅帐最为显赫者。

终辽一代后族萧氏与皇族耶律氏都是相辅相成的两个政治势力，后族萧氏之势张，超过历朝，《辽史·外戚表》故云："辽史耶律、萧氏十居八九，宗室、外戚，势分力敌，相为唇齿，以翰邦家，是或一道。然以是而兴，亦以是而亡，又其法之弊也。"[①] 辽后族之势大，取得皇后之位为后族诸家族兴盛的代表，家族主要成员也能因此进入政权统治的核心，而皇后之选又多出于后族大、少父房，因此自辽中期至晚期围绕皇后的争夺在此两大家族中展开，这也是辽皇后屡建屡废的原因。

梳理辽代九帝诸后，自太祖淳钦皇后以下，太宗靖安皇后萧氏为"淳钦皇后弟室鲁之女"[②]。世宗怀节皇后萧氏为"淳钦皇后弟阿古只之女"[③]。穆宗皇后萧氏，不知世系所出，不做讨论，可以看到，此三帝皇后至少两位出于国舅帐少父房，少父房势显，覆于大父房之上。另外，世宗初有后甄氏，后纳怀节皇后萧氏，也可视作世宗为权力均衡而不得已之为，纳阿古只之女为皇后，是皇权稳定的需要。这也从一个侧面看出，国舅少父房在当时已具备相当强的实力。世宗在纳怀节皇后之前，还对以萧翰为代表的国舅大父房进行了打击。萧翰，据其本传云："萧翰，一名敌烈，字寒真，宰相敌鲁之子。"[④] 知其为萧敌鲁之子，《辽史·世宗纪》载：天禄二年（948）"春正月天德、萧翰、刘哥、盆都等谋反。诛天德，杖萧翰"[⑤]。三年（949）"春正月，萧翰及公主阿不里谋反，翰伏诛，阿不里瘐死狱中"[⑥]。四年（950）"是岁，册皇后萧氏"[⑦]。此皇后萧氏，即为怀节皇后，可见，世宗在打击国舅大父房后，倚仗了少父房的势力。

穆宗时，据《辽史·穆宗纪》载：应历二年（952）"六月壬辰，国舅政

① 《辽史》卷六七《外戚表》，第36页。
② 《辽史》卷七一《后妃传》，第1200页。
③ 《辽史》卷七一《后妃传》，第1201页。
④ 《辽史》卷七一《萧翰传》，第1505页。
⑤ 《辽史》卷五《世宗纪》，第64页。
⑥ 《辽史》卷五《世宗纪》，第64页。
⑦ 《辽史》卷五《世宗纪》，第65页。

事令萧眉古得、宣政殿学士李澣等谋南奔，事觉，诏暴其罪。……八月己丑，眉古得、娄国等伏诛，杖李澣而释之"①。此事在《资治通鉴》、《契丹国志》中并载。其中国舅萧眉古得，相关墓志又载为迷古德或迷古里，皆属同音异译，据笔者考证，即应为萧阿古只之子安團，亦即世宗怀节皇后之兄。②萧眉古得曾任皮室大将军，关于皮室军，《辽史·百官志》云："南皮室详稳司。太宗选天下精甲三十万为皮室军。初，太祖以行营为宫，选诸部豪健千余人，置为腹心部，耶律老古以功为右皮室详稳。则皮室军自太祖时已有，即腹心部是也。太宗增多至三十万耳。"③可见，皮室军负责拱卫行营安全，为军队枢要，国舅少父房多执此职。穆宗在继位不到一年就将萧眉古得诛杀，可以理解为国舅少父房的势力已与皇权的稳固发生了冲突，对以萧眉古得为代表的国舅少父房势力的一次清理，眉古得之子据相关墓志记载，所历官职并不重要。国舅少父房在穆宗时期以眉古得被杀为标志而式微，但基础仍存。

穆宗之后的景宗睿智皇后，为萧思温之女，前文提过萧思温与萧敌鲁同出一个家族，应属国舅大父房，由于睿智皇后的地位和才能，在景宗时期，国舅大父房势力力压少父房，其中以萧思温、萧猥恩、萧挞凛为代表。睿智皇后作为一个卓越的政治家，除重用大父房和汉族韩德让家族外，还将己女魏国公主长寿女和越国公主延寿女下嫁给萧眉古得的两个孙子萧排押和萧恒德，说明国舅少父房在景宗和圣宗初期仍存较强的势力，公主下嫁正是为了笼络国舅少父房。

国舅大父房和少父房之争，在圣宗朝表现得尤为突出。圣宗的皇后据《辽史》所载，一共有三位。《辽史·圣宗纪》：统和四年（986）"九月丙寅朔，皇太妃以上纳后，进衣物、驼马，以助会亲颁赐"④。此为圣宗的第一个

① 《辽史》卷六《穆宗纪上》，第70页。
② 内蒙古文物考古研究所等：《内蒙古多伦县小王力沟辽代墓葬》，《考古》2016年第10期。
③ 《辽史》卷四六《百官志二》，第738页。
④ 《辽史》卷一一《圣宗纪二》，第124页。

皇后，其时圣宗尚幼冲，婚姻应为睿智皇后操持。《辽史·圣宗纪》又载：统和十九年（1001）"三月壬辰，皇后萧氏以罪降为贵妃……五月丙戌，册萧氏为齐天皇后"①。关于圣宗第一个皇后所出世系，《辽史》无载，2015 年在多伦县发现《圣宗贵妃玄堂志铭》一盒，墓主人为萧排押之女，该贵妃于统和四年下嫁圣宗，因此怀疑即为圣宗的第一位皇后，但时间上与《辽史》有互歧的地方，有待日后系统研究。②如圣宗第一个皇后为萧排押之女，亦就出于国舅少父房，这应与圣宗继位之初，圣宗年幼，外患于宋朝，内忧于宗室的时局有关，睿智皇后为了稳定其子圣宗的皇位，必须拉拢国舅少父房的势力，这才是圣宗立萧排押之女为皇后，睿智皇后两女下嫁萧排押和萧恒德兄弟的主要原因。

此外，《辽史·圣宗纪》还载：统和元年（983）"二月甲寅，以皇女长寿公主下嫁国舅宰相萧婆项之子吴留"③，统和七年（989）"乙卯，国舅太师萧闼览为子排亚请尚皇女延寿公主，许之"④，其中吴留，即萧恒德。由此可以看出，在圣宗继位一个月后，正值景宗丧期，就急忙将公主下嫁属国舅少父房的萧恒德，反映出这次婚姻的必要性和紧迫性。萧恒德与萧排押为兄弟，统和七年公主下嫁萧排押也是同一目的，据相关史料分析，时萧排押已有妻女，但仍将公主下嫁，可见国舅少父房当时势力的强盛。⑤

萧恒德与萧排押既然为兄弟，同为萧眉古得之孙，割烈（汉名信宁）之子，但《辽史·圣宗纪》却将二人分别系为萧婆项和萧闼览之子，因此值得辨正，萧婆项即萧幹。萧幹，《辽史》有传，据本传知其为萧敌鲁之子。⑥萧

① 《辽史》卷一四《圣宗纪五》，第 156 页。
② 内蒙古文物考古研究所等：《内蒙古多伦县小王力沟辽代墓葬》，《考古》2016 年第 10 期。
③ 《辽史》卷一一《圣宗纪二》，第 109 页。
④ 《辽史》卷一二《圣宗纪三》，第 134 页。
⑤ 据《故贵妃萧氏玄堂志铭》载贵妃之父萧宁（萧排押）尚魏国公主，《辽史》载尚公主为统和七年，而贵妃在统和四年嫁于圣宗，可见魏国公主并非贵妃生母，萧排押在尚公主之前已有婚姻。《故贵妃萧氏玄堂志铭》见内蒙古文物考古研究所等《内蒙古多伦县小王力沟辽代墓葬》，《考古》2016 年第 10 期。另外，萧恒德和萧排押所尚公主长寿女和延寿女互倒，见《辽史》卷一〇"校勘记"，第 116 页。
⑥ 《辽史》卷八四《萧幹传》，第 1309 页。

阅览即萧挞凛，《辽史》亦有传，据本传知其为萧思温再从侄。^① 皆属国舅大父房，《辽史》将萧恒德与萧排押系为此二人之子，不能简单视为误载，这很可能是在萧眉古得被穆宗诛杀后，其两孙分别过继为睿智皇后的亲信萧幹和萧挞凛，也可视作睿智皇后笼络国舅少父房的一种手段。检相关史料，辽代统治者多有幼养于某家，约为兄弟，名联御讳等情形，为培养自己势力的重要方式。但至统和十四年，萧恒德被睿智皇后处死，其本传载："十四年，为行军都部署，伐蒲卢毛朵部。还，公主疾，太后遣宫人贤释侍之，恒德私焉。公主恚而薨，太后怒，赐死。"^② 可以侧面看出睿智皇后的权力当时已稳，萧恒德之死，是对国舅少父房势力的沉重打击。

统和十九年（1001），当时圣宗皇权已稳固，无须再顾忌国舅少父房的势力，因此将属于国舅少父房的皇后废除，而立齐天皇后，齐天皇后为萧思温子萧猥恩之女，睿智皇后之侄^③，属国舅大父房，至此，太后、皇后皆出于国舅大父房，其势彻底超越少父房。

然齐天皇后所生两子早夭，元妃耨斤生子，是为兴宗。耨斤即为钦哀皇后，其为阿古只五世孙，属少父房。在圣宗中后期，特别是睿智皇后在统和二十七年（1009）薨后，国舅少父房的势力明显增强，属于国舅少父房的成员有钦哀皇后及其诸弟^④；萧排押、萧柳家族和萧惠及弟虚列等。^⑤ 这些人或手握兵权，或与宗室联姻，势力炙手可热，而大父房虽有萧猥恩及其子涩卜（汉名绍业），萧继远及其子萧永等^⑥，然与少父房相较，势力已不敌。另外，大父房的核心成员包括萧匹敌，其虽为萧恒德之子，本属少父房，但他"生未月，父母俱死，育于禁掖"^⑦。可见匹敌被睿智皇后和齐天皇后抚养成人，后为齐天皇后势力的成员，亦属顺理成章之事。至圣宗晚期，国舅大

① 《辽史》卷八五《萧挞凛传》，第 1313 页。
② 《辽史》卷八八《萧恒德传》，第 1343 页。
③ 《辽史》卷七一《后妃传》，第 1202 页。
④ 《太叔祖妃萧氏家族谱系一览表》，见盖之庸：《内蒙古辽代石刻文研究》（增订本），第 732 页。
⑤ 《皇弟秦越国妃萧氏家族谱系一览表》，见盖之庸：《内蒙古辽代石刻文研究》（增订本），第 731 页。
⑥ 《萧继远家族谱系一览表》，见盖之庸：《内蒙古辽代石刻文研究》（增订本），第 730 页。
⑦ 《辽史》卷八八《匹敌传》，第 1343 页。

父房和少父房之争已不可调和，圣宗本人对此也似无能为力，只能在两房之间做微妙平衡，但在圣宗薨后，据《辽史·圣宗纪》：景福元年（1031）"乙未，奉大行皇帝梓宫，殡于永安山太平殿。辛丑，皇太后赐驸马萧鈤不里、萧匹敌死，围场都太师女直著骨里、右祇候郎君详稳萧延留等七人皆弃世，籍其家，迁齐天皇后于上京。……重熙元年三月，是春，皇太后诬齐天皇后以罪，遣人即上京行弑。后请具浴以就死，许之。有顷，后崩"①。钦哀皇后在圣宗薨后未及下葬之时，已对以齐天皇后为代表的大父房势力进行清除，甚至连其女婿萧鈤不里也未放过，钦哀皇后称制，同时大肆加封其家族成员，其兄弟孝穆、孝先、孝诚、孝友、孝惠先后封王，故呈"四世出于十王"之势。《契丹国志》载钦哀皇后在圣宗薨后"三兄二弟皆封王，姊妹封国夫人……前后恩赐，不可纪；诸连姻娅，并擢显官"②。在兴宗继位之初，国舅少父房势力一支独大。

据《辽史·圣宗纪》：太平八年（1028）"十一月丙申，皇太子纳妃萧氏"③。另据《辽史·后妃传》：兴宗贵妃萧氏"小字三嬭，驸马都尉匹里之女。选入东宫。帝继位，立为皇后。重熙初，以罪降贵妃"④。可知兴宗在潜邸时，已纳匹里之女为妃，继位后立为皇后，此婚姻应是圣宗和齐天皇后授意的结果。据相关史料，匹里（汉名萧绍宗）为萧继远之子，亦属国舅大父房。此婚姻的安排，有圣宗希望在自己故后国舅大父房势力继续保持的考虑。但在钦哀皇后称制后，在重熙四年（1035）将皇后由匹里之女转为自己的侄女，亦即钦哀皇后兄萧孝穆之女，皇后之位又被国舅少父房所掌握。⑤

至道宗时期，据《辽史·后妃传》：道宗宣懿皇后萧氏"小字观音，钦哀皇后弟枢密使（孝）惠之女。……重熙中，纳为妃。清宁初，立为懿德皇

① 《辽史》卷一八《兴宗纪一》，第 211、214 页。
② （宋）叶隆礼：《契丹国志》卷一三《后妃传》，中华书局 2014 年版，第 163 页。
③ 《辽史》卷一七《圣宗纪八》，第 202 页。
④ 《辽史》卷七一《后妃传》，第 1204—1205 页。
⑤ 《辽史》卷七一《后妃传》，第 1204 页。

后"①。可知道宗皇后亦出自国舅少父房。另外，道宗的两个弟弟和鲁斡（汉名弘本）、阿琏（汉名弘世）所纳王妃，也皆出于同一家族。②此时，钦哀皇后耨斤为太皇太后，萧孝穆女挞里为皇太后，萧孝惠女观音女为皇后，都属国舅少父房。

　　国舅少父房势力的过于膨胀，与道宗的皇权产生了极大冲突，《辽史·道宗纪》：清宁七年（1061）"五月辛亥，杀东京留守萧阿刺"③。萧阿刺，《辽史》有传，其为萧孝穆之子，关于他被杀之事，本传记载更为详细，其传云："会行瑟瑟礼，入朝陈时政得失。革以事中伤，帝怒，缢杀之。皇太后营救不及，大恸曰'阿刺何罪而遽见杀？'帝乃优加赗赠，葬乾陵之赤山。"④以阿刺被杀为标志，道宗开始了对国舅少父房势力的打击。由于少父房的势力过于强大，道宗还不得已以优加赗赠而了结此事。但在清宁九年（1063），发生的重元之乱，对道宗皇权甚至人身安全产生了直接威胁。《辽史·道宗纪》：清宁九年"秋七月丙辰，如太子山。戊午，皇太叔重元与子楚国王涅鲁古及陈国王陈六、同知北院枢密使事萧胡睹……凡四百人，诱胁弩手军犯行宫"⑤。陈国王陈六即萧孝友，与萧胡睹为父子，萧胡睹"首兴重元之乱"，是此叛乱的主要策划者。道宗平叛后，胡睹投水死，道宗把孝友及胡睹五子一并诛杀，将孝友一门族灭。此事还殃及了该家族的其他支系，据大安六年（1090）《义和仁寿皇太叔祖妃萧氏墓志》载："至清宁末，元恶启衅，祸连戚里，妃以亲累，诏归于舅氏。"⑥义和仁寿皇太叔祖为道宗弟和鲁斡，其妃萧氏本萧孝诚之孙女，因受重元之乱的连累，被迫离婚归家。国舅少父房势力遭到沉重打击。

　　此时道宗宣懿皇后尚在，且生太子浚。国舅少父房的势力犹存。要肃清

---

① 《辽史》卷七一《后妃传》，第 1205 页。
② 《义和仁寿太叔祖妃萧氏墓志》、《皇弟秦越国王耶律弘世墓志》，见盖之庸：《内蒙古辽代石刻文研究》（增订本），第 441、563 页。
③ 《辽史》卷二一《道宗纪一》，第 258 页。
④ 《辽史》卷九〇《萧阿刺传》，第 1355 页。
⑤ 《辽史》卷二二《道宗纪二》，第 262 页。
⑥ 《义和仁寿太叔祖妃萧氏墓志》，见盖之庸：《内蒙古辽代石刻文研究》（增订本），第 441 页。

少父房的影响，宣懿皇后成为打击的主要目标。据《辽史·道宗纪》：大康元年（1075）"十一月辛酉，皇后被诬，赐死，杀伶人赵惟一、高长命，并籍其家属"①。《辽史·后妃传》道宗宣懿皇后传记部分载："赐后自尽，归其尸于家。"② 至此，国舅少父房的势力走向衰落，将宣懿皇后杀死，并将其尸归于家，道宗向国舅少父房示威的含义十分明显，也反映出道宗对少父房的极度不满。宣懿诬案，后连及太子濬，太子濬也被杀，太子濬之妃萧氏，后被追谥为贞顺皇后③，也同样出于国舅少父房。史载诬案由耶律乙辛所发动，但其深层的考虑仍是为了清除国舅少父房的势力，道宗皇帝可能才是诬案的主谋和幕后推手。

道宗将宣懿皇后赐死后，虽仍将出于国舅少父房的萧氏立为皇后，但少父房的影响和势力已大不如前。关于此皇后，《辽史·后妃传》道宗惠妃萧氏载"皇孙延禧封梁王，降为惠妃，徙乾陵。……顷之，其母燕国夫人厌魅梁王，伏诛。贬妃为庶人，幽于宜州，诸弟没入兴圣宫"④。随着这位皇后的被废，国舅少父房的势力彻底没落。

天祚帝在继位之前，已纳两位王妃，这应是在道宗的主持下进行的。而这两位王妃，皆出于国舅大父房。其中燕国王妃，在天祚继位后，立为皇后，皇后之位又回到为国舅大父房一系。《辽史·后妃传》天祚皇后萧氏："小字夺里懒，宰相继先（远）五世孙。大安三年入宫。明年，封燕国王妃。乾统初，册为皇后。……兄弟奉先、保先等缘后宠柄任。"⑤ 可见，天祚皇后为萧继先五世孙，隶国舅大父房。再检《辽史》所载天祚皇后、皇妃世系皆出自大父房。

《辽史·后妃传》天祚德妃萧氏："小字师姑，北宰相常哥之女。寿隆

① 《辽史》卷二三《道宗纪三》，第277页。
② 《辽史》卷七一《后妃传》，第1205页。
③ 向南、张国庆、李宇峰辑注：《辽代石刻文续编》，第257页。
④ 《辽史》卷七一《后妃传》，第1205页。
⑤ 《辽史》卷七一《后妃传》，第1206页。

二年入宫，封燕国妃，生子挞鲁。乾统三年，改为德妃。"①关于德妃之父萧常哥，《辽史》有传，汉名萧义，并有墓志出土。其世系本传记载的颇为简略，只称其为"国舅之族"，通过《萧义墓志》记载则知"其先迪烈宁，太祖姑表弟，应天皇后之长兄也。……女三人……今皇帝赞睿德妃，即其次也"②。迪烈宁即为萧敌鲁，已是学界共识，由此可知，天祚帝德妃亦出于国舅大父房。

天祚帝文妃萧氏，《辽史·后妃传》载："小字瑟瑟，国舅大父房之女也。"③天祚帝元妃萧氏"小字贵哥，燕国妃之妹。年十七，册为元妃"④。据《辽史·后妃传·校勘记》，天祚帝元妃应为燕国王妃之妹，《辽史·后妃传》载元妃时脱"王"字，误为燕国妃。⑤可见天祚帝元妃也为萧继先（远）之后。

天祚帝的一后三妃皆出于国舅大父房，所倚重者也皆大父房一系，而少父房经过道宗时的几次清除，势力见微，此种情况，直至辽亡。

总之，辽代国舅大、少父房为辽外戚实力最著者，其影响一直贯穿于辽朝始终，两股势力呈此消彼长之态，与皇族耶律氏既相为唇齿，又互有离心。《辽史·外戚表》云："汉外戚有新室之患，晋宗室有八王之难。辽史耶律、萧氏十居八九，宗室、外戚，势分力敌，相为唇齿，以翰邦家，是或一道。然以是而兴，亦以是而亡，又其法之弊也。"⑥此说一语中的，是对皇族耶律氏、后族萧氏之间微妙关系的诠释。

而本方墓志，也从细节上反映出当时的许多史实，如墓主人作为重元之女，身份本颇贵重，但由于重元之乱的影响，连父亲名讳在墓志中都不能提及。再有墓主人之夫萧得里底，由于道宗晚期至天祚帝时期更重国舅大父房，后来持国权柄。因此只有将辽代许多历史事件进行综合分析，才能准确

① 《辽史》卷七一《后妃传》，第 1206 页。
② 向南编：《辽代石刻文编》，第 622 页。
③ 《辽史》卷七一《后妃传》，第 1206 页。
④ 《辽史》卷七一《后妃传》，第 1207 页。
⑤ 《辽史》卷七一《后妃传·校勘记》，第 1208 页。
⑥ 《辽史》卷六七《外戚表》，第 1027 页。

把握该墓志的内涵。

附：

萧公妻耶律氏墓志 大安九年

长宁宫使、同签点司事故夫人耶律氏墓志铭并引。

宣政殿学士、崇禄大夫、行尚书礼部侍郎、翰林学士、知制诰、充史馆修撰、柱国、天水郡开国公、食邑二千五百户、食实封二百五十户赵孝严撰。

皇辽大安九年，岁在作噩，秋八月十日，夫人始感疾于途次。遍命医祷，术尽无验。越九月一日，奄终于居例山之阳，享季三十有六。时萧公方从□翠华远畋黑岭。适有报德宫爽裕因以闻。颇悯怜之，诏公驰视。至则已不逮矣。公悼亡抚稚，悲不自胜。及殓，遣长子麽撒里躬护灵榇，先往香台山依先茔择便地，厝止。公以职近假满，旋赴行卫，昼待夜直，不遑宁处。复念人伦之重，莫若伉俪。世路之隔，俯期窀穸。遂奏请往，就视葬所。诏下俞允。公将发骑，置寄言□原曰："弟能为我丐文于翰林天水公，肯为之志，则使栖圹者，庶无遗恨矣。"予且感其意，勉述之。辞曰：夫人本宗属之子，普贤妃即先姚也，懿德后即从母也，故枢密使、驸马都尉、鲁王，秦晋国大长公主即祖舅、祖姑也。故北宰相安定即先舅、先姑也。其阀阅之崇，姻嫔之盛，衮衣晔晔，珪组蝉联，磊落环奇，辉照六合。虽联袭一门，三主简勖之，六叶九公未可同季而语也。夫人自有归之后，□□其内，何彼秾矣。容萃之饰，美者也。于以采藻祭祀之，诚洁者也。加以公，何而义，夫人柔而正，方偕老而保约，遽难再而兴咷。譬如游水之双鱼，隔烟波而乍析；若在匣之孤剑，寄风雨以长鸣。呜呼哀哉！以其年十二月十七日，掩葬于宰相、公主玄堂之右。有男二：长曰麽撒里；次曰郍野里。女曰涅里，尚幼。铭曰：

婉淑有则，夫人之德。端闲且丰，夫人之容。德兼容备，富兴贵俱。繄何不寿，奈命也夫。蕣华凋兮兰英萎，□□□兮林风悲。纵陵迁兮谷变，遗芳之朽无期。

汝南袁修仕书

一个契丹化的辽代汉人家族
——翟文化幢考释

周　峰（中国社会科学院民族学与人类学研究所）

　　契丹人建立的辽朝的主体民族是契丹人，但汉人仍是辽境内人口最多的民族。分布在辽朝广阔疆域内不同地区的汉人由于与契丹等民族有着密切程度不同的接触，因而也有着不同的文化面貌。南京道和西京道的汉人保留了较多的本民族特色，而上京道、中京道的汉人则相当程度上存在着契丹化现象，有些家族甚至完全以契丹人自居。在以往的研究中，有对辽代汉人契丹化的整体研究[①]，也有具体的个案研究。[②] 本文拟以新发现的辽代翟文化幢为中心，探讨翟文化家族的契丹化现象。

一、翟文化幢录文

　　近见孔夫子旧书网有辽代乾统四年（1104）翟文化幢拓片出售。[③] 幢为八棱柱状，八面，每面刻字 7 行，最后一面刻字 4 行，最后 1 行被凿去难辨。该幢自名为消灾陀罗尼梵幢，可见应该有梵文消灾陀罗尼经文，但拓片上没

① 相关论文有孙伟祥、张金花：《略论辽朝汉人契丹化问题》，《辽宁工程技术大学学报》（社会科学版）2015 年第 3 期；李月新：《浅析辽朝时期的 "汉人胡化"》，《赤峰学院学报》（哲学社会科学版）2012 年第 3 期；冯恩学：《辽墓反映的契丹人汉化与汉人契丹化》，《吉林大学社会科学学报》2011 年第 3 期。
② 相关论文有都兴智、冯浩：《关于辽代玉田韩氏家族契丹化的几个问题》，《辽宁师范大学学报》（社会科学版）2011 年第 3 期；王玉亭：《从辽代韩知古家族墓志看韩氏家族契丹化》，《北方文物》2008 年第 1 期。
③ http://book.kongfz.com/683/507494882.

有体现，应该是幢身分为上下两部分，一部分是经文，一部分是题记，拓片反映的只是题记部分。从文字内容、题记形式、书法等来看，该幢为真品无疑。录文如下：

大遼尋陽翟公/諱文化，先以南宋/人也。笞從丱髻，風神啅嶗，俊㮀崢/嶸。擢楊栁之儀形，/抱松筠之雅操。其孝/也，超蔡順分椹之譽；/其義也，高孔融讓/果之名。可爲璞玉/俔金，未知名器。自/嗣聖皇帝長駈至/汴，七歲從擄，游于/盛朝。一承雨露之/恩，不識雷霆之怒。/當朝並無房親，夲/國祖宗颾然。在变/後，任御厨都提點、/保大軍節度使。时八/十有三，卒於白霫之/韫下焉。妻南陽郡/夫人韩氏，亦逝於中/□之邑。其有三男，/長曰隨駕護衛、養/耶敞使渠列，妻胡/覩古；次男胡穩不，/妻山哥；次男左承/制、御厨軍使，妻/姚氏。女子八人，長曰，/侍於清河之家；次女，/落髮爲尼；次女，皇城/使妻郡郡；次女，大横/帳家内爲婦；次女，永/豐庫使妻小娘子；次/女，秦州團練使妻郡/郡；次女，見前寧昌/軍節度使妻；夫人最/小女，諸司使妻。/太郡爲無後嗣，特/建此消災陁羅尼/梵幢，以薦亡父太師、/母親夫人去靈。願承/此秘密神呪，翱翔乎/菩提之樓閣，逍遥/乎涅般之宫殿。更/願含識普蒙霑/覆之際，速造無生/之地。□斗極之下/一布衣尔，偶承見/託，豈敢固辞。自慚/□華，強爲銘記。/

乾統四年五月十四日，/最小女太郡特建。/

□□□□□。

二、翟文化生平及其家族的职官

幢文记载，翟文化“自嗣圣皇帝长驱至汴，七岁从掳，游于盛朝”。所谓“嗣圣皇帝”也就是辽太宗耶律德光进入汴京，灭亡后晋后，于大同元年（947）四月北返，翟文化被辽军所虏获，同时北迁。从“当朝并无房亲，本国祖宗飚然"可以看出，翟文化是孤身被虏，家人可能都在战乱中丧生。辽军北返时，虏获了大量后晋人员、财物。"壬寅，契丹主发大梁，晋文武诸司从者数千人，诸军吏卒又数千人，宫女、宦官数百人，尽载府库之实以行，所留乐器仪仗而已。"① 《辽史》更详细记载了人员及财物的种类。"晋诸司僚史、嫔御、宦寺、方技、百工、图籍、历象、石经、铜人、明堂刻漏、太常乐谱、诸宫县、卤簿、法物及铠仗，悉送上京。"② 从之前幢文对幼年翟文化的溢美之词可看出，时年 7 岁（虚岁）的他应该已经开始接受良好教育，很可能出身官宦。

翟文化其人于《辽史》无载，也不见载于其他史籍。其享年 83 岁，应出生于后晋天福六年（941），去世于辽圣宗太平四年（1024）。他在辽朝经历了世宗、穆宗、景宗、圣宗四朝，从"一承雨露之恩，不识雷霆之怒"可以看出，翟文化深受四朝皇帝的宠信。他的具体经历幢文记载甚少，只说"在变后，任御厨都提点、保大军节度使"。"变"所指何事不详，有可能是应历十九年（969）二月，辽穆宗被身边近侍所杀的事件。翟文化所担任的御厨都提点不见载于《辽史》，但是唐代与五代都有御厨使的设置③，应该是负责皇帝膳食的官员。《辽史》中职能近似的为皇帝服务的职官有都提点内库、汤药局都提点等。④ 唐朝曾于鄜州（今陕西省富县）置保大军节度使，辽代并不辖有鄜州，保大军节度使一职都是遥授、遥领。如保宁五年（973），"秋七月庚辰，以保大军节度使耶律斜里底为中台省左相"⑤。统和四年（986）二月，"西番酋帅瓦泥乞移为保大军节度使、鄜坊等州观察处置等使"⑥。康延寿，"宋人攻南京，诸将既成列，延寿独奋击阵前，敌遂大溃。以

---

① 《资治通鉴》卷二八六《后汉纪一》"高祖天福十二年（947）"，中华书局1956年版，第9350页。
② 《辽史》卷四《太宗纪下》，中华书局2016年版，第64页。
③ 《旧唐书》卷二〇上《昭宗纪》，中华书局1975年版，第780页；《旧五代史》卷一二〇《周书·世宗纪要》，中华书局1976年版，第1557页。
④ 《辽史》卷四七《百官志三》，第876页。
⑤ 《辽史》卷八《景宗纪上》，第101页。
⑥ 《辽史》卷一一《圣宗纪二》，第128页。

功遥授保大军节度使。乾亨三年卒"①。萧慈氏奴，"西边有警，授西北路招讨都监，领保大军节度使。政济恩威，诸部悦附"②。以上任保大军节度使的四人身份地位在辽朝都不低，应属于中高级官员，翟文化的地位也近乎于此。翟文化卒于"白雷之都下"，也就是中京大定府（今内蒙古宁城县），他的妻子韩氏也去世于此，他的家应该就在中京。翟文化幢应该立于其家坟茔，出土或发现于宁城县。

翟文化有三子，长子渠列任随驾护卫、养耶敞使。辽朝北面御帐官系统中有北、南护卫府，下设左、右护卫太保，左、右护卫等。③渠列所任随驾护卫就是此类官员。养耶敞使则不见于记载，应该是皇帝身边近侍一类的职官。次子胡稳不可能没有出仕。第三子名字缺载，担任左承制、御厨军使，左承制一职，见载于《辽史》、《金史》以及石刻史料，如大公鼎之子昌龄，任左承制。④刘筈，"辽末调兵，而筈在选中。辽兵败，左右多散亡，乃选筈为扈从，授左承制"⑤。高彪是渤海人，"祖安国，辽兴、辰、开三镇节度使。父六哥，左承制，官至刺史"⑥。"李三锡字怀邦，锦州安昌人，以赀得官。辽季，盗攻锦州，州人推三锡主兵事，设机应变，城赖以完。录功授左承制。"⑦鲜演大师家人被荫，"次荫俗弟曰亨，左承制、兼监察御史"⑧。王兴福，"始于亡辽保定（大）三年，从父命，与故朝奉兄宗彦，远诣海滨王行在所祗应陪扈，至德兴间，复部卒伍，屡有勋效，特授左承制"⑨。宋人陈襄出使辽朝，"至新城县驿，有入内左承制宋仲容来问劳"⑩。韩相，"季弟，入

---

① 《辽史》卷七四《康默记传附延寿传》，第1356页。
② 《辽史》卷九三《萧惠传附慈氏奴传》，第1514页。
③ 《辽史》卷四五《百官志一》，第787—788页。
④ 《辽史》卷一〇五《能吏传·大公鼎》，第1609页。
⑤ 《金史》卷七八《刘筈传》，中华书局1975年版，第1771页。
⑥ 《金史》卷八一《高彪传》，第1822页。
⑦ 《金史》卷七五《李三锡传》，第1719页。
⑧ 向南编：《辽代石刻文编》，第668页。
⑨ 殷宪：《大同新出唐辽金元志石新解》，三晋出版社2012年版，第185—187页。
⑩ （宋）陈襄：《使辽语录》，见《辽海丛书》，辽沈书社1985年版，第2542页。

内左承制"①。从上引史料可看出，左承制是皇帝身边的侍从官员，有实掌和虚授之分，虚授中又有因荫补而得官。刘䇝、王兴福的左承制应该是实授，并扈从皇帝。李三锡应该是虚授，而鲜演大师之弟则为荫补。左承制还有加"入内"二字，入内左承制应该是皇帝身边的侍从。张国庆先生认为左承制，"辽代殿职之名，职掌不详。宋亦有'承制'之设，多为内殿之职，但不见有左、右之分。关于辽代'左承制'，《辽史·百官志》不载，仅见诸辽代石刻文字资料及《辽史》之'传'"②。这没有什么疑义，但是他又认为，"金因辽制，亦置有'左承制'"，并举前所引高彪之父高六哥为例。其实，高六哥任左承制是在辽朝，与金无涉。翟文化第三子的御厨军使很可能是他所担任的御厨都提点的下属，父子二人实际都是皇帝的大厨师。

翟文化的女婿中有人任皇城使、永丰库使、秦州团练使、宁昌军节度使。辽代南面京官系统中有上京皇城使之设置，"上京城隍使司。亦曰上京皇城使。上京城隍使。韩德让，景宗时为上京皇城使"③。韩德让之弟韩德威也于"保宁初，历上京皇城使"④。而据韩德威墓志，他于保宁九年（977），"授皇城使"⑤。可见皇城使就是上京皇城使，应该是负责上京皇城某类事务的官员。永丰库是辽代的国库之一⑥，永丰库使是该机构的管理者。如保宁元年（969）的《王守谦墓志》记载了墓主王守谦生前"监永丰库，大凡邦国丘井之赋，山泽泉货之物，受纳免贪蠹之谤，百官将校之俸，诸司程作之用，给遣杜刻减之弊，迹无缁磷，岁有丰羡"⑦。由于秦州（今甘肃天水市）不在辽朝境内，因此翟文化一女婿所任的秦州团练使也是遥授或遥领。宁昌军节度使置于懿州（今辽宁阜新蒙古族自治县），"太平三年越国公主以媵臣户置。

———————

① 向南编：《辽代石刻文编》，第 152 页。
② 张国庆：《石刻所见辽代中央行政系统职官考 ——〈辽史·百官志〉补遗之六》，《黑龙江民族丛刊》2012 年第 1 期。
③ 《辽史》卷四八《百官志四》，第 901 页。
④ 《辽史》卷八二《耶律隆运附德威传》，第 1423 页。
⑤ 金永田：《韩德威和耶律元佐墓志铭考释》，《文物》1998 年第 7 期。
⑥ 张国庆：《辽朝"仓""库"功能探略》，《北方文物》2016 年第 3 期。
⑦ 向南、张国庆、李宇峰辑注：《辽代石刻文续编》，辽宁人民出版社 2010 年版，第 10 页。

初曰庆懿军，更曰广顺军，隶上京。清宁七年宣懿皇后进入，改今名"①。可见，翟文化的女婿任此职应该在他去世之后。翟文化的四个女婿所担任的官职都是中级官员，这与翟文化的身份地位也是相称的。

三、翟文化家族契丹化的表现

尽管幢文很短，难以全窥翟文化家族的全貌，但是我们从中还是能看到这个家族从翟文化开始，到第二代时，已经深度契丹化了。可以从四个方面加以考量。

（一）翟文化长期成长于契丹人之间

翟文化幼年即被虏北迁，且身边一个亲人都没有，长期生活在皇帝周围，为皇帝服务，他的日常用语肯定是契丹语，思维方式、生活方式也肯定已经契丹化了。曾多次出使契丹的北宋著名文学家苏辙在《出山》一诗中描写了生活在辽中京地区的汉人："汉人何年被流徙，衣服渐变存语言。"② 翟文化的情况更甚于此。

（二）取契丹名

翟文化有三子，其中留下名字的二子皆为契丹名，长子渠列，"渠列"契丹小字写作 ③，也音译为渠劣、屈劣、屈烈、屈列等。④ "渠劣"于义为"罕无人烟"⑤，也就是旷野之意。辽代有以渠列命名的山 ——渠列山⑥——位于辽上京西北，即今内蒙古巴林左旗白音乌拉苏本的白音罕山，这里是韩匡嗣家族墓地所在，出土的多方《韩氏家族墓志》都记载了渠列山，如《韩匡

---

① 《辽史》卷三八《地理志二》，第 536 页。

② （宋）苏辙：《栾城集》卷一六《奉使契丹二十八首》，上海古籍出版社 1987 年版，第 397 页。

③ 契丹小字《耶律（韩）迪烈墓志铭》第 22 行，见刘凤翥：《契丹文字研究类编》，中华书局 2014 年版，第 867 页。

④ 刘浦江、康鹏主编：《契丹小字词汇索引》，中华书局 2014 年版，第 496 页。

⑤ 金永田：《韩德威和耶律元佐墓志铭考释》，《文物》1998 年第 7 期。

⑥ 《辽史》卷三七《地理志一》写作"屈劣山"，第 497 页。

嗣墓志》①、《韩德昌墓志》②、《韩德威墓志》③、《耶律隆祐墓志》④、《耶律遂正墓志》⑤、《耶律遂忠墓志》⑥、《耶律宗福墓志》⑦、《耶律元佐墓志》⑧。翟文化次子胡稳不也是契丹名，不详何意。

（三）与契丹人婚配

翟文化的三个儿媳中，第三个为姚氏，应该是汉人。大儿媳胡睹古，二儿媳山哥都有可能是契丹人。胡睹古，契丹小字写作 **才幕**，是"福"之意⑨，也音译为胡都姑，是契丹人不分男女都常用的名字，如秦国太妃的众多孙子、孙女中有一个孙子，两个孙女都名胡都姑。⑩契丹女性名字中最后一字往往是"哥"，如永清公主之子萧昉的五个女儿中有四人名字中有"哥"，分别是贤圣哥、贵哥、得哥、延哥。⑪

翟文化的八个女儿中，第二女出家，其余七女中有六人所嫁丈夫民族成分不详，但第四女肯定嫁给了契丹人，且为皇族。幢文载"大横帐家内为妇"。辽代北面皇族帐官系统中有大横帐常衮司，"掌太祖皇帝后九帐皇族之事"⑫。所谓"大横帐家内"就是辽太祖的直系后裔，身份显贵可想而知。从中也可以看出翟文化家族与契丹皇族有良好的关系。

（四）笃信佛教

佛教是辽代契丹人与汉人都广泛信仰的宗教，翟文化家族也不例外，他有一女出家为尼，最小的女儿因为没有子嗣，为此建此消灾陀罗尼梵幢，并为亡父母祈福。其功利性虽然很强，但也可看出对佛教的笃信。

---

① 向南、张国庆、李宇峰辑注：《辽代石刻文续编》，第 24 页。

② 向南、张国庆、李宇峰辑注：《辽代石刻文续编》，第 28 页。

③ 向南、张国庆、李宇峰辑注：《辽代石刻文续编》，第 35 页。

④ 向南、张国庆、李宇峰辑注：《辽代石刻文续编》，第 52 页。

⑤ 向南、张国庆、李宇峰辑注：《辽代石刻文续编》，第 69 页。

⑥ 向南、张国庆、李宇峰辑注：《辽代石刻文续编》，第 74 页。

⑦ 向南、张国庆、李宇峰辑注：《辽代石刻文续编》，第 142 页。

⑧ 向南、张国庆、李宇峰辑注：《辽代石刻文续编》，第 177 页。

⑨ 刘浦江、康鹏主编：《契丹小字词汇索引》，第 489 页。

⑩ 向南、张国庆、李宇峰辑注：《辽代石刻文续编》，第 91、92 页。

⑪ 向南、张国庆、李宇峰辑注：《辽代石刻文续编》，第 227 页。

⑫ 《辽史》卷四五《百官志一》，第 796 页。

四、翟文化家族与元代贾昔剌家族之比较

在辽金元时期少数民族化的汉人家族中，元代的贾昔剌家族与翟文化家族比较近似。"贾昔剌，燕之大兴人也。本姓贾氏，其父仕金为庖人。昔剌体貌魁硕，有志于当世。岁甲申，因近臣入见庄圣太后，遂从睿宗于和林，典司御膳，以其须黄，赐名昔剌，俾氏族与蒙古人同，甚亲幸之；又虑其汉人，不习于风土，令徙居滦州。帝复思之曰：'昔剌在吾左右，饮食殊安适。'促召入供奉，诸庖人皆隶焉。世祖在潜邸，知其重厚，使从迎皇后于弘吉剌之地，自是预谋帷幄，动中机会，内出银三千两，使买珍膳，乘传上太官，恣其出入不问。又赐以牝马及驹三十匹，并牧户与之。是时兵余，数以所赐分遗乡里。世祖即位，立尚食、尚药二局，赐金符，提点局事，兼领进纳御膳生料。"[1]

翟文化本人和其第三子都是御厨，且其烹饪技术是在契丹腹地学会，应该主要烹饪的是契丹人的饮食。而贾昔剌其父亲很可能是金朝御厨，他本人也因而掌握了家传烹饪技术，所烹饪的应该是汉族饮食（金朝晚期入居内地的女真人的饮食都已经汉化了）。当然，他后来也应该学会了烹饪蒙古饮食。

翟家与贾家后代都渐渐不用汉名，契丹化和蒙古化逐渐加深。翟家是第二代开始用契丹名字，这与翟文化幼年即入契丹，本人已契丹化有关。而贾昔剌因为是成年后才归顺蒙古，此时，他的儿子丑妮子应该已经出生，故还用汉名，而第三代则开始采用蒙古名，如长孙名虎林赤。据李治安先生统计，贾家"第四代9男，8人用典型的蒙古名。5人任官，有4人属宫廷怯薛官。这应是贾氏第四代家族群体蒙古化的重要表征"[2]。而第五代9男全用蒙古名。

---

[1] 《元史》卷一六九《贾昔剌传》，中华书局1976年版，第3969—3970页。
[2] 李治安：《元代汉人受蒙古文化影响考述》，《历史研究》2009年第1期。

图 1　辽代翟文化幢拓片局部 1（幢前三面）

图 2　辽代翟文化幢拓片局部 2（幢后五面）

从契丹—元朝故地图画雕塑文物看元上都等地的黑人

王大方（内蒙古自治区文物局）

在我国台北"故宫博物院"，珍藏一卷元代刘贯道所绘《元世祖出猎图》，在画卷中绘有两名黑人侍从在元上都草原地区为忽必烈皇帝担任行猎护卫。（见图1、图2）[①] 黑人在元代中国生活居住的较多，元代大户人家有"家无黑人、高丽女为仆者，不足以为高门大户"的俗语。特别是在元上都、大都更是如此。

随着"海上丝绸之路"的繁荣，元代在印度洋沿岸和非洲东岸来中国的使者商人增多，他们带来一定数量的黑人，或在船上服役，或被赠给中国地方官员作仆人。再往前探寻，中国唐朝已有黑人在内地定居，当时称黑人为"昆仑"，外貌特征就是肤色黑卷发等，在新疆维吾尔自治区博物馆，陈列有一尊黑人陶像，其外貌为肤色黑卷发，身材高大体格强壮。（见图3）[②]

中国最早接受四夷朝贡为始自秦代，汉唐延续下来，《隋书》列传四十七记载林邑古国"其人深目高鼻发卷色黑。俗皆徒跣以幅布缠身"。《唐书·南夷列传》记载"自林邑以南，皆卷发黑身，通号为昆仑"。

汉朝时扶南国经四川进贡甘蔗芭蕉，两千年前甘蔗为该国特产，故四川

[①] 图1、图2为台北"故宫博物院"藏元代刘贯道所绘《元世祖出猎图》中所绘的两名黑人侍从。其外貌为面部、手部肤色黝黑，体格强壮。

[②] 中国唐朝已有黑人在内地定居，当时黑人被称为"昆仑"，外貌特征就是肤色黑卷发等，图为在新疆维吾尔自治区博物馆陈列的黑人陶像，其外貌为肤色黑卷发，身材高大，体格强壮，是古代丝绸之路的见证。

自古特产芭蕉、甘蔗，公元前 206 年，汉灭秦，秦宗族沿江避难南迁，建国于百细滩地。真腊宋书称占腊，元史称瞰浦只，清代称本底国，与阮越争霸后入贡受越保护封为高棉国，估计元代的黑人还有一部分来自中南半岛。

图 1　　　　　　　　　　图 2　　　　　　　　　　图 3

内蒙古开鲁县发现辽代琉璃砖皇族墓葬

——辽太祖"私城"龙化州城址位置基本确定

连吉林（内蒙古自治区文物考古研究所）

金宝屯墓地位于内蒙古自治区通辽市开鲁县东风镇金宝屯东南 5 公里，西距县政府所在地开鲁镇约 30 公里，处于七家子辽代古墓群的西北部。墓地地处西辽河和新开河冲积平原地区，地势较为平坦。

近年来，开鲁县东风镇金宝屯辽代古墓葬多次遭盗掘，墓葬破坏严重，墓地地表可见数个盗坑及辽代砖块、铁片等遗物。2016 年 6 月末至 9 月初，受内蒙古自治区文物局委派，内蒙古文物考古研究所与开鲁县博物馆联合对金宝屯遭盗掘严重的两座墓葬进行了抢救性发掘，墓葬编号为 M1、M2。

M1 为砖砌多室墓，由墓道、甬道、墓门、东西耳室和主室组成。全长约 24 米，墓室底部距现地表深约 7 米，方向 140°。墓道呈斜坡状，长约 18 米、宽 4 米—6 米。甬道口用三块长方形石板封堵，其内垒砌琉璃砖填封加固。甬道呈长方形，长 4.5 米、宽 1.8 米。甬道原为砖券拱形，现已坍塌，地面铺大长方形砖。甬道左、右两壁均绘壁画，现大部分脱落，甬道东壁北侧存一幅牵马图。另外，在甬道东壁发现记载墓主人身份的墨书题记共计百余字。甬道中部左、右侧有东西耳室。东耳室平面呈方形，边长 2.4 米，从墓底向上 1.4 米高处叠涩起攒尖顶。顶部用长方形巨石封堵，墓室高约 3.1 米。东耳室壁画保存较差，在墓室东壁残存契丹男侍图，墓门顶部有对称云鹤图。西耳室破坏严重，墙体残高 0.5 米—1 米。西耳室壁画也保存得很差，大部分脱落，仅在西耳室墓门北侧存有身穿汉服男侍者。主室平面呈方形，边长约3.9米，墙体用绿釉琉璃砖砌制，在1.36米的高处叠涩起攒尖顶。墓顶现已经坍塌，残高约2.8米。墓室内地面铺长方形青砖。在主室北部设长方形尸床，尸床为琉璃砖垒砌。墓主人骨骼也保存得很差，仅剩部分头骨和肢骨。墓葬出土随葬品较少，见有鎏金马具构件、铁箭头、陶瓷残片等。

M2为单室石室墓，由墓道、墓门、主墓室组成，方向120°。墓道前端为斜坡式，靠近墓门处为石砌台阶。墓门封门石由整块巨石凿成，高2.4米、宽1.6、厚约0.2米。墓室近方形，长3.9米、宽3.8米、残高2.9米，从距墓室地面约1.3米处开始叠涩起攒尖顶。墓东壁南侧设长方形壁龛，长1.6米、宽0.7米、高1.4米。主墓室四壁原均有壁画，现大部分已脱落，仅剩莲花纹、云纹彩绘壁画及人物题材壁画残片。由于M2曾多次被盗，棺椁和墓主人尸骨均不存。墓葬内出土了少量的遗物，包括陶瓷残片、鎏金铜泡钉、骨簪等遗物。

M1和M2两座墓葬应同属一个家族墓地，从墓葬形制、壁画及出土陶瓷残片等分析，应属辽代中期墓葬。这两座墓葬的发掘意义重大，为辽代历史、考古研究提供了重要的实物资料。

（1）M1和M2规模很大，尤其是M1墓葬用砖均为绿色琉璃砖，此类墓葬在以往所发现的众多辽代墓葬中，是继赤峰市阿鲁科尔沁旗耶律羽之墓之后第二次发现。由此我们判断此墓的级别很高，墓主人亦应是辽代显赫的皇族。从M1甬道内残留的"蒲骨（古）"、"夷离口"、"惕隐"、"削铭志"等汉文墨书题记推断，M1为辽代中期皇族墓葬，墓主人为耶律蒲古（骨）。据《辽史·列传》卷八七记载："耶律蒲古，字提隐，太祖弟苏之四世孙。以武勇称。统和初，为涿州刺史，从伐高丽有功。开泰末，为上京内客省副使。太平二年，城鸭渌江，蒲古守之，在镇有治绩。五年，改广德军节度使，寻迁东京统军使。莅政严肃，诸部慑服。九年，大延琳叛，以书结保州。夏行美执其人送蒲古，蒲古入据保州，延琳气沮。以功拜惕隐。"

（2）虽然M1、M2墓葬经多次盗掘，随葬品较少，但珍贵的是在两座墓葬内留下了几幅壁画。壁画题材有牵马图、人物图、对称云鹤纹、花草纹等。这为研究辽代契丹族社会生活、丧葬习俗等提供了新的资料。

（3）在 M1 甬道左、右壁发现有汉文、契丹文的墨书题记共计百余字。其中记载"葬□龙化州西□二里"等文字，为进一步研究确定辽代龙化州古城的具体位置提供了重要的资料。

辽代龙化州建于 902 年，是辽太祖耶律阿保机的"私城"，也是辽太祖耶律阿保机称帝之处，故它在辽代州城中地位较高，是辽代重要的州城。然而对它的地理位置至今尚未考定。在辽史研究领域一般认为在今奈曼旗八仙筒镇西孟家段古城，也有些学者也认为在今库伦旗扣河子镇酒局子村古城，或在今敖汉旗南城子古城。此次发掘出土的墨书题记"葬□龙化州西□二里"等记载基本上锁定辽代龙化州的地理坐标。从已有的考古资料看，距离金宝屯墓地东约 25 公里处有一座辽代福巨古城址。城址位于通辽市科尔沁区莫力庙苏木福巨嘎查北 4 公里处。古城遗址呈正方形，边长约 800 米，面积约 64 万平方米。城墙破坏严重，城址西北角有一段约 200 米的呈东西走向夯土城墙。在古城内发现有寺庙、砖窑遗迹，在地表可见大量的板瓦、筒瓦等建筑构件以及大量陶瓷残片、铁器等。根据古城址的规模应属于辽代州级的城址。另外，福巨城址所在地理位置在西辽河与新开河两河之间的冲积平原上，北距新开河河道约 25 公里、南距西辽河河道约 19 公里。《辽史·太祖纪上》载：唐天复二年"九月，城龙化州于潢河之南"，也明确指出了州之所在地方位。辽代的"潢河"就是今天的乌力吉木伦河下游及其支流新开河。福巨城址在今新开河之南，合于《辽史》所说的地理方位。在福巨城址东有一高约 5 米的土台，上有辽代砖瓦、墙体壁画残片等遗物，可能为《辽史》中记载的"金铃岗"。从此次发现的辽代皇族耶律蒲古墓葬、出土墨书题记内容及福巨古城址的地理位置等分析，我们初步推断福巨古城为辽代龙化州城址。

图1　开鲁县辽代琉璃砖皇族墓葬M1主室

图2　M1东耳室墓门

图3　M1东耳室东壁契丹男侍

内蒙古巴彦塔拉遗址出土瓷器研究

王馨瑶　李明华（赤峰学院历史文化学院）

　　巴彦塔拉辽代遗址位于内蒙古自治区赤峰市巴林右旗巴彦塔拉苏木。遗址东侧取土坑内和坑边均有陶瓷片出土，遗址周边发现一片墓葬群。《巴彦塔拉辽代遗址植物遗存及相关问题研究》一文揭露此地先民应属于以种植粟、黍、荞麦、大麻为主的北方典型旱作农业，同时兼营牧业。[①]但还未对巴彦塔拉遗址出土的瓷器做过研究分析，本文主要根据出土瓷器的釉色、胎质、器物特征对巴彦塔拉遗址进行初步研究。

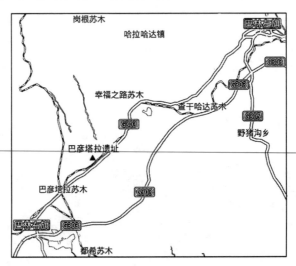

图 1　巴彦塔拉遗址地理位置图

---

① 孙永刚：《巴彦塔拉辽代遗址植物遗存及相关问题研究》，《赤峰学院学报》（汉文哲学社会科学版）2013年第 8 期。

一、巴彦塔拉遗址出土瓷器特点

巴彦塔拉遗址出土的瓷器按釉色分大致可以分为白釉、绿釉、酱釉（包括黑釉）三种；根据口沿、圈足、平底等部位可以看出有碗、碟、罐三种器物类型。其中白釉瓷片的数量最多，其次是绿釉瓷片和酱釉瓷片。现分述如下：

（一）白釉瓷片

巴彦塔拉遗址白釉瓷片出土数量较多，按釉色特征分为白中泛青、白中泛黄、纯白色三种；按胎质分有灰褐胎、灰白胎、白色瓷胎三种；按部位分有口沿、圈足、平底和系。

1. 釉色

白中泛青者内外均施白釉，内壁积釉厚处泛青，外壁有垂釉且折腹处垂釉泛青，釉面有大开片，施化妆土。（图2：1、2）

白中泛黄者内外均施白釉，釉色白中泛黄，有黄斑且积釉厚处泛黄，釉层较薄，施釉不到底，有细小开片，施化妆土。（图2：3、4）

纯白釉者是通体施白釉，釉细而白，釉层薄，釉面均匀、光亮。（图2：5）

2. 胎质

胎质分为灰褐色胎、灰白色胎、白色瓷胎三种。

灰褐色胎：胎质较粗，有少量杂质，胎色白中泛黄，器壁较厚且有开片。

灰白色胎：胎质较细，瓷化程度低，胎土细而闪黄，杂质少，胎壁厚。

白色瓷胎：胎质洁白细腻，无杂质，器壁较薄，胎骨坚硬，火候较高。

3. 部位特征

白釉瓷器底部大多为圈足，都施釉不到底，有垂釉现象，部分有支钉痕；如一件平底瓷器，斜腹，底部无釉，施化妆土（图2：1、6）。口沿有两种，一种是敞口，壁略直（图2：1）；另一种是口沿略外卷（图2：7）。只存有一系（图2：8）。目前，已发现的辽代带系的器型有罐和瓶两种，瓶上的系较大，罐的系相对较小，巴彦塔拉遗址出土的系也较小，因此巴彦塔拉遗址出土的这个系可能属于小二系罐或四系罐的一部分。

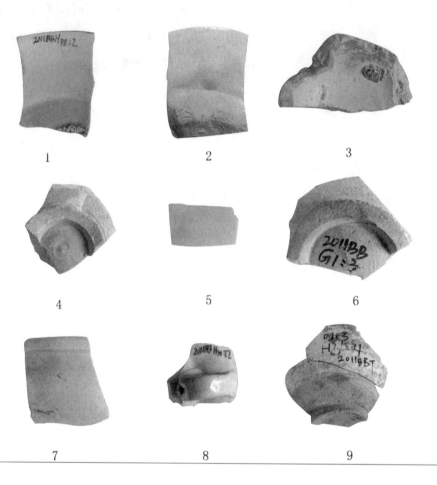

图 2　白釉瓷片

1、2.2011BBH38：2　　　3.2011BBT0106①：5　　　4.2011BBT0102①：10

5.2011BBT0206H50　　　6.2011BBG1：3　　　　　7.2011BBT0104H45

8.2011BBH30：12　　　　9.2011BBT0103H16：4

（二）绿釉瓷片

1. 釉色

巴彦塔拉遗址出土的绿釉瓷片大致都可归于茶叶末釉，但是釉色有深有浅。浅色茶叶末釉内外施满釉，茶绿色釉较厚，内壁有釉点堆积，釉面有剥落；较深色茶叶末釉带黑色斑点，釉层有气泡，釉面光泽。个别瓷片的内外壁呈现出不同釉色，外壁为茶叶末釉，内壁为酱釉（图3：10、11、12）。这种内外釉色不一致的现象可能是内外施不同釉，也可能是烧制时火候不均而导致。这也是巴彦塔拉遗址出土瓷片的一个特点。

2. 胎质

茶叶末釉较浅的瓷胎质地较疏松，器壁粗厚，火候较低，近似釉陶；釉色较深的瓷片胎质灰白，质地较细腻，杂质较少。

3. 部位特征

口沿：小口，圆唇外侈，短颈，鼓腹（图3：13、14）。

器底：一件瓷器为平底，直壁，近直筒形（图3：16）。有两件瓷器为圈足，一件内底留有两个支钉痕（图3：17、18）。

轮纹：所发现的茶叶末釉瓷片内壁都有宽约1厘米的轮纹（图3：15）。

（三）酱釉瓷片

1. 釉色

酱釉瓷的釉色明亮，杂质较少，有开片。根据釉色不同可分为两种：一种是酱釉（图3：19），表面有黄斑和气孔，釉层较厚；另一种是外壁为酱釉，内壁为黑釉（图3：20、21），釉面有黄斑，釉层不平，内壁釉面有剥落。这与绿釉瓷器中的内外壁釉色不一致属于同一种情况。

2. 胎质

酱釉瓷的胎质均为灰褐色胎，质地较白釉瓷器、绿釉瓷器粗糙、坚硬，并夹杂有少量颗粒状物，可能是原料清洗不彻底。

3. 器物特征

出土的酱釉瓷片多为器物的腹部，无口沿、无器底，只能看见轮制痕迹，没有典型的器型特征。

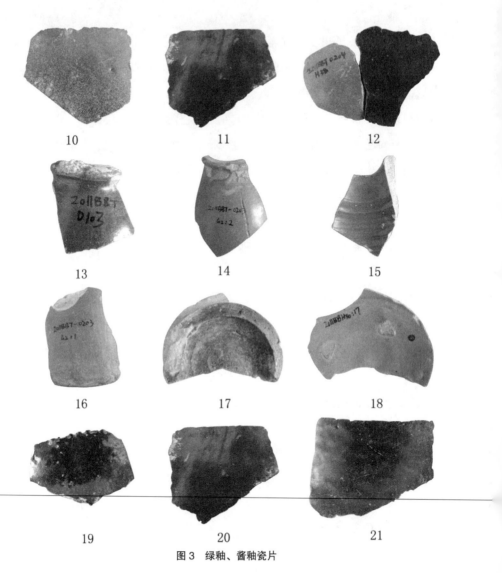

图 3　绿釉、酱釉瓷片

10、11、20.2011BBTH30：15　　12.2011BBT0204H38　　　13.2011BBT0103

14、15.2011BBT0203G2：2　　　16.2011BBT0203G2：1　　17、18.2011BBH30：17

19.2011BBT0103H16：3　　　　21.2011BBT0105H11

二、巴彦塔拉遗址出土瓷器特征分析

（一）白釉瓷器

白釉瓷器的发展贯穿整个辽代，在辽代境内出土的瓷器中占大部分，绝大多数的窑址都烧造白釉瓷器，几乎涵盖了所有器型，主要有碗、盘、盏、注壶、鸡冠壶、罐等。巴彦塔拉遗址部分瓷片有明显的形制特征，如口沿、圈足；有的带有轮制痕、支垫痕，但是由于瓷器残片太小，不能够完全复原，只能看出大致器型。目前巴彦塔拉遗址的白釉瓷器有碗和碟双系罐或四系罐三种器型。其中，白釉瓷碗一件，可复原。器型为圆口，厚唇，斜弧壁，圈足；素面，胎质为白色，内外施白釉，釉色泛黄，外壁施釉不到底，有垂釉现象，无化妆土，釉面有黄色斑点，开片较大，碗内底有垫支痕；口径 21 厘米，底径 7.4 厘米，高 7.5 厘米。

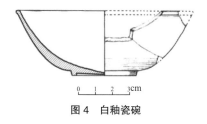

图 4　白釉瓷碗

表 1

年代	墓葬	釉色	特点	示例图
辽代早期	内蒙古赤峰宝山辽壁[1]	白釉	圆唇，敞口，腹壁弧收，圈足。红胎细腻，通体挂白釉。口径 18 厘米、底径 6 厘米、高 6.8 厘米	
辽代早期	彰武差大马辽墓[2]	牙白瓷碗；白瓷碗	粗瓷，胎灰白色，身施牙白色釉，口沿下饰一周凹弦纹。敞口圆唇，矮圈足，足根平切。口径 10 厘米、底径 3.4 厘米、高 3.6 厘米	
			胎白色，上施白釉，口沿下饰一周凹弦纹，尖唇敞口，矮圈足，挖足规整，足根上有三个渣垫痕迹。口径 10 厘米、底径 3 厘米、高 3.2 厘米	

年代	墓葬	釉色	特点	示例图
辽代早期	康平张家窑 1 号辽墓[3]	灰白釉瓷碗	圆唇，斜直壁，圈足。灰白色胎，较细腻，火候不高。外壁及圈足有刀削修胎痕，内底都有三个垫渣痕。器壁较薄，灰白釉，较稀薄，外壁釉不及底。高 6.2 厘米、口径 18.6 厘米；足高 0.6 厘米、径 7.2 厘米；壁厚 0.4 厘米	
辽代早期	辽宁北票市下瓦房沟辽墓[4]	白瓷碗	白瓷胎，敛口，圆唇，碗壁呈弧形，圈足。施白釉，外釉不及底。口径 20.3 厘米、底径 8.5 厘米、高 6 厘米	
辽代早期	巴林右旗乌珠日山辽墓[5]	乳白釉	敞口斜腹，小圈足，乳白釉，腹下露胎，碗内底有 3 个长形支钉痕迹。通高 4.4 厘米、口径 11.8 厘米、足径 4.1 厘米	
辽代中期	建平唐家杖子辽墓[6]	白瓷碗	圆唇敞口，腹壁较直，小圈足。口径 12 厘米、底径 3.4 厘米、高 4 厘米	
辽代中期	辽宁阜新县辽代平原公主墓与梯子庙 4 号墓[7]	白釉	器型规整，可复原。轮制。敞口，圆唇，弧腹，圈足微外侈。素面。内壁施白釉，外壁腹部以下均未施釉，釉下有小开片。在碗内底部有四个清晰的支钉痕迹。口径 23.5 厘米、圈足径 8 厘米、高 8.4 厘米	
辽代晚期	敖汉旗喇嘛沟辽代壁画墓[8]	釉色细白	一大一小，全釉，釉色细白光亮略泛青，弧壁，短圈足，外折唇，口径 24 厘米、底径 7.6 厘米、高 7.7 厘米	
辽代晚期汉族大姓张氏家族墓地	朝阳沟门子辽墓[9]	白釉泛黄	圆唇，外侈，圈足。灰白胎较厚，白釉泛黄，釉不到底。口径 11.2 厘米、高 3.9 厘米、底径 5 厘米	

续表

年代	墓葬	釉色	特点	示例图
年代上限为辽代中期之前,下限为金代末期	辽宁岫岩镇辽金遗址[10]	乳白瓷	外腹挂半釉,下腹和圈足露胎,内底有 4 个露胎支垫疤痕。斜腹微外弧,敞口,侈沿,尖圆唇,矮圈足,圈足内底有旋轮切割痕。内底外凸,口径 24 厘米、底径 8 厘米、高 7.8 厘米	

[1] 齐晓光、盖志勇、丛艳双(内蒙古文物考古研究所、阿鲁科尔沁旗文物管理所):《内蒙古赤峰宝山辽壁画墓发掘简报》,《文物》1998 年第 1 期。

[2] 王来柱(辽宁省文物考古研究所):《彰武差大马辽墓发掘简报》,《辽海文物学刊》1996 年第 1 期。

[3] 裴耀军(铁岭市博物馆):《康平张家窑 1 号辽墓》,《辽海文物学刊》1996 年第 1 期。

[4] 陈金梅(北票市文物管理所):《辽宁北票市下瓦房沟发现一座辽墓》,《北方文物》2002 年第 4 期。

[5] 朝格巴图(巴林右旗博物馆):《巴林右旗乌珠日山发现一座辽墓》,《草原文物》1992 年第 Z1 期。

[6] 吕学明(辽宁省文物考古研究所):《建平唐家杖子辽墓清理简报》,《辽海文物学刊》1997 年第 1 期。

[7] 李龙彬、樊圣英、崔嵩(辽宁省文物考古研究所、阜新市考古队):《辽宁阜新县辽代平原公主墓与梯子庙 4 号墓》,《考古》2011 年第 8 期。

[8] 《敖汉旗喇嘛沟辽代壁画墓》,《内蒙古文物考古》1999 年第 1 期。

[9] 李大钧(辽宁省博物馆):《朝阳沟门子辽墓清理简报》,《辽海文物学刊》1997 年第 1 期。

[10] 杨永芳、杨光、卜常益(鞍山市岫岩满族博物馆、岫岩满族博物馆管理部):《辽宁岫岩镇辽金遗址》,《北方文物》2004 年第 3 期。

巴彦塔拉遗址出土的唇口碗在形制上与阿鲁科尔沁旗宝山墓、辽宁阜新县辽代平原公主墓和梯子庙 4 号墓出土的较为相似,据此推断巴彦塔拉遗址白釉瓷碗的年代可能是辽代早期,这种圆口碗(也叫唇口碗)在缸瓦窑和龙泉务窑中所占比例都较高。[①]

(二)绿釉瓷器

绿釉瓷器从 10 世纪中叶开始流行,一直到辽代灭亡,贯穿于整个辽代。主要由缸瓦窑和龙泉务窑烧造,器型有鸡冠壶、凤首瓶、长颈壶、折肩壶、盏托、罐、盆等。茶叶末绿釉则是从 10 世纪后半开始流行,持续到辽亡,主要由缸瓦窑和白音高勒窑烧造。

① 彭善国:《辽代瓷器的考古学研究》,吉林大学出版社 2003 年版,第 156 页。

巴彦塔拉遗址的茶叶末釉瓷器出土于居住址，极可能是实用器。从釉色和器物特征大小来看，这些茶叶末釉瓷片为鸡腿坛（瓶）的器腹或器底。（图3：14、15、16）。辽朝时期墓葬中所见鸡腿坛的器型特征如表2所示。

表2

年代	墓葬	釉色	特点	示例图
辽代早期偏晚	内蒙古巴林右旗查干勿苏辽墓[1]	筐点纹	折沿，圆唇，小侈口，短颈，丰肩，长直腹，平底上凹。近底腹部施蓖点纹带。口径5.7厘米，底径11.35厘米，高32.3厘米	
辽代早期	河北丰宁五道沟门辽墓[2]	蟹青釉	高33厘米、底径14厘米、口径6.5厘米。小口平底通体呈圆桶状，饰凹弦纹8匝	
辽代中期	法库叶茂台第22号辽墓[3]	茶末绿釉；深绿色	2件。夹粗砂缸胎，施茶末绿釉，小口，短颈，斜肩，长身，平底。其中1件颜色呈浅绿色，腹身直径略肥大，高44.5厘米、口径7.4厘米、腹径18厘米、底径15.5厘米、壁厚0.9厘米—1.5厘米。另1件腹身细长，高48.2厘米、口径7.4厘米、腹径18.5厘米、底径12.3厘米	
辽代中期	辽宁阜新县辽代平原公主墓与梯子庙4号墓[4]	酱釉	小口，圆唇，溜肩，长身，平底内凹。器壁上部有平行拉坯痕。口径6.9厘米、最大腹径24厘米、底径11.6厘米、高46.2厘米	
辽代中期	辽宁朝阳市辽刘承嗣族墓[5]	茶绿釉	缸胎，小口长身，高40厘米、口径4厘米	
辽代中期	辽陈国公主附马合葬墓[6]	茶绿釉	牛腿瓶3件。缸胎。小口，短颈，器身修长，平底。口径6.4厘米、底径13.3厘米、高54.8厘米	

续表

年代	墓葬	釉色	特点	示例图
辽代中晚期	林西县小哈达辽墓[7]	深绿色釉	完整。侈口、短颈。溜肩，下腹斜忱平底，釉不到底，颜色不匀，口径 5.4 厘米、底径 8 厘米、高 28 厘米	
辽代中晚期	河北宣化辽壁画墓[8]	黑釉	鸡腿瓶 3 件	
辽代晚期	辽宁朝阳木头城子辽代壁画墓[9]	茶末釉	型体瘦高，圆唇外卷，束颈，弧腹下收较直，平底。最大腹径靠近上口部。口径 9 厘米，最大腹径 20 厘米、底径 9 厘米、高 51.6 厘米	
辽代晚期	辽宁建昌龟山 1 号辽墓[10]	茶绿釉；鳝黄釉	平唇，短颈，削肩，瘦腹，平底微凹，器身呈鸡腿形。肩部及下腹部各遗有渣垫痕四块。粗胎，厚壁，轮制。釉层匀净，光亮照人，口径 9 厘米、腹径 20.4 厘米、底径 9.3 厘米、高 55 厘米。其二，釉色发暗，口径 8.5 厘米、腹径 20 厘米、底径 9 厘米、高 52 厘米	
辽天庆年间	内蒙古赤峰市宁城县铁匠营子砖厂辽墓[11]	灰褐色陶	瓶身细高如鸡腿，小口双唇，短颈，溜肩，平底。底部有刻划符号。口径 6.2 厘米、最大腹径 14.5 厘米、高 38 厘米、底径 6.8 厘米	
辽代	河北丰宁哈拉海沟辽墓[12]	茶绿色釉	鸡腿坛 1 件。完整。平唇，短颈，削肩，瘦腹，平底。器身呈鸡腿形，肩部及上腹部各遗有渣垫痕四处。粗糙的胎质，厚壁，轮制，弦纹。除口沿与底部未挂釉外，其余部分均施茶绿色釉，釉层匀净较厚，光亮照人。口径 7 厘米、腹径 15 厘米、底径 10.5 厘米、高 46.5 厘米	

[1]　苗润华（巴林右旗博物馆）：《内蒙古巴林右旗查干勿苏辽墓》，《辽海文物学刊》1995年第 2 期。

［2］　张汉英（丰宁县文管所）：《河北丰宁五道沟门辽墓》，《文物春秋》1996 年第 2 期。

［3］　徐志国、魏春光（铁岭市博物馆法库县文管所）：《法库叶茂台第 22 号辽墓清理简报》，《北方文物》2000 年第 1 期。

［4］　辽宁省文物考古研究所、阜新市考古队：《辽宁阜新县辽代平原公主墓与梯子庙 4 号墓》，《考古》2011 年第 8 期。

［5］　王成生：《辽宁朝阳市辽刘承嗣族墓》，《考古》1987 年第 2 期。

［6］　孙建华、张郁（内蒙古文物考古研究所）：《辽陈国公主驸马合葬墓发掘简报》，《文物》1987 年第 11 期。

［7］　张少青（铁岭市文物办公室、康平县文物管理所）：《辽宁康平县后刘东屯二号辽墓》，《考古》1988 年第 9 期。

［8］　郑绍宗（河北省文物管理处、河北省博物馆）：《河北宣化辽壁画墓发掘简报》，《文物》1975 年第 8 期。

［9］　辽宁省文物考古研究所、朝阳县文物管理所：《辽宁朝阳木头城子辽代壁画墓》，《北方文物》1995 年第 2 期。

［10］　靳枫毅、徐基：《辽宁建昌龟山一号辽墓》，《文物》1985 年第 3 期。

［11］　赵国栋、宋国君（赤峰市博物馆、宁城县文物管理所）：《内蒙古赤峰市宁城县铁匠营子砖厂辽墓》，《内蒙古文物考古》1997 年第 1 期。

［12］　白光：《河北丰宁哈拉海沟发现辽墓》，《考古》1989 年第 11 期。

　　辽代早中期的鸡腿坛（瓶）腹径略大于底径，个别腹径与底径相等，整体显稳重；而辽代晚期的鸡腿坛（瓶）最大器径在腹的上部，明显大于底径，下腹至底足收的较细，坛（瓶）身弧度较大整体显不稳。[①]巴彦塔拉遗址出土的鸡腿坛（瓶）釉色为茶叶末釉，平底，近直筒。与巴彦塔拉遗址鸡腿坛（瓶）形制相似的器物有辽宁康平县后刘东二屯二号辽墓[②]出土的茶绿釉鸡腿坛、辽陈国公主墓和叶茂台辽墓出土的鸡腿坛，与晚期的鸡腿坛（瓶）有明显区别。因此巴彦塔拉遗址出土的鸡腿坛（瓶）年代应属于辽代早期或中期。

（三）酱釉瓷器

　　辽耶律羽之墓[③]中出土了酱釉瓷罐和酱釉小口瓷罐；法库叶茂台辽墓[④]出土酱色釉大口罐；北京南郊赵德钧墓[⑤]出土了酱釉器残片；义县清河门萧

[①]　彭善国：《辽代瓷器的考古学研究》，吉林大学出版社 2003 年版，第 108—109 页。

[②]　张少青（铁岭市文物办公室、康平县文物管理所）：《辽宁康平县后刘东屯二号辽墓》，《考古》1988 年第 9 期。

[③]　齐晓光、盖志勇、丛艳双（内蒙古文物考古研究所、赤峰市博物馆、阿鲁科尔沁旗文物管理所）：《辽耶律羽之墓发掘简报》，《文物》1996 年第 1 期。

[④]　辽宁省博物馆发掘、辽宁铁岭地区文物组发掘小组：《法库叶茂台辽墓记略》，《文物》1975 年第 12 期。

[⑤]　苏天钧（北京市文物工作队）：《北京南郊辽赵德钧墓》，《考古》1962 年第 5 期。

慎微祖墓群四号墓嵩德宫铜铫墓[①] 出土了黑釉弦纹瓶和茶末绿釉鸡腿坛。巴彦塔拉遗址出土的瓷器黑釉呈现在器物内壁，如果不是烧制技术问题，那可以猜测说明黑釉在当时已经开始使用了。酱釉瓷器流行于 10 世纪中叶，主要由龙泉务窑烧造，器型有盘口束颈壶、长颈壶、罐、盏托。黑釉则从 11 世纪后半流行一直到辽代灭亡，主要由龙泉务窑、缸瓦窑、江官屯窑烧造，器型有盘、碗、鸡腿瓶、罐。巴彦塔拉遗址中黑釉的呈现，说明这些酱釉器的年代可能是辽代中晚期。

三、结语

辽代是我国契丹族在北方建立的少数民族政权，因其北方游牧民族的生活生产方式特点而独具特色。辽代陶瓷更以不拘一格的地域和民族特色而闻名，辽瓷在整个辽代发展历程大致可以分成早、中、晚三个时期。早期为太祖至景宗时期（916—982）。早期出土瓷器的辽代墓葬有位于内蒙古赤峰阿鲁科尔沁旗的耶律羽之墓[②]——太宗会同五年（942）、位于北京南郊的穆宗赵德钧墓[③]——应历八年（958）、位于内蒙古赤峰的驸马赠卫国王墓[④]——应历九年（959）。其中耶律羽之、赠卫国王墓为契丹贵族墓，赵德钧墓为汉族官吏墓。出土瓷器有碗、盘、盒、罐、执壶，盏托、鸡冠壶、长颈瓶、穿带瓶等。还有一些非纪年墓葬有内蒙古敖汉旗沙子沟 1 号墓[⑤]、内蒙古科右中旗代钦塔拉 3 号墓[⑥]、辽宁建平碟碌科墓[⑦]、阜新七家子墓[⑧]、辽宁康平后刘东

① 李文信：《义县清河门辽墓发掘报告》，《考古学报》1954 年第 2 期。
② 齐晓光、盖志勇、丛艳双（内蒙古文物考古研究所、赤峰市博物馆、阿鲁科尔沁旗文物管理所）：《辽耶律羽之墓发掘简报》，《文物》1996 年第 1 期。
③ 苏天钧（北京市文物工作队）：《北京南郊辽赵德钧墓》，《考古》1962 年第 5 期。
④ 郑绍宗（前热河省博物馆筹备组）：《赤峰县大营子辽墓发掘报告》，《考古学报》1956 年第 3 期。
⑤ 邵国田（敖汉旗文物管理所）：《内蒙古敖汉旗沙子沟、大横沟辽墓》，《考古》1987 年第 10 期。
⑥ 安盟文物工作站：《科右中旗代钦塔拉辽墓清理简报》，见内蒙古文物考古研究所编：《内蒙古文物考古文集》第二辑，中国大百科全书出版社 1997 年版，第 651 页。
⑦ 马永谦：《辽宁省建平、新民的三座辽墓》，《考古》1960 年第 2 期。
⑧ 阜新市博物馆筹备处：《辽宁阜新县契丹辽墓的清理》，《考古》1995 年第 11 期。

屯 1 号墓^① 等辽代早期墓葬，也都有瓷器出土。早期辽瓷绝大多数是白釉，而绿釉、白釉绿彩则较少，在早期的末期出现了酱色釉和茶末釉。器物一般都是平底或凹底，较少圈足。

中期为圣宗至兴宗时期（983—1055）。圣宗至兴宗时期，辽王朝日益强盛，自景宗开始的中兴事业，在圣宗朝得以继承和发展，成就盛世。辽代制瓷业也呈现出繁荣发展的局面。中期辽瓷的纪年资料相对丰富，已发现出土陶瓷器的纪年墓葬和其他类型遗存，与前期相比大幅度增加，陶瓷器品种及风格也有明显变化。鸡腿坛是辽瓷中的典型器物。中原形式的器物造型种类明显增多，多种形制的碗、盘、碟、罐、盏托、瓶、盆等器物，皆并立各展其姿。壶、碗、杯、盏托等成套出土，这些细小的器皿，反映辽代社会人民生活水平的变化，野炊的粗制食物减少，室内的细致烹调增加。白釉、绿釉、茶末釉等品种的数量都在增加，黄釉、黑釉开始出现。器物的装饰仍用刻花、划花、贴花等手法，但内容活泼多样，有弦纹、卷草、牡丹、莲纹、菊花、火珠、蟠龙、流云、人物、鸳鸯等纹饰，风格简洁熟练。

晚期为道宗至天祚帝时期（1055—1125）。晚期一些契丹族传统的瓷器品种消失或减少。除了白釉、绿釉、黄釉、茶末釉和黑釉外，三彩器大量出现。海棠式长盘、方形碟和三角形碟也有出土。鸡腿坛等高体器物腹壁向下直收形成小底，底加圈足或外展。圈足和平底器物为多见，各个器型的瓷器都偏于瘦高。另一突出的特点是三彩印花器较多，内容有牡丹、菊花、宝相花、游鱼、蝴蝶、水波、云纹等图案，这表明辽代晚期烧瓷工艺技术的掌握和运用达到了一个新的水平。

综上所述，巴彦塔拉遗址的年代至少是从辽代早期延续至辽代中晚期。巴彦塔拉遗址中的白釉瓷器器型有碗和碟，多圈足，圈足在辽代早期较少，中期逐渐增加；茶叶末釉瓷器从口沿、平底等特征看，器型为茶叶末釉鸡腿坛；酱釉瓷器有外壁呈现酱釉，内壁呈现黑釉的特点，而酱釉和黑釉的年代是不一样

---

① 康平县文化馆文物组：《辽宁康平县后刘东屯辽墓》，《考古》1986 年第 10 期。

的，黑釉是在 11 世纪末期开始出现，所以这类内外施不同釉的瓷器年代可能
是辽代中期以后开始出现的。瓷器中未见黄釉和三彩器，而黄釉和三彩器是
从辽代中期偏晚开始出现并一直延续到晚期。巴彦塔拉遗址出土的瓷器白釉
和茶叶末釉最多，足以说明白釉和茶叶末釉瓷器在这一地区的使用范围和重
视程度，并且瓷器出土于居住址内，可能都是平时所使用的生活用具。巴彦
塔拉遗址出土的瓷器，无论是白釉、茶叶末釉还是酱釉和黑釉，都呈素面，
无任何装饰手法和纹饰修饰，可能与居民的瓷器烧制水平或生活习俗相关。

文献资料研究

辽金女真的"家"与家庭形态

——以《金史》用语为中心

孙　昊（中国社会科学院历史研究所）

学界普遍认为早期女真的基本社会单位是父系家庭公社，或称为"大家族"。然而，多数研究对女真家庭形态的认识仍然十分模糊，无法对文献中"家"这个名词的具体指涉范围达成一致认识。本文试从《金史》中"家"的特殊含义入手，对辽金之际女真的"家"与家庭形态之间的关系谈一些不成熟的看法，以就正于学界先达。

一

《金史·世纪》提及景祖乌古乃正室的四子年长异居时，称"劾者可治家务"，"（景祖）乃命劾者与世祖（劾里钵）同居，劾孙与肃宗同居"①。《金史·撒改传》："劾者与世祖同邸，劾者专治家务，世祖主外事。"②按《金史》的行文逻辑，劾者与劾里钵同为一"家"，亦可称"同居"、"同邸"。四子异居，都属于另立新"家"。

"同居"是古代文献常见术语，最早见于《秦简·法律答问》。其用法

---

① 《金史》卷一《世纪》，中华书局 1975 年版，第 7 页。

② 原文"及诸子长，国俗当异宫居，而命劾者与世祖同邸，劾者专治家务，世祖主外事"，见《金史》卷七十《撒改传》，第 1613 页。撒改卒于金太祖天辅五年（1121），其传记中有称睿宗者，或成文于章宗时代韩玉所修《元勋传》。《金史·撒改传》中传主在世祖、穆宗时代的事迹主要是根据《金史·世纪》进行的改写，但能够体现当时金人对劾者与颇剌淑同居的理解，有一定参考价值。

有二：第一，"'同居'，独户母之谓殹（也）"；第二，"何谓同居？户为同居"①，涵盖了亲属与户籍两重关系。《汉书·惠帝纪》颜师古注："同居，谓父母妻子之外，若兄弟及兄弟之子等，见与同居业者。若今言同籍及同财也。"②此处"同居"指与户主不存在血缘关系的同籍或同财者。据唐刚卯研究，汉魏至唐宋，法律文献中的"同居"偏重于指称同一户籍的关系，同居者包括血亲以及奴婢等非血缘的依附人口。③金朝史官使用"同居"这一带有明显中原色彩的词汇指代女真的"家"，表明他们认为两者内涵最为贴近。爬梳《金史》，几例女真社会中"家"的用法亦体现出"同居"的不同侧面。

《金史·世纪》在记述函普裁决部族仇杀时，称："凡有杀伤人者，征其家人口一、马十偶、牸牛十、黄金六两，与所杀伤之家，即两解，不得私斗。"④高丽靖宗四年（1038），朝鲜半岛北部的女真人也依照这种习惯法对杀人者进行惩罚，"出犯人二家财物输开老家（受害者）以赎其罪"⑤。可知"家"是女真习惯法的责任单位，占有独立的财产，以及马、牛等主要生产资料。韩世明认为"家"是"当时社会最小的生产、财产占有和消费单位"，"是一个经济实体"。⑥这与"同居"的经济内涵是完全相符的。

《金史·后妃传》称乌古乃之妻唐括氏"在父母家好待宾客"⑦，"父母之家"标识的是因婚姻关系而形成的同居单位，这与标识父系继嗣关系的"宗族"用法有别。从传主唐括氏的角度看，"父母之家"又是其生养之家，那么这个"家"内涵盖了婚姻与亲子等基本的血亲关系。

此外，"家"内还包括众多非血缘性的依附人口。张汇《金虏节要》：

---

① 睡虎地秦墓竹简整理小组：《睡虎地秦墓竹简》，文物出版社1978年版，第238、160页。

② 《汉书》卷二《惠帝本纪》，中华书局1962年版，第88页。

③ 唐刚卯：《封建法律中同居法适用范围的扩大》，《中国史研究》1989年第4期。

④ 《金史》卷一《世纪》，第2页。

⑤ 郑麟趾等撰：《高丽史》卷九五《黄周亮传》，国书刊行会1977年版，第100页。

⑥ 韩世明：《辽金时期女真家庭形态研究》，《史学集刊》1983年第2期。

⑦ 《金史》卷六十三《后妃传》，第1500页。

"粘罕之家呼粘罕为官人。思谋，粘罕家人也。"① 乌陵思谋原为合苏馆女真，后被宗翰俘虏成为家奴，女真将依附人口视作"家人"。金太宗天会九年（1131），"户计其口而有二三者，以官奴婢益之，使户为四口"②，后世制度中，奴婢为口，不为户③，亦是奴隶为"家人"的表现。这一习惯在金朝建立前就已经普遍存在。11 世纪的女真社会，多有人因犯罪被罚做受害者的家内奴隶，"金国旧俗……杀人及盗劫者……并以家人为奴婢"④，"凡有杀伤人者，征其家人口一"⑤。还有的则因经济压力而沦为债务奴隶。康宗乌雅束和太祖阿骨打初期，"民间多逋负，卖妻子不能偿"，"比以岁凶，庶民艰食，多依附豪族，因为奴隶"⑥。在《金史》记述的时段内，依附人口是女真社会"家"的重要组成部分。

由此可知，辽金时期女真的"家"与古代文献"同居"的意义接近，主要指拥有共同财产与经济生活，并以一定的血亲或人身从属关系为纽带而形成的共同体，可称为家庭公社。⑦《金史》记述的"家"主要是女真家庭公社的总称，并不特指某种具体的家庭形态。因"家"内成员社会关系各异，自然会存在不同形式的家庭形态。

二

我们通常所说的家庭，是指以婚姻或者亲子抚养关系为纽带而结成的人们的共同体，家庭形态即指共同体内成员的构成关系。血亲是一个家庭内

---

① （宋）张汇撰：《金虏节要》，见（宋）徐梦莘：《三朝北盟会编》卷一七八，上海古籍出版社 2008 年版，第 1290 页。
② 《金史》卷三《太宗纪》，第 63 页。
③ 关于金代户口类别的讨论，见刘浦江：《金代户籍制度刍论》，《民族研究》1995 年第 3 期。
④ 《金史》卷四十五《刑志》，第 1014 页。
⑤ 《金史》卷一《世纪》，第 2 页。
⑥ 《金史》卷二《太祖纪》，第 22、29 页。
⑦ "公社"一词是经典作家对传统社会共同体的一种称呼，这种单位亦是现代人类学的研究主题，即"cooperate group"。

的基本关系，当家庭公社内不存在依附人口时，血亲关系与公社关系自然重合，本文将这种现象称为血亲家庭。往往学界对家庭的界定、分类就是依据血亲关系为标准进行的，如核心家庭、扩展家庭等概念即是如此。

若按此类标准，仅就唐括氏及其父母的关系而言，构成最简单的婚姻与亲子关系，即可称为"核心家庭"①。实际情况是女真多实行多偶婚，"无论贵贱，人有数妻"②。关于多妻与"家"的关系，有一例用法："攻肃宗于家，矢注次室之裙，著于门扉"③，次室也在"家"的范围之内。景祖正妻为唐括氏，次室为契丹人注思灰、温迪痕氏，共生九子。这种情况可称为多偶家庭，其特征是由共享一个配偶的核心家庭所构成④，应是女真家庭公社内最基本的血亲构成形态。

据《金史·世纪》所载，女真社会存在生子年长异居，正室幼子主"父母之业"的习惯法。这种习俗到元代仍然存在。《元典章》卷十七《分析》："旧例，女真人其祖父母、父母在日支析及令子孙别籍者听。"⑤"分析"是"分家析产"的简称，当血亲家庭繁衍到一定程度，会导致女真"家"的"分析"而发生结构变化并衍生出新的"家"。

景祖之子成年，劾里钵与劾者，颇剌淑与劾孙从父母之家分出，成立新"家"。其形态是由兄弟两人为主体构成，外加各自的妻室与子女，形成由两个以上多偶婚家庭组成的联合家庭。原来的景祖之家诸妻及未成年子女继续维持"多偶婚家庭"的形态。景祖去世的时间是辽咸雍八年（1072）⑥，唐括氏在辽大安七年（1091）北隅甸之战时尚健在⑦，景祖次室不详。诸子生卒年可考者有穆宗盈歌、麻颇、阿里合懑。景祖卒时，盈歌19岁，依据正室幼

---

① George Peter Murdock, *Social Structure*, The Macmillan Company, 1949, p. 1.

② 《三朝北盟会编》卷三《政宣上帙三》，第17页。

③ 《金史》卷一《世纪》，第11页。

④ George Peter Murdock, *Social Structure*, p. 2.

⑤ 《大元圣政国朝典章》卷一七《户部三》，"分析父母在许令支析"条，中国广播电视出版社1998年影印元刻本，第644页。

⑥ 《金史》卷一《世纪》，第6页。

⑦ 《金史》卷六十三《后妃传》，第1500页。

子继承"父母之业"的习俗,当留在母亲家内。此时麻颇在6岁左右[1],阿里合懑在2岁左右[2],都没有成年,所以也应在家内。穆宗子嗣情况不详,仅知其第五子完颜勖"年十六,从太祖攻宁江州"[3],完颜勖生年应在1098年。据常理可以认为有一段时间是唐括氏、盈歌、盈歌子嗣三代同居的情况,一般被称为主干家庭。[4] 随着麻颇、阿里合懑的成年,也自然会从其出生之"家"剥离出去,形成新的多偶之"家"。三代同居的主干家庭也因人口的自然死亡和繁衍而解体,分解为几个多偶家庭。

需要注意的是,景祖乌古乃与其妻、子之关系主要体现在《金史·世纪》、《金史·后妃传》、《金史·始祖以下诸子传》中。这些记载应是使用一般家庭观念进行叙事,不一定完全符合本人实际情况,但应与当时女真家庭普遍状况相合。由此可以确认女真社会普通家庭公社系两代同居的血亲家庭,其形态以多偶婚家庭为主,并且可以衍生出兄弟联合式家庭或者三代同居的主干家庭等过渡形态。

女真作为家户的"家"与家庭形态存在着紧密联系,也存在着较大区别。景祖乌古乃的血亲成员见于记载者有14人,但其子女年龄差距较大,劾里钵与颇剌淑分别出生于辽重熙八年(1039)和十一年(1042),而麻颇、阿里合懑在他们分家时还没有出生,14个血亲成员不可能同时存在于一家。乌古乃血亲家庭的规模接近7口之家,这应是女真血亲家庭的成长极限。高丽文宗二十七年(1073),伊齐村女真人内附高丽觅害村,"检得户三十五,口二百五十二请载版图",平均每户为7口左右。此处提及的7口之户当是一个血亲家庭的规模,属于血亲家庭与家户重合的基本状况。金朝建立后,女真家内人口数波动较大。金太宗天会九年(1131)下令户有二、三口

---

① 据《金史》卷六十五《麻颇传》记载,麻颇长子谩都本在阇母攻兴中府时去世,享年37岁。考得阇母攻兴中府是在金天辅七年(1123),则谩都本生于1086年。若以辽代女真男子平均20岁生子的习惯而言,则麻颇在景祖去世时,即6岁左右。

② 据《金史》卷七十三《阿里合懑传》,阿里合懑于天辅三年(1119)去世,享年49岁,则其生年为辽咸雍六年(1070),则景祖乌古乃去世时,正为2岁。

③ 《金史》卷六十六《完颜勖传》,第1557页。

④ 庄孔韶:《人类学概论》,中国人民大学出版社2006年版,第267页。

者，以官奴益为四口，这是当时女真构成一户之家的基本数字。金中叶大定二十三年（1183）的统计数字为户均 10 口左右，其中正口户均在 7 口左右。另一组数字则见于宗室将军户口，正口户均在 5 口左右。[①] 三上次男、刘浦江皆认为因女真贵室将奴婢口虚报为正口，以逃避物力，5 口的数字更接近女真之家的实际状况[②]，李东馥认为户均 5 口的观点没有考虑到女真贫富差距大的因素，金朝官方的统计数字更接近实际的户均状况。[③] 然据本文的讨论结果，女真血亲家庭的规模完全可以达到 7 口之家，5—7 口都属于女真血亲家庭的正常波动范围。从实际上看，金代女真社会贫富分化严重，每户人口数量从最基本的 4 口至百口以上的都很常见，故据户均人口数字得出的结论恐怕与实际情况偏离较大。考虑到这一点，女真家内结构仍存在很大的差异，尤其是上层统治者的家内结构更为复杂，无法简单等同于血亲家庭。

辽代女真时期"世祖至桓赧、散达所居，焚荡其室家，杀百许人"，其"室家"的人数可能是这一数字的 2 倍，桓赧、散达属于《金史》所称的"豪族"大家，这种类型的家庭就包括大量的依附人口在内了。至金代，女真社会贫富差距拉大，多有贵族巨室，多有一家百口至数百口者。[④] 其中自然包括大量的奴婢口，海陵王时，突合速次室子分财异居时就获奴婢 1200 口[⑤]，女真各户之内拥有奴婢是普遍现象，因贫富分化，每"家"内正户与奴婢口之间的比例不一，金大定年间的基层谋克组织内，"有奴婢二三百口者，有奴婢一二人者"[⑥]，那么每户之内的家庭结构与规模就不尽相同。可以认为女真的"家"内的结构是以多偶家庭为核心而形成的复合家庭，所谓核心家庭、联合家庭只是其中的一个单位而已。

---

① 户均数根据《金史》卷四十六《食货志》大定二十三年猛安谋克户口数计算而得。

② 〔日〕三上次男：《金代女眞社会の研究》，中央公論美术出版 1972 年版，第 259 页；刘浦江：《金代猛安谋克人口状况研究》，《民族研究》1994 年第 2 期。

③ 参见〔韩〕李東馥：《東北亞細亞史研究：金代女眞社會의構成》，一潮閣 1986 年版，144 쪽。

④ 参见《金史》卷四十七《食货志二》，第 1047 页；卷七十四《完颜京传》，第 1708 页。

⑤ 《金史》卷八○《突合速传》，第 1803 页。

⑥ 《金史》卷四十六《食货志一》，第 1038 页。

三

由此可见，女真家庭结构不同于学界所称的"父系大家庭"。父系大家庭通常指"包括一个父亲所生的数代子孙和他们的妻子，他们住在一起，共同耕种自己的田地，衣食都出自共同的储存，共同占有剩余产品"①。构成父系大家庭的要素有二：其一是同一父亲所繁衍的数个世代子孙，其二是这些子孙及其家庭同财同居。而女真多偶婚家庭的成长极限是在两个世代，达到三个世代同财共居并不占多数。后世金王朝曾鼓励过三代同居，"三代同居，孝义之家，委所属申覆朝廷，旌表门闾，仍免户下三年差发"②，三代同居就要"旌表门闾"，可知至金朝建立后三代同居实属罕见。在辽金时代，父系大家庭并不是女真社会的基层社会单位的主流。

分析之后父子、兄弟关系演变为父系宗族关系，各"家"之间按照继嗣谱系结合在一起构成"族"，如按苫海一族即有 25 家。族内各家之关系可由"析"和"聚"两个词汇来概括。世宗时期讨论山东地区猛安谋克生计时，乌古论元忠曰："彼方之人，以所得之地为家，虽兄弟不同处，故贫者众。"参政粘割斡特剌曰："旧时兄弟虽析，犹相聚种，今则不然。"③"兄弟同处"与"旧时兄弟虽析，犹相聚种"是同一现象的不同表述。其中所谓的"析"指女真兄弟分家析产。"聚"字则体现出一族之内各家的社会团结方式，与代表共财的"同居"有明确区分。

辽代女真法律纠纷中实行的征偿法，以"家"为赔偿单位，以"族"为互助单位，这也可以体现出"同居"、"聚"之间在法律义务上的区别。至于《金史·世纪》中通常提及的政治斗争中的"兄弟"，如"斡勒部人杯乃，自景祖时与其兄弟俱居安出虎水之北"④，"腊醅、麻产兄弟者，活剌浑

① 恩格斯：《家庭、私有制和国家的起源》，人民出版社 1999 年版，第 58—59 页。
② （宋）宇文懋昭撰，崔文印校证：《大金国志校证》卷三五《三代同居仪》，中华书局 1986 年版，第 502 页。
③ 《金史》卷四十四《兵志》，第 996 页。
④ 《金史》卷六十八《欢都传》，第 1592 页。

水诃邻乡纥石烈部人。兄弟七人，素有名声，人推服之"①，这些用例皆可与"兄弟虽析，由相聚种"相印证，在政治关系中体现出"聚"的互助与联合内涵。

至金朝建立后，将女真人编成军民合一的猛安谋克组织，南迁中原，与农业定居社会相融合，"聚"的社会经济作用越发地凸显出来。女真南迁之后，在一些地区与汉民杂居，特别是在汉人民户众多，且土地相对紧张的山东地区，女真人与汉民混居现象更为明显。大定初，山东女真屯田户往往"各随所受地土，散处州县"，金世宗"不欲猛安谋克与民户杂处，欲使相聚居之"，只因当时对宋战事未了，完颜思敬与山东路总管徒单克宁提出"宜以家属权寓州县，量留军众以为备御"，"俟边事宁息，猛安谋克各使聚居，则军民俱便"的方针。② 山东路女真户散寓州县，与汉人杂居实为权宜之计，最终目标是要使女真各户聚居，形成社会经济的互助体制。金大定二十年（1180），世宗谓宰臣曰："猛安谋克人户，兄弟亲属若各随所分土，与汉人错居，每四五十户结为保聚。农作时令相助济，此亦劝相之道也。"③ 所谓的聚居即形成"保聚"，在农时可以互相扶助，结成耕作的合伙制，并非合并土地为共有财产，与"同居"的范畴并不相同。"聚"是女真同族各家在政治、社会、经济领域进行互助与共同行动的基本方式。

综合上述讨论可知，《金史》使用"家"、"同居"、"析居"、"聚"等语汇记述女真社会基本单位家庭公社的特征。通过分析这些用语的含义能够探知，辽金时期女真家庭公社内的家庭形态是以两代人同居的多偶婚家庭为主，兼具联合家庭与主干家庭等形态，并存在大量依附人口。像父系大家庭那样几代人同居共财的情况并不存在。源于同一父系祖先的各"家"在社会与政治活动中形成互助关系，"家"仍维持相对独立的经济权利与责任。个体家户抵御社会风险能力较低，在诸多社会事务上需要依靠同族的继嗣关系

---

① 《金史》卷六十七《腊醅、麻产传》，第1581页。
② 本段引文皆见于《金史》卷七十《完颜思敬传》，第1626页。
③ 《金史》卷四十六《食货志》，第1034页。

结成互助的宗族团体。从《金史》中的记述看，在南迁中原后，多有女真析居分产、宗族离散而引起的贫困问题。统治者仍寄希望利用同族相"聚"的形式，促使女真各户结成生产性的"保聚"，解决女真生计问题，这应是重提"兄弟虽析，犹相聚种"的根本目的。

辽《吕士宗墓志》用典考论

李　俊（吉林大学文学院中国史系）

　　辽《吕士宗墓志》原题"故朝请大夫政事舍人充史馆修撰知蓟州军州事上轻车都尉东平县开国子食邑五百户赐紫金鱼袋吕府君墓志铭并序"。志石保存较好，正面似正方形，边长 62 厘米—63 厘米，总厚度 10 厘米—13 厘米。志文楷书，共 45 行，每行 5 到 44 字，总计约 1824 字。由外甥女茸前进士承奉郎试大理司职守涿州范阳县令飞骑尉□□撰。因文字漫漶不清，仅见撰者的官阶勋，而其姓名不详。该墓石于 2007 年出土于北京市石景山区，鲁谷金代吕氏家族墓地。2010 年北京市文物研究所编著的《鲁谷金代吕氏家族墓葬发掘报告》[①]正式公布 M56 内出土的《吕□□墓志》，确定墓主为辽人，生于辽圣宗统和十五年（997），卒于辽兴宗重熙七年（1038），初葬析津县燕台乡（今永定门外安乐林附近），后于金章宗泰和元年（1201）迁葬此地。关于《吕□□墓志》的研究，学界已有不少成果。[②] 本文在前贤研究的基础上指出墓主为吕士宗，并对志文中出现的典故进行探讨，希望能够有所补益。

---

①　参见北京市文物研究所：《鲁谷金代吕氏家族墓葬发掘报告》，科学出版社 2010 年版。

②　学界关于《吕□□墓志》的研究，有孙勐：《辽代吕□□墓志考释》，见北京市文物研究所：《鲁谷金代吕氏家族墓葬发掘报告》，第 137—153 页；苗霖霖：《金朝吕氏家族考略》，见辽宁省博物馆等：《辽金历史与考古》第五辑，辽宁教育出版社 2014 年版，第 200—207 页；苗霖霖：《从东平吕氏看辽金社会的变迁》，《北方文物》2014 年第 2 期；李宇峰：《补辽汉臣世系表续》，见辽宁省博物馆等编：《辽金历史与考古》第五辑，第 286 页。前辈学者先后对志文、墓主及其家族成员进行了详细探讨。其中关于墓主身份的考证，孙勐先生和李宇峰先生考证甚详，均指出墓主为吕士宗。

一、用典文献来源

辽《吕士宗墓志》用典的主要文献来源有《史记》、《汉书》、《后汉书》、《三国志》、《晋书》、《旧唐书》、《南史》、《北史》、《旧唐书》、《旧五代史》等史籍，《论语》、《诗经》、《尚书》、《礼记》、《周易》、《左传》、《仪礼》、《新语》、《风俗通义》、《文选》等经学、文学著作。现整理如表 1 所示。

表 1

用典句	典源	原典
羊征南之督荆州	《晋书·羊祜传》	以祜为都督荆州诸军事……咸宁初，除征南大将军
祖奋威之领豫郡	《晋书·祖逖传》	帝乃以逖为奋威将军、豫州刺史
量德行则窃比我于老彭	《论语·述而》	述而不作，信而好古，比我于老彭
语忠烈则欲致君如尧舜	《杜甫全集》	致君尧舜上，再使风俗淳
褚遂良□书曷比	《旧唐书·褚遂良传》	遂良博涉文史，尤工隶书
郑仁表天瑞徒称	《旧唐书·郑仁表传》	仁表文章尤称俊拔，然恃才傲物，……尝曰：天瑞有五色云，人瑞有郑仁表
廉袴兴谣	《后汉书·廉范传》	百姓为之便乃歌之曰：廉叔度，来何暮，不禁火，民安作。平身无襦今五袴
忽有及爪之代	《左传·庄公八年》	齐侯使连称、管至父戍葵丘。瓜时而往，曰：及瓜而代。
不辱尧命	《尚书·尧典》	乃命羲和，钦若昊天
□崫虞巡	《尚书·舜典》	岁二月，东巡狩，至于岱宗
曾子绝浆至于七日	《礼记·檀弓上》	吾执亲之丧也，水浆不入口者七日
宣尼梦奠果在两楹	《礼记·檀弓上》	予畴昔之夜，梦坐奠于两楹之间
敢谓惟郭而无愧	《后汉书·郭泰传》	惟郭有道无愧色耳
丘园耿介	《易·贲》	贲于丘园，束帛戋戋
世济其美，能全不陨之名	《左传·文公十八年》	世济其美，不陨其名
积善之家，果裕有余之庆	《易·坤》	积善之家必有余庆
影过隙而虽没白驹	《庄子·知北游》	人生天地间，若白驹过隙
禹穴既随于鱼化	《史记·太史公自序》	二十而南游江、淮，上会稽，探禹穴
□□芸阁	《旧唐书·刘子玄传》	芸阁之中，英奇接舞

续表

用典句	典源	原典
号于司文郎	《旧唐书·职官一》	龙朔二年二月甲子，……著作郎为司文郎，……七日，……著作佐郎为司文郎
留侍宸居	《文选·王文宪集序》	是以宸居膺列宿之表
咸钦束带立朝	《论语·公冶长》	赤也，束带立于朝，可使与宾客言也，不知其仁也
傿俛为怀	《新书》	然则舜傿俛而加志
几有丝纶	《礼记·缁衣》	王言如丝，其出如纶
文质彬彬	《论语·雍也》	文质彬彬然后君子
京邑翼翼	《东京赋》	京邑翼翼，四方所视
辇毂自臻于清肃	《汉书·司马迁传》	得待罪辇毂下
簪裾咸遂于铨量	《南史·张裕传》	伫簪裾而竦叹
载赖颁条	《旧唐书·刘贲传》	列郡在乎颁条
情专求瘼	《诗经·皇矣》	监视四方，求民之莫
漠貂萎珥	《王仲宣诔》	戴蝉珥貂，朱衣皓带
遄□陟岵之悲	《诗经·陟岵》	陟彼岵兮，瞻望父兮
公痛□蓼莪	《诗经·蓼莪》	蓼蓼者莪，匪我伊蒿
羸增栾棘	《诗经·束冠》	庶见素冠兮，棘人栾栾兮
谓其恩则昊天冈极	《诗经·蓼莪》	欲报之德，昊天冈极
居其丧则触地无容	《礼记·问丧》	男子哭泣悲哀，稽颡触地无容，哀之至也
公不获牢让	《汉书·师丹传》	复不能牢让爵位
掖垣□步	《旧唐书·孙逖传》	频迁省闼，又拜掖垣
始食繁缨之邑	《礼记·礼器》	大路繁缨一就
兼详棘寺之刑	《北齐书·邢邵传》	槐宫棘寺显丽于中
议精求于星使	《后汉书·李邰传》	有二使星向益州分野
因殷辂之省方	《论语·卫灵公》	行夏之时，乘殷之辂
式临碣馆	《历代名画记》	碣馆深崇，遗迹罕见
干禄及亲	《诗经·旱麓》	岂弟君子，干禄岂弟
金玉□堂而顺色	《老子》	金玉盈室，莫之能守
欲养不待	《孔子家语》	子欲养而亲不待
身不抛于苫块	《仪礼·即夕礼》	居倚庐，寝苫枕块
疾已甚于膏肓	《左传·成公十年》	疾不可为也，在肓之上，膏之下

用典句	典源	原典
帷堂俄悲于昼哭	《礼记·檀弓上》	故帷堂，小殓而彻帷
採蘼芜于山上	《汉乐府》	上山采蘼芜，下山逢故夫
泛柏舟于河中	《诗经·柏舟》	汎彼柏舟，在彼中河
已知哭踊	《礼记·檀弓上》	故哭踊有节
信不诬于有后	《礼记·表记》	故受其禄不诬，其受罪益寡
□赖庭闱	《文选·束皙〈补亡诗〉》	眷恋庭闱，心不遑安
年才满于初笄	《礼记·内则》	十有五年而笄
心□伤于何怙	《诗经·蓼莪》	无父何怙，无母何恃
□□棣棣	《诗经·柏舟》	威仪棣棣，不可选也
以接六姻	《北史·杨椿传》	故六姻朋友无憾焉
束帛戋戋	《易·贲》	贲于丘园，束帛戋戋
实风猷之俱泯	《晋书·傅祇传论》	早树风猷
俾述令轨	《三国志·高堂隆传》	不崇先王之令轨
惜台衮兮孰继	《风俗通义·十反》	三登台衮，号为名宰
俎奠兮已□	《诗经·楚茨》	为俎孔硕
泉扃兮永缄	《江淹集》	宠辉泉扃，恩凝松石

从上述列表可以看出，用典文献来源几乎包含经、史、子、集四部，体现出撰者深厚的儒家文化修养以及辽朝儒学的发展和繁荣。

二、用典类型与内容考释

根据上述典故的来源和构成，可以将用典的类型其分为人物典故、文学典故、成语典故、地点典故、文化典故。

（一）人物典故

人物典故是辽《吕士宗墓志》用典的主要组成部分，主要包括羊祜、祖逊、老彭、褚遂良、郑仁表、廉范等历史人物事迹。

1. 羊征南之督荆州，必造岘山，多所游憩，迨乎卒也，荆之人民为之堕泪；祖奋威之领豫郡，累破石勒，大积功勋，及其薨也，豫之士女为之立祠

按：羊征南，西晋羊祜是也。《晋书·羊祜传》云："羊祜，字叔子，泰山南城人也。世吏两千石。祜，蔡邕外孙，景献皇后同母弟。（晋武帝）咸宁初，除征南大将军，开府仪同三司，得专辟诏。祜乐山水，每风景，必造岘山，置酒言咏，终日不倦。寻卒，年五十八。帝素服哭之，甚哀。是日大寒，帝涕泪沾须鬓，皆为冰焉。南州人征市日闻祜丧，莫不哀恸，罢市，巷哭者，声相接。吴守边将士亦为之泣。襄阳百姓于岘山祜平生游憩之所建庙立碑，岁时飨祭焉。望其碑者，莫不流涕，杜预因名堕泪碑。"[1] 又，祖奋威，晋祖逖是也。《晋书·祖逖传》云："祖逖，字士稚，范阳遒人也。世吏两千石，为北州著姓。帝（晋元帝司马睿，当时尚为琅琊王）乃以逖为奋威将军、豫州刺史，给人千廪，布三千匹，不给铠帐，使自招募。（石）勒遣精骑万人距逖，复为逖所破，勒镇戍归附者甚多。俄卒于雍丘，时年五十六。豫州士女若丧考妣，谯梁百姓为之立祠。"[2] 此处撰者将墓主喻以晋羊祜、祖逖，隐示着墓主的政绩卓著及逝世之后受到当地人民的追思。

2. 量德行则窃比我于老彭，语忠烈则欲致君如尧舜

老彭，即老子、彭祖或云殷贤大夫。《论语·述而》云："述而不作，信而好古，比我于老彭。"[3] 何宴《集解》引包咸曰："老彭，殷贤大夫。"[4] 刘宝楠正义引郑玄曰："老，老聃，彭，彭祖。"[5] 尧、舜皆上古帝王。《易·辞下》云："黄帝、尧、舜垂衣裳而天下治，盖取诸乾坤。"[6] 杜甫《奉赠韦丞丈二十二韵》有云："致君尧舜上，在使风俗淳。"[7] 此意赞誉墓主之父吕德懋德

① 《晋书》卷三四《羊祜传》，中华书局 1974 年版，第 1013—1021 页。

② 《晋书》卷六二《祖逖传》，第 1693—1687 页。

③ 杨伯峻：《论语译注》"述而篇"，中华书局 1958 年版，第 65 页。

④ 王云五主编：《论语集解义疏》，商务印书馆 1936 年版，第 85 页。

⑤ （清）刘宝楠撰，高流水点校：《论语正义》卷八《述而》，中华书局 1990 年版，第 252 页。

⑥ 周振甫译注：《周易译注》"系辞下传"，中华书局 1991 年版，第 258 页。

⑦ 萧涤非主编：《杜甫全集校注》卷二《奉赠韦丞丈二十二韵》，人民文学出版社 2013 年版，第 277 页。

行堪比老子、彭祖，有辅佐君王像尧、舜那样的忠心，皆溢美之词。

3. 执笔蟎头，楮遂良□书曷比；对立殿下，郑仁表天瑞徒称

楮遂良即褚遂良是也，"楮"为"褚"之讹。《旧唐书·褚遂良传》云："褚遂良，散骑常侍亮之子也。贞观十年，自秘书郎迁起居郎。遂良博涉文史，尤工隶书，父友欧阳询甚重之。"① 墓主曾担任起居郎一职，此以褚遂良亦曾担任秘书郎之例，称赞墓主文笔优美，胜任其所担任之官职。又郑仁表，《旧唐书·郑仁表传》云："洎子仁轨、仁表，俱有俊才，文翰高逸。仁表擢第后，从杜审权、赵骘为华州、河中掌书记，入为起居郎。仁表文章尤称俊拔，然恃才傲物，人士薄之。自谓门第、人物、文章俱美，尝曰：天瑞有五色云，人瑞有郑仁表。"② 此以郑仁表和墓主均曾担任过起居郎，但是与墓主相比，郑仁表的天瑞还不够，以此赞誉墓主。该处孙勐先生已考证甚详，然其考证"蟎头"的参考文献为《新唐书》，似为不妥，墓志撰文早于《新唐书》成书。

4. 廉袴兴谣，忽有及爪之代

廉袴，民众称赞地方官吏的善政之词。《后汉书·廉范传》云："廉范，字叔度，建初中，迁蜀郡太守，其俗尚文辨，好相持短长，范每厉以淳厚，不受偷薄之说，成都民物丰盛，邑宇逼侧，旧制禁民夜作，以防火灾，而更相隐蔽，烧者日属。范乃毁削先令，但严使储水而已。百姓为之便乃歌之曰：廉叔度，来何墓，不禁火，民安作。平身无襦今五袴。"③ 此引以廉范之例，赞扬墓主治理地方政绩显著。又及爪之代，应为及瓜之代，"爪"为"瓜"之讹。按《左传·庄公八年》云："齐侯使连称、管至父戍葵丘。瓜时而往，曰：'及瓜而代。'期戍，公问不至。请代，弗许，谋作乱。"④ 此意为墓主的地方官职忽然被取代。

---

① 《旧唐书》卷八〇《褚遂良传》，中华书局 1975 年版，第 2729 页。
② 《旧唐书》卷一七六《郑肃传》，第 4574 页。
③ 《后汉书》卷三一《廉范传》，中华书局 1965 年版，第 1101—1104 页。
④ 杨伯峻：《春秋左传注》"庄公八年"，中华书局 1981 年版，第 174 页。

5. 不辱尧命，□扈虞巡

尧命，《尚书·尧典》载："乃命羲和，钦若昊天；历象日月星辰，敬授人时……分命羲仲……申命羲叔……分命和仲。"[1] 此处喻指帝王的任命和派遣。虞巡，按《尚书·舜典》云："岁二月，东巡狩，至于岱宗，柴。望秩于山川，肆觐东后。"[2] 此处虞巡指帝王巡狩四方之义，然辽代皇帝有四时捺钵的惯例，《辽史·营卫志》载："秋冬违寒，春夏避暑，随水草就畋渔，岁以为常。四时各有行在之所，谓之捺钵。"[3] □扈虞巡，应喻指墓主伴随皇帝四时捺钵，巡幸五京之义。

6. 曾子绝浆至于七日，宣尼梦奠果在两楹

曾子绝浆，按《礼记·檀弓上》载："曾子谓子思曰：伋！吾执亲之丧也，水浆不入口者七日。"[4] 此处引曾子绝浆七日之事例，以赞扬墓主在其母丧礼上的哀痛之深和至孝之诚。又宣尼，孔子是也。《汉书·平帝纪》云："追谥孔子曰：褒成宣尼公。"[5] 此处孙劢[6]先生亦已考释，然其认为"梦奠果在两楹"的文献原始来源于《史记》是不准确的。当自追溯《礼记·檀弓上》载："予畴昔之夜，梦坐奠于两楹之间。……予殆将死也。"[7] 撰者引以孔子梦奠之例，揭示墓主亦将去逝之兆。

7. 挥涕为铭，敢谓惟郭而无愧

郭，东汉郭泰。按《后汉书·郭泰传》云："郭泰，字林宗，太原界休人也。司徒黄琼辟，太常赵典举有道。明年春，卒于家，时年四十二。四方之士千余人皆来会葬。同志者乃共刻石立碑，蔡邕为其文，既而谓涿郡卢植

---

① （汉）孔安国撰，（唐）孔颖达疏，黄怀信整理：《尚书正义》卷二《尧典》，上海古籍出版社 2007 年版，第 38 页。
② 《尚书正义》卷三《舜典》，第 82 页。
③ 《辽史》卷三二《营卫志中》，中华书局 1974 年版，第 373 页。
④ （清）孙希旦撰，沈啸寰、王星贤点校：《礼记集解》卷八《檀弓上》，中华书局 1989 年版，第 189 页。
⑤ 《汉书》卷一二《平帝纪》，中华书局 1962 年版，第 351 页。
⑥ 孙劢：《辽代吕□□墓志考释》，见北京市文物研究所：《鲁谷金代吕氏家族墓葬发掘报告》，第 152—153 页。
⑦ 《礼记集解》卷八《檀弓上》，第 196 页。

曰：吾为碑铭多矣，皆有惭德，惟郭有道无愧色耳。"①又，《水经注》卷六
"汾水条"云："蔡伯喈谓卢子干、马日䃅曰：吾为天下碑文多矣，皆有惭
容，惟郭有道，无愧于色矣。"②此处将墓主比于汉末士人领袖郭泰，以表达
对墓主的溢美之词并非虚妄。

（二）文学典故

文学典故主要是指来自诗歌等经学、文学作品上的历史故事或传说以及
有来历出处的词语。本篇墓志主要有世济其美、束带立朝、僶勉为怀、情专
求瘼、陟岵之悲、束帛戈戋等文学典故。

1. 世济其美，能全不陨之名；积善之家，果裕有余之庆

按《左传·文公十八年》云："世济其美，不陨其名。孔颖达疏：世济
其美，后世承前世之美。"③又，《易·坤》云："积善之家必有余庆。积不善
之家，必有余殃。"④此形容墓主祖父吕密能够继承前代的美德，使家族逐渐
变得殷实。

2. 异方宾客咸钦东带立朝；传世公侯金谓必□其始

"东带立朝"，疑为"束带立朝"。古时"東"字与"束"相似，流传年
代久远，故误。束带立朝，整肃衣冠之意也。按《论语·公冶长》云："赤
也，束带立于朝，可使与宾客言也，不知其仁也。"⑤又，《晋书·陶潜传》
云："郡遣都邮至县，吏白：应束带见之。"⑥此意为异方的宾客对吕□□能够
整肃衣冠立于朝堂之上，感到十分钦羡。

3. 公伛偻成命，僶俛为怀。执简牍以直书，备彰君□；□版图而治
剧，洞恮民意

僶俛，努力，勤奋之义也。汉贾谊《新书》载："然则舜僶俛而加志，

---

① 《后汉书》卷六八《郭泰传》，第2225—2227页。
② （汉）蔡邕撰，邓安生编：《蔡邕编年集校注》卷一《处士圈叔则铭》，河北教育出版社2002年版，第
114页。
③ 杨伯峻：《春秋左传注》"文公十八年"，第638页。
④ 周振甫译注：《周易译注》"上经·卦坤"，第18页。
⑤ 杨伯峻：《论语译注》"公冶长篇"，第43页。
⑥ 《晋书》卷九四《隐逸·陶潜传》，第2461页。

我僵僵而弗省耳。"① 此处形容墓主尽心职守，勤于公务。治剧，处理繁杂难办的事物。《汉书·酷吏·尹赏传》云："左冯翊薛宣奏赏能治剧，徙为频阳令，坐残贼免。"② 此指墓主具有较强的政务处理能力。

4. □□分忧，情专求瘼

求瘼，访求民间疾苦之义也。《诗经·大雅·皇矣》云："监视四方，求民之莫。"③ 此处意为墓主在知惠州军州事期间，能够体察民间之疾苦。

5. 漠貂萎珥，遽□陟岵之悲

貂，貂尾，珥，插之义，此为侍中，常侍之冠云尔。三国曹植《王仲宣诔》云："戴蝉珥貂，朱衣皓带。入侍帷幄，出拥华盖。"④《梁书·朱异传》亦载："历官员外常侍至侍中，四官皆珥貂。"⑤ 陟岵，孝子思念父母之义也。《陟岵》是《诗经·魏风》中的一篇，是先秦时魏地汉族民歌，表达了从伍少子对父母及兄长的思念之情。毛诗序云："《陟岵》，孝子行役，思念父母也。"⑥ 而此表达为墓主对父母追思之情。

6. 长曰相留，虽在童蒙，已知哭踊

哭踊，边哭边顿足，丧礼仪节。《礼记·檀弓上》云："夫礼，为可传也，为可继也，故哭踊有节。"⑦ 又，《汉书·礼乐志》载："哀哭踊之节，乐有歌舞之容。颜师古注：踊，跳也，哀甚则踊。"⑧ 此形容丧父之痛。

7. 然俱痛于少孤，信不诬于有后。不诬，不妄，不假之义也

《礼记·表记》云："是故君有责于其臣，臣有死于其言，故受其禄不诬，其受罪益寡。孔颖达疏：以其言善乃受禄，是受禄不诬罔也。"⑨ "杜林行

① （汉）贾谊撰，阎振益、钟夏校注：《新书》卷8《劝学》，中华书局2000年版，第297页。
② 《汉书》卷九〇《酷吏·尹赏传》，第3673页。
③ 周振甫：《诗经译注》卷七《大雅·皇矣》，中华书局2002年版，第382页。
④ （梁）萧统编，（唐）李善注，邓启铜点校：《文选》卷五十六《王仲宣诔》，南京大学出版社2014年版，第1957页。
⑤ 《梁书》卷三八《朱异传》，中华书局1973年版，第540页。
⑥ 程俊英、蒋见元：《诗经注析》"魏风·陟岵"，中华书局1991年版，第296页。
⑦ 杨天宇：《礼记译注》"檀弓上"，上海古籍出版社2004年版，第81页。
⑧ 《汉书》卷二二《礼乐志》，第1028页。
⑨ （汉）郑玄注，（唐）孔颖达疏，李学勤主编，龚抗云整理，王文锦审定：《礼记正义》卷五十四《表记》，北京大学出版社1999年版，第1489页。

义，烈士假其命。《易》曰：人之所助者信，有不诬矣。"① 此实意为墓主生前的声誉不是虚妄的。

8.□□棣棣，以接六姻；束帛戋戋，以施三宝

棣棣，雍容闲雅之意。《诗经·邶风·柏舟》云："威仪棣棣，不可选也。注云：威仪，仪容，指态度容貌。棣棣，闲雅富丽貌。"② 六姻，六亲是也。《北史·杨椿传》载："来往宾僚，必以酒肉饮食，故六姻朋友无憾焉。"③ 束帛戋戋，《易·贲》云："贲于丘园，束帛戋戋。吝终吉。"④ 此为少用钱帛，节俭之义。

（三）成语典故

成语典故是指关于成语产生、形成、流传的故事或传说。《吕士宗墓志》有白驹过隙、世掌丝纶、文质彬彬、昊天罔极、金玉满堂等成语典故。

1.影过隙而虽没白驹，泉泽涌而旋登先马

按《庄子·知北游》云："人生天地间，如白驹过隙，忽然而已。"⑤ 此处意为时间没过多久。又，"先马"应为"洗马"，官职。此指墓主祖父吕密由于墓主之父吕德懋显贵之缘故被封赠为洗马，此为撰者赞美之词。

2.几有丝纶，乃资润色。丝纶，帝王诏书是也

《礼记·缁衣》云："王言如丝，其出如纶。"⑥ 此时墓主为起居舍人、充史馆修撰，故有记载皇帝言行诏书一事。

3.文□□愚后身，文质彬彬；方□发挥之任，京邑翼翼

文质彬彬，形容人文雅朴实。《论语·雍也》云："质胜文则野，文胜质则史，文质彬彬然后君子。"⑦ 又京邑翼翼，《诗经·商颂·殷武》载："商邑

---

① 《后汉书》卷二七《杜林传论》，第 939 页。
② 程俊英、蒋见元：《诗经注析》"邶风·柏舟"，第 63 页。
③ 《北史》卷四一《杨椿传》，中华书局 1974 年版，第 1489 页。
④ （清）李道平撰，潘雨延点校：《周易集纂疏》卷四《贲》，中华书局 1994 年版，第 250 页。
⑤ 陈鼓应：《庄子今注今译》"外篇·知北游"，中华书局 1983 年版，第 608 页。
⑥ 孙希旦撰，沈啸寰、王星贤点校：《礼记集解》卷五二《缁衣》，第 1324 页。
⑦ 杨伯峻：《论语译注》"雍也"，第 60 页。

翼翼，四方之极。"①张衡《东京赋》亦云："京邑翼翼，四方所视。汉初弗之宅，故宗绪中圮。"②此指京师被治理整齐有序的样子。

4. 公痛□蓼莪，羸增栾棘。谓其恩则昊天罔极，居其丧则触地无容

《蓼莪》是《诗经·小雅》中的一首诗歌。《毛序》云："民人劳苦，孝子不得终养尔。"③此诗表达子女对双亲抚养之恩的追慕之情。而此处撰者以蓼莪来形容墓主的丧父之痛和悼念之情。栾棘，孝子哀痛之情。《诗经·桧风·素冠》云："庶见素冠兮，棘人栾栾兮，劳心慱慱兮。高诱注：'棘，羸瘠也。毛传云：栾栾，瘠貌。'"④而此形容墓主居父亲之丧，因哀痛而瘦瘠。昊天罔极，原指天空广阔无边，今指父母对子女抚育之恩深厚，子女不知如何报答。《诗经·小雅》云："欲报之德，昊天罔极。"⑤此表达墓主之父的恩情之深厚。触地无容，按《礼记·问丧》载："男子哭泣悲哀，稽颡触地无容，哀之至也。"⑥

5. 干禄及亲，金玉□堂而顺色；欲养不待，鬼神□室以为□

干禄，求仕进，求福之意。《诗经·大雅·旱麓》云："岂弟君子，干禄岂弟。"⑦金玉满堂，指财富极多，亦有学识渊博之意。《老子》云："金玉盈室，莫之能守；富贵而骄，自遗其咎。"⑧又《世说新语·赞誉下》云："王长史谓林公：真长可谓金玉满堂。"⑨此意为墓主为其亲人求福，虽然家室丰裕但没有骄傲的态度，反而是十分的温顺。欲养不待，《孔子家语》云："树欲静而风不止，子欲养而亲不待。"⑩此句为下文墓主之母逝世埋下伏笔。

---

① 周振甫：《诗经译注》卷八《商颂·殷武》，第 518 页。

② （汉）张衡撰，张震泽校注：《张衡诗文集校注》"东京赋"，上海古籍出版社 1986 年版，第 103 页。

③ 程俊英、蒋见元：《诗经注析》"小雅·蓼莪"，第 625 页。

④ 程俊英、蒋见元：《诗经注析》"桧风·素冠"，第 388 页。

⑤ 程俊英、蒋见元：《诗经注析》"小雅·蓼莪"，第 627 页。

⑥ 杨天宇：《礼记译注》"问丧"，第 759 页。

⑦ 周振甫：《诗经译注》卷 7《大雅·旱麓》，第 379 页。

⑧ 辛战军：《老子译注》"上篇·道经"第 9 章，中华书局 2008 年版，第 36 页。

⑨ 余嘉锡：《世说新语笺疏》"中卷下·赞誉"第八，中华书局 1983 年版，第 468 页。

⑩ 王国轩、王秀梅译注：《孔子家语》卷二《致思第八》，中华书局 2009 年版，第 69 页。

6. 身不抛于苫块，疾已甚于膏肓

苫块，古礼，居父母之丧，孝子以草荐为席，土块为枕。《仪礼·即夕礼》云："居倚庐，寝苫枕块，不说经、带，哭昼夜无时，非丧事不言。"[1] 膏肓，难治之病。《左传·成公十年》云："疾不可为也，在肓之上，膏之下，攻之不可，达之不及，药不至焉，不可为也。"[2] 此形容墓主虽已染难治之疾，但还是守孝以礼。

7. 蘓梦期永于新婚，帷堂俄悲于昼哭。採蘪芜于山上，何日相逢；泛柏舟于河中，平生死誓

帷堂，小殓张挂帷幕于堂上，丧礼也。《礼记·檀弓上》载："曾子曰：尸未设饰，故帷堂，小敛而彻帷。"[3] 又，《左传·文公十五年》云："声已不视，帷堂而哭。"[4] 此反映墓主之妻对亡夫的思念之情。蘪芜，香草，多和夫妻分别，闺怨相关。《汉乐府》有《上山采蘪芜》一诗云："上山采蘪芜，下山逢故夫。"[5] 此表达墓主逝世与其妻诀别。《柏舟》为《诗经·鄘风》中的一篇，"汎彼柏舟，在彼中河。毛序云：'柏舟，共姜自誓也。卫世子共伯蚤死，其妻守义，父母欲夺而嫁之，誓而弗许，作是《诗》以绝之。'"[6] 此形容墓主之妻的忠贞和对爱人的思念之情。

（四）地点典故

地点典故是指引用古代有来历出处的具体位置、处所、官僚机构所在地等。《吕士宗墓志》有"丘园"、"禹穴"、"芸阁"、"庭闱"等地点典故。

1. 丘园耿介，金玉其人

丘园，田园乡村是也，又云隐居处。按《易·贲》云："六五，贲于丘

---

[1] 杨天宇：《仪礼译注》"即夕礼"，上海古籍出版社 2004 年版，第 396 页。

[2] 杨伯峻：《春秋左传注》"成公十年"，第 849—850 页。

[3] 杨天宇：《礼记译注》"檀弓上"，第 88 页。

[4] 杨伯峻：《春秋左传注》"文公十五年"，第 610 页。

[5] （南朝陈）徐陵编，（清）吴兆宜注，程琰删补，穆克宏点校：《玉台新咏》卷一《古诗八首》，中华书局 1985 年版，第 1 页。

[6] 程俊英、蒋见元：《诗经注析》"鄘风·柏舟"，第 122 页。

园，束帛戋戋，吝，终吉。"① 荀爽注云："士居山林之间，贲于丘陵，以为园圃，隐士之像也。"② 孔颖达疏云："丘谓丘墟，园谓园圃。唯草木所生，是质素之所，非华美之所。"③ 蔡邕云："洁耿介于丘园，幕七人之遗风。"④ 又，《旧唐书·刘黑闼传》云："（刘）雅云：天下已平，乐在丘园为农夫耳。起兵之事，非所愿也。"⑤ 墓主之曾祖吕胤实为农夫，撰者用"丘园耿介，金玉其人"来形容他，无疑具有赞美之意。

2. 禹穴既随于鱼化，汉庭便觇龙颜

禹穴，夏禹的葬地。按《史记·太史公自序》云："二十而南游江、淮，上会稽，探禹穴。裴骃集解引张宴曰：禹巡狩至会稽而崩，因葬焉。上有孔穴，民间云禹入此穴。"⑥

3. □□芸阁，号于司文郎

芸阁，秘书省是也。按《旧唐书》载："蓬山之下，良直差肩；芸阁之中，英奇接舞。"⑦ 又司文郎，同书载："龙朔二年二月甲子，……著作郎为司文郎，……七日，……著作佐郎为司文郎。"⑧ 此司文郎即著作郎，著作佐郎之义也。

4. 掖垣□步，朝野为荣

掖垣，皇宫之旁垣，中书，门下两省之称也，因分别在禁中左右掖，故称，后亦类指中央部门。按《旧唐书》载："臣夙荷严训，累登清秩，频迁省闼，又拜掖垣。"⑨ 墓主此时为起居郎，知制诰，分属门下省、中书省，故撰者有是说。

---

① 周振甫译注：《周易译注》"上经·贲卦"，第82页。

② 李道平撰，潘雨延点校：《周易集解撰疏》卷四《上经·贲》，第251页。

③ （唐）孔颖达：《周易正义》卷三《贲》，九州出版社2004年版，第248—249页。

④ 蔡邕撰，邓安生编：《蔡邕编年集校注》卷一《处士圈叔则铭》，第114页。

⑤ 《旧唐书》卷五五《刘黑闼传》，第2258页。

⑥ 《史记》卷一三〇《太史公自序》，中华书局1959年版，第3293—3294页。

⑦ 《旧唐书》卷一〇二《刘子玄传》，第3170—3171页。

⑧ 《旧唐书》卷四二《职官一》，第1787页。

⑨ 《旧唐书》卷一〇九《文苑中·孙逖传》，第5043页。

5. 因殷辂之省方，式临碣馆；念□□之向慕，愿侍高堂

殷辂，古代车名之谓也。《论语·卫灵公》云：“子曰：行夏之时，乘殷之辂，服周之冕，乐则韶舞。马融注曰：殷车曰大辂。”① 省方，巡狩四方之义。《易·观》云：“先王以省方观民设教。孔颖达疏：先王以省方观民设教者，以省视万方，观看民之风俗。”② 碣馆，王侯之府邸。唐张彦远《历代名画记》载：“李嗣真云：天人之姿，博综伎艺，颇得风韵，自然超举，碣馆深崇，遗迹罕见。”③

6. 未离闺□，□赖庭闱。年才满于初笄，心□伤于何怙

庭闱，父母居处是也。《文选·束皙〈补亡诗〉》云：“眷恋庭闱，心不遑安。李善注：庭闱，亲之所居也。”④ 此句形容墓主长女尚未出嫁，养在深闺，父母居住之所。初笄，古代女子十五岁。《礼记·内则》云：“十有五年而笄，二十而嫁有故二十三年而嫁。”⑤ 何怙，借指丧父之意。《诗经·小雅·蓼莪》云：“无父何怙，无母何恃。”⑥ 此表达墓主长女的丧父之痛。

（五）文化典故

文化典故主要指引用古代器物、服饰、饮食、宗教、官职等典章制度和风俗习惯。

1. 辇毂自臻于清肃，簪裾咸遂于铨量

辇毂，皇帝之辇舆也，此处为中京大定府之义。《汉书·司马迁传》云：“仆赖先人绪业，得待罪辇毂下，二十余年矣。”⑦ 又，簪裾，显贵者服饰之意。《南史·张裕传》云：“而茂陵之彦，望冠而长怀，渭川之甿，伫簪裾而

---

① （清）刘宝楠撰，高流水点校：《论语正义》卷十八《卫灵公》，第621—623页。
② 《周易正义》卷三《观》，第230页。
③ （唐）张彦远撰，俞建华注释：《历代名画记》卷九《唐朝上·汉王元昌》，上海人民出版社1964年版，第165页。
④ （梁）萧统编，（唐）李善注，邓启铜点校：《文选》卷十九《束皙·〈补亡诗〉》，第608页。
⑤ 杨天宇：《礼记译注》“内则”，第360页。
⑥ 程俊英、蒋见元：《诗经注析》“小雅·蓼莪”，第627页。
⑦ 《汉书》卷六二《司马迁传》，第2727页。

竦叹，得无惜乎。"① 而此句意为墓主在任中京大定府少尹期间，中京被治理得清净整肃，人物的升迁都要被进行衡量辨别。

2. 肱股之郡，载赖颁条

肱股之郡，此亦指中京大定府。颁条，颁布律令条例是也。《旧唐书·刘蕡传》云："列郡在乎颁条，而干禁或未绝。"② 此指中京大定府得以颁布法律条例。

3. 公不获牢让，强抑哀情

牢让，坚决推辞之义也。《汉书·师丹传》云："臣纵不能明陈大义，复不能牢让爵位，相随空受封侯，增益陛下之过。"③ 此处从侧面说明皇帝对墓主的器重，也反映出墓主守孝的至诚之心。

4. 始食繁缨之邑，兼详棘寺之刑；属庆诞于□□，议精求于星使

繁缨，古代天子、诸侯所用辂马带饰。按《礼记·礼器》云："大路繁缨一就，次路繁缨七就。孔颖达疏：繁，马腹带也，缨，鞅也。"④《左传·成公二年》亦云："既，卫人赏之以邑，辞，请曲县、繁缨以朝，许之。"⑤ 又汉贾谊《新书》云："叔孙于奚者，卫之大夫也。曲县者，卫君之乐体也，繁缨者，君之驾饰也。"⑥ 墓主有被特封东平县开国男，食邑三百户的爵位和食封，故称始食繁缨之邑。棘寺，大理寺是也。《北齐书·邢绍传》云："美榭高墉严壮于外，槐宫棘寺显丽于中。"⑦ 墓主曾兼详覆院事，故又称兼详棘寺之刑。星使，帝王使者之谓也，古时以天节八星主使臣事。《后汉书·李郃传》载："和帝即位，分遣使者，皆微服单行，各至州县，观采风谣。使者二人到益部，投郃候舍。……郃指星示云：'有二使星向益

---

① 《南史》卷三一《张裕传》，中华书局 1975 年版，第 812 页。

② 《旧唐书》卷一九〇《文苑下·刘蕡传》，第 5065 页。

③ 《汉书》卷六八《师丹传》，第 3503 页。

④ 《礼记正义》卷二三《礼器》，第 726—727 页。

⑤ 杨伯峻：《春秋左传注》"成公二年"，第 788 页。

⑥ （汉）贾谊撰，阎振益、钟夏校注：《新书》卷二《审微》，第 74 页。

⑦ 《北齐书》卷三六《邢绍传》，第 478 页。

州分野，故知之耳。'"①

5. □陵古之忽移，实风猷之俱泯

风猷，风教德化之义，亦有风采品格之义。《晋书·傅祗传》云："傅祗，名父之子，早树风猷，崎岖危乱之朝，匡救君臣之际，卒能保全禄位，可谓有道存焉。"②此形容墓主风采高奕，品德高尚。

6. 特刊贞珉，俾述令轨

贞珉，石刻名碑的美称。令轨，良好的法律制度。《三国志·高堂隆传》云："爰及末叶，暗君荒主，不崇先王之令轨，不纳正士之直言，以遂其情志，恬忽变戒，未有不寻践祸难，至于颠覆者也。"③

7. 上无昆兮下无季，惜台衮兮孰继

台衮，犹台辅。衮，古代帝王及上公的礼服。《风俗通义·十反·太尉沛国刘叔方》云："叔方尔乃翻然改志，以礼进退，三登台衮，号为名宰。"④《北史·豆卢宁杨绍等传论》云："观德王位登台衮，庆流后嗣，保兹宠禄，实仁厚所致乎。"⑤按：墓主之父吕德懋尚有一子吕士安，此云上无昆，下无季，应有矛盾。此句表现出撰者对墓主身前的官职，因没有兄弟子女继承感到可惜。

三、用典特点

由上述掌握的资料可知，用典之处占据志文的绝大部分篇幅，显示出了撰者儒家文化水平之高和辽代统治阶层受汉文化影响之深，同时志文所记载的契丹社会制度和风俗习惯则体现了华夷同风的历史发展轨迹。本篇墓志的用典特色较为明显：

① 《后汉书》卷八二《方技·李郃传》，第 2717—2718 页。
② 《晋书》卷四七《傅祗传论》，第 1333—1334 页。
③ （晋）陈寿：《三国志》卷二五《高堂隆传》，中华书局 1959 年版，第 713 页。
④ （汉）应劭撰，王利器校注：《风俗通义校注》卷五《十反》，中华书局 1981 年版，第 214 页。
⑤ 《北史》卷六八《豆卢宁杨绍等传论》，第 2384 页。

第一，典源以经、史为主，子、集偏少。志文用典包含经史子集四类，而主要以经史为主，如：本文统计用典文献来源于经部的有 31 处，史部 23 处，子部 6 处，集部 7 处；其中《诗经》引用达 10 处，《礼记》引用则达 9 处，占有很高比例。反映出撰者深厚的儒学文化修养和辽代社会"学比唐宋"、"华夷同风"的时代风尚。

第二，袭用、改用原典，形式多样。袭用原典是撰者将典源的词句，依照其原始形态，用于词语中，使得原典与自家之典故相互交融。如："束带立朝"，"及瓜之代"，"束帛戋戋"，"昊天罔极"，"触地无容"等原典词语未加修改而被袭用。改用原典是指大多数原典通过字数的增减，内容的提炼、裁剪或改修将其划入词中，使其与撰者表达的情意相和谐。如："惟郭而无愧"原典为"惟郭有道，无愧色耳"，"影过隙而过白驹"原典为"白驹过隙"，"欲养不待"而在原典中为"子欲养而亲不待"等，撰者将原典词语进行改用，但保留了原有的意味，这种形式的多样亦是用典的特色之一。

第三，用典多含溢美、悼惜之词。如撰者引用"丘园耿介"、"世济其美"、"束帛戋戋"、"文质彬彬"等夸赞之词，"陟岵"、"蓼莪"、"栾棘"、"何怙"等哀悼之词，以表达对墓主的赞扬及逝世的叹惜哀悼之情，这也是墓志铭撰写的特点之一。

第四，多以骈体行文，对仗工整。志文用典讲究对偶的工整和声律的调谐，如：以"羊征南"与"祖奋威"，"周太公"与"秦丞相"，"褚遂良"与"郑仁表"等形成格式上的两两相对，使词语更加精臻凝练，借古喻今，表达撰者的赞美追思之情。

四、结语

辽《吕士宗墓志》是研究辽代后期复杂政局的重要史料之一。用典的文献来源包含了经、史、子、集四部，用典类型有人物典故、文学典故、成语典故、文化典故。用典特色明显，典源以经、史为主，子、集偏少；多袭用、改用原典，形式多样；用典以骈体行文，对仗工整；多含溢美悼惜之词。撰者以高妙的写作手法，能够得当用典，也反映出其深厚的儒家文化功底，以及儒学在辽朝的发展和繁荣。志文所记载的辽朝社会制度与风俗则亦表明了华夷同风的社会观念已深入辽朝统治阶层心目中。

语言文字

辽代的语言状况[*]

傅　林（河北大学文学院、河北大学契丹文化研究所）

　　辽代是中国语言发展史上的重要朝代。从汉语的角度看，幽燕地区（今北京、天津和河北省中北部）在辽代政治地位的上升，使得这一地区的汉语方言逐渐向权威方言转变，并成为清以后汉语普通话的标准音。从语言接触的角度看，汉语在辽代与契丹语等北方民族语言大规模接触，这对各自的发展产生了直接影响。

　　辽代创制了契丹文字，对后世其他少数民族文字的创制产生深远的影响。研究辽代的语言，包括汉语和其他民族语言，需要了解当时的语言状况。本文从语言分布、通话情况、接触状态、语言地位、文字性质和使用等方面，对辽代语言状况做全面的描述。

一、语言分布及接触状态

　　东晋末年十六国时期，契丹族作为独立的族群进入历史舞台。至唐末，契丹勃兴，建立繁盛的辽朝，对中国历史发展产生了巨大影响。一直到辽朝灭亡、契丹族离散前夕，契丹族的主要活动区域以及所接触的民族都相对稳定。

　　从表 1 可以看出，契丹族一直处于东北地区古民族的包围中。辽朝正是以契丹族为中心统辖周边各民族形成的政权。

---

*　本文系教育部人文社会科学研究青年基金项目"语言接触对京津冀汉语方言历史演变的影响研究"（批准号：17YJC740019）的阶段性成果。

表1

突厥系统一（柔然、突厥、回鹘等）	室韦系统（室韦、阻卜、蒙古）	靺鞨系统一（靺鞨、女真）
	契丹	高句丽系统（高句丽、高丽、渤海）
奚		汉

根据历史文献，契丹语和周边民族语言的通话情况如表2所示①：

表2

民族	能否通话	后代语言
契丹、奚	能	无
室韦	能（?）	蒙古语
高丽	不能	朝鲜语（?）
女真	不能	女真语、满语
回鹘	不能	维吾尔语
汉	不能	汉语

　　这为确定契丹语的族属提供了重要的依据。从通婚角度看，契丹族将奚族纳入自身的"后族"系统，汉名归为萧姓。这表明奚族是契丹族族缘认同度最高的族系。契丹族也和渤海贵族、汉族贵族通婚。契丹族上层和文化相对落后的室韦族系、女真族系不通婚。②契丹族和室韦族缘关系也较近，长期与之征战，但史籍没有明确两者的语言能否直接通话。

　　10世纪初，契丹族勃兴，大量汉族人口（主要是今河北中北部、京津等地）被掠至契丹、奚腹地，汉族人口开始大幅超过其他民族人口。③汉族成为实际上与契丹、奚接触最密切的民族。由于各民族之间通话困难，汉语

---

① 契丹与奚族的关系，见《辽史》卷七三："契丹与奚言语相通，实一国也。"契丹与室韦的关系见（唐）杜佑《通典》卷二〇〇："（室韦）盖契丹之类也，其在南者为契丹，在北者号室韦。"契丹与高丽见《辽史》卷一一五："（高丽）遣童子十人来学本国语。"契丹与回鹘见《辽史》卷六四："回鹘使至，无能通其语者。"契丹与女真见《金史》卷一："（金肃宗）凡白事于辽官，皆今远跪陈辞，译者传致之，往往为译者错乱。"契丹与汉语不通，史籍记述甚多，略。
② 在辽末女真族首领完颜阿骨打攻击辽朝时，与契丹皇室通婚成为一个重要政治诉求，但被明确拒绝，这正说明契丹和女真长期不通婚的实际情况。
③ 袁祖亮主编：《中国人口通史·辽金卷》，人民出版社2012年版，第126—134页。

发展为通用语。北宋末年，宋朝派许亢宗出使刚刚击败辽朝的金国，在路过原契丹腹地黄龙府附近时，他记载了当地的语言状况：

> 第三十三程：自黄龙府六十里至托撒孛董寨。
>
> 府为契丹东寨。当契丹强盛时，虏获异国人则迁徙杂处于此。南有渤海，北有铁离、吐浑，东南有高丽、靺鞨，东有女真、室韦，东北有乌舍，西北有契丹、回纥、党项，西南有奚，故此地杂诸国风俗。凡聚会处，诸国人语言不能相通晓，则各以汉语为证，方能辨之。是知中国被服先王之礼仪，而夷狄亦以华言为证也。①

契丹族与汉族密切自然接触必然形成"契丹—汉"双语者。在历史记载中可以找到契丹人和汉语者用汉语对话的记录：

> 契丹主（按：指辽太宗）送晋高祖至上党，指帝（按：指刘知远）谓高祖曰："此都军甚操剌，无大故不可弃之。"晋高祖入洛，委帝巡警，都邑肃然，无敢犯令。②

这是辽代早期的情况。辽太宗所说汉语夹杂着契丹语词"操剌"③。这一时期的契丹高层已经有汉化程度很深的成员，如辽太宗的哥哥、辽太祖的长子耶律倍：

> 太宗既立，见疑，以东平为南京，徙倍居之，尽迁其民。又置卫士阴伺动静。倍既归国，命王继远撰建南京碑，起书楼于西宫，作乐田园诗。唐明宗闻之，遣人跨海持书密召倍。倍因畋海上。使再至，倍谓左

---

① （宋）许亢宗：《宣和乙巳奉使金国行程录》，见（宋）确庵、耐庵编：《靖康稗史笺证》，中华书局 1988 年排印本，第 31—32 页。
② 《旧五代史》卷九九《汉高祖纪上》，中华书局 2015 年版，第 1547 页。
③ 这句话不应看作是由契丹语翻译成汉语的句子，因为如果翻译就无须带有契丹语词。

右曰："我以天下让主上，今反见疑；不如适他国，以成吴太伯之名。"立木海上，刻诗曰："小山压大山，大山全无力。羞见故乡人，从此投外国。"携高美人，载书浮海而去。

…………

倍初市书至万卷，藏于医巫闾绝顶之望海堂。通阴阳，知音律，精医药、砭焫之术。工辽、汉文章，尝译阴符经。①

此后的辽朝皇帝和高层贵族大多精于汉文化，他们和操汉语者用汉语对话的情景屡见于史料。宋朝派往辽朝的外交使节中，有些宣称学会了契丹语，但他们所说的"契丹语"实际上是夹杂着契丹语词汇的汉语，如宋朝余靖写的"契丹语诗"②：

余靖尚书使契丹，为北语诗，契丹爱之。再往，益亲。余诗云：
"夜筵设罢（侈盛也）臣拜洗（受赐也），
两朝厥荷（通好也）情干勒（厚重也）。
微臣雅鲁（拜舞也）祝若统（福佑也），
圣寿铁摆（嵩高也）俱可忒（无极也）。"
国主举大杯，谓余曰："能道此，人木为卿饮。"复举之，国主大笑，遂为酬觞。③

这实质上是一种汉语的对话状态。契丹皇帝能听懂这样的诗正说明他本人是"契丹—汉"双语者。

从上述史料推断，由自然接触形成的、以契丹语为母语的"契丹—汉"

---

① 《辽史》卷七二《宗室一》，中华书局 2016 年版，第 1334—1335 页。
② （宋）余靖：《武溪集》卷十八《契丹官仪》，《宋集珍本丛刊》影印明成化九年刻本，线装书局 2004 年版，第 3 册，第 305 页。
③ （宋）叶隆礼：《契丹国志》卷二十四《余尚书北语诗》，上海古籍出版社 1985 年排印本，第 232—233 页。

双语者在契丹族中应有相当大的比例。这些双语者把大量的汉语借词带入契丹语中。

另一方面，也有一部分汉族人成为以汉语为母语的"汉—契丹"双语者，这些汉族人主要是受到契丹皇室重用的韩、耿等汉族世家大族的成员，他们的仕途往往从官方翻译开始。

从契丹人和相接触的汉族人在取名时的表现，也可推知语言的强势和弱势。契丹人普遍有汉族式名字，如表 3 所示：

表 3

辽朝皇帝	汉语名字	汉式小名	契丹式小名	契丹次名（字）	契汉合璧式次名[1]
辽太祖	亿		啜里只	阿保机／阿保谨	
辽太宗	德光		尧骨		德谨
辽世宗	阮		兀欲		
辽穆宗	璟		述律		
辽景宗	贤		明扆		贤宁
辽圣宗	隆绪	文殊奴			
辽兴宗	宗真		只骨	夷不堇	
辽道宗	洪基		查剌	涅邻	
天祚帝	延禧		阿果		延宁

[1] 契汉合璧式次名（又称"字"）往往是汉字音附加契丹语词缀 -n 形成的。汉字音译时词缀 -n 根据前面音节的情况对译为"宁"、"堇"等。

辽代皇帝都有汉式名字，其中辽圣宗甚至只有汉式名字，契丹上层大致都是如此。在与契丹上层极其接近的汉族世家中，有些人也有契丹式名字，如表 4 所示：

表 4

汉语名字		汉式小名	契汉合璧式名字
韩知古	知古		延你
韩匡嗣	匡嗣		天你
韩德昌	德昌	大汉	普你

　　就一般的契丹人和汉人来说，起名的规律更加明显。在原辽上京附近出土的一方《崇善碑》上，刻有一个很长的参与慈善事业的人的名单①，这个名单中，契丹人都被单独注明族源，汉族人不注明族源，从统计人名的风格可知：

表5

民族	契丹式名字人数	汉式名字人数	人数总计
契丹人	8	27	35
汉人	18	678	696

　　契丹人中，大多数人采用的是汉式名字，而汉人中只有比例很小的人用了契丹名字，且这些契丹名字一般直接接在汉语姓氏后，如"田查剌"。这一材料鲜明地展示了汉语作为强势语言的地位。

二、各族文字及其使用

（一）契丹大字

　　契丹大字创制于920年。根据史料，契丹大字的创制受到了汉字的直接影响，而且有汉人参与：

　　　　至阿保机，稍并服旁诸小国，而多用汉人，汉人教之以隶书之半，增损之，作文字数千，以代刻木之约。②

　　单就这段记载即可知契丹大字在形体上必似汉字，而其符号数量至数千，则必然不是单纯的拼音文字。契丹大字的实物可以验证这一点。

① 刘凤翥、唐彩兰、青格勒：《辽上京地区出土的辽代碑刻汇辑》，社会科学文献出版社2009年版，第306—310页。
② 《新五代史》卷七二《四夷附录第一》，中华书局2015年版，第1004页。

契丹大字的基本符号单位是"字"。根据南宋叶隆礼《契丹国志》的记载，字的确切数量应在 3000 以上。现有契丹大字文献中保存的字数有 1000 多字。从字形看，契丹大字的字确实是在汉字基础上增减笔画形成的，有的字和汉字完全同形，如表 6 所示：

表 6

字类	契丹大字举例	汉字举例
由汉字增减笔画而成的字	女 光 司 圼	女光司尺
和汉字同形的字	仓 皇 帝 王	仓皇帝王

为了方便分析，我们称与汉字不同形的字为自造字，称与汉字同形的字为汉源字。和汉字同形的字有的是表示汉语借词的，如皇帝，这实际是把汉语词连同字形一同借入契丹语和契丹大字系统；有的进一步借用汉字的音来表音，如用仓表示汉语借词"敕葬使"中的"葬"；有的在字义上也和汉字相同，如"十月"来表示概念的"十月"。

从符号与语言单位的对应看，契丹大字的字可以分为：

表 7

字类	对应的语言单位	举例
概念字	词—音节组	茻：tɛxa，"酉；鸡"
音节词素字	词素—音节	未：o，契丹词"序"的首音节 州：li，契丹词"序"的第二音节

从目前解读出的文本看，"音节词素字"是主要的。因此契丹大字可称为"音节词素文字"。词素是词的组成部分，本身不一定对应具体意义。表示词素的契丹大字连缀起来构成词，与其他词的字形相区别。字与字的差别的本质是意义上的差别，因此，契丹大字可归为表意文字。概念字或音节词素字可以被借用来表音，如"兄"，是一个根据汉字"兄"增笔而来的自造字，表示"哥哥"这一概念，根据契丹小字文本的研究，此词音值当为 [b]。

这个字有时被借用来音译汉语的"衙"字：

兄：[þ]"哥哥"本义

兄：[þ]"衙"临时借用表音

这种"假借"现象也可以在契丹本族词之间找到，如契丹大字"南"，既可以表示"南"这一概念，又可以表示"同胞"：

南：[tor]"南"本义

南：[tor]"同胞"假借义

契丹大字"弟"也是这样：

弟：[təu]"弟弟"本义

弟：[təu]"同"的首音节临时借用表音

"假借"的大量存在可以使契丹大字的字数不至于太过庞大。

契丹语的词一般是多音节的，语素也常是多音节的，因此不能产生像汉字那样"字—音节—语素"的格局。契丹大字是在模仿汉字的基础上又照顾契丹语本身属性而形成的，是汉字式文字向纯粹拼音文字过渡的类型。

在记写汉语借词时，契丹大字文本中有如下方式：

第1种，一个自造字对应一个汉字。如：丽，记录汉字"察"。

第2种，几个自造字对应一个汉字。如：女 夬，记录汉字"封"；⿰光丹卡，记录汉字"元"。

第3种，一个汉源字对应一个汉字。如：北，记录汉字"尚"。

第2种记写方式显示了契丹大字可以通过音节字拼合的方式来更细致地表现汉字音。

契丹大字文本的书写款式和汉字完全相同，词与词之间无隔断，这在一定程度上可能影响了使用效率，所以契丹人后来在回鹘文的启发下又设计了契丹小字，契丹小字是表音系统的文字，书写上词与词分隔清晰，更适应契丹语的语言属性。

契丹大字的用途很广，从现有实物看，可用于纪念碑、墓志、文书、印章、钱币、符牌等，且印章似乎只用契丹大字。在契丹文语境中，契丹大字被称为"国字"或"大礼之字"，这表明契丹大字是一种地位很尊崇的文字。但在目前发现的最为庄重的场合——帝后哀册中，又只见有契丹小字而没有契丹大字文本。契丹大字的存世文献也比契丹小字少。

契丹大字没有被契丹小字代替的原因可能有两方面：（1）契丹大字是在辽太祖授意下创制的，并经其颁行，这使其政治地位较高；（2）契丹大字更像汉字，而且其文本容易接纳汉字，这比较适应汉文化的强势地位。

辽末金初，女真人在契丹大字的启发下创制了原理相同的女真大字，女真大字是女真人的主要传世文字。

（二）契丹小字

1. 契丹小字的性质

契丹小字约创制于 925 年。这时距契丹大字创制刚刚 5 年。契丹小字明确是受回鹘文字系统的启发而创制的：

> 回鹘使至，无能通其语者，太后谓太祖曰："迭剌聪敏可使。"遣迓之。相从二旬，能习其言与书，因制契丹小字，数少而该贯。[①]

在有了契丹大字后又很快创制契丹小字，这显然是回鹘文的拼音文字优越性吸引了契丹精英。契丹小字的基本文字单位是原字。原字的总数约 400个。从字形看，原字明显源于契丹大字和汉字，如表 8 所示：

表 8

字类	原字举例	汉字举例	契丹大字举例
和汉字同形的原字	一丁丙卡十	一丁丙卡十	
模仿汉字字形创造的原字	业屹仚关洦		
和契丹大字同形的原字	夾夊丂		夾夊丂

---

① 《辽史》卷六四《皇子表》，第 1070—1071 页。

但从本质上看，原字和汉字、契丹大字只是字形借用的关系，一般没有语音、语义的直接关联。

根据原字所对应的语言单位，可将原字分类为：

表9

字类	对应的语言单位	举例
概念字	词/音节组	一："北"；丁："二十"
音节字	音节	为：[tʰu]；用：[iŋ]
音素字	音素	仐：[s]；几：[k]

其中，音节字所占比例最高。音节字可单独表示一个音节，也可以与其他字组成更长的音节。根据我们的研究，音素字往往是从音节字发展出来的，自身往往保留表示音节的功能。因此，契丹小字可看作是一种音节文字。

在具体使用时，概念字也可以被借用作表音的音节字，这和汉字的"假借"相似，如几做概念字时表示"人"，但也可以用在人名的拼写中代表[khu]音节：

表10

	契丹小字形式	拟音	汉字音译形式
人名	几灬夾	kʰu-uŋ-ur	控骨里

因为契丹小字是一种音节文字，所以原字相拼接时经常要合并重复的音素才能得到实际音形，如拼写汉字音时：

表11

汉字	契丹小字形式	原字音值	拼音过程	实际音值
長	甬奂	tʃʰa-aŋ	tʃʰ（a-a）ŋ	tʃʰaŋ
合并重复音素				

音节文字需要设计较多的基本文字单位，所以，契丹小字虽然是一种拼音文字，但原字数量较多。也正是因为这样，契丹小字系统又发展出了一些

音素字，这样可以用更少的原字拼写出各个词形。成熟的音素字体系需要文字设计者对语言的音素（或音位）有精确的分析能力，受限于此，契丹小字系统只发展出了部分音素字，很多音素并没有被指定相应的原字。从这一角度看，契丹小字是不成熟的文字体系。

契丹小字的基本文字单位除原字外还有附加符号。附加符号主要以点的形式出现，附着在原字上，例如：

表 12

原字	文	毛	山	火
加点原字	㸟	㡭	㟅	㶱

附加符号的语音性质是契丹小字研究的重要课题，目前还没有确凿的结论。有时，"原字—加点原字"构成的是"概念字—假借音节字"的关系：

原字：火（1）"亥，猪"（2）事

加点原字：火 [ui]，汉字"尉"：火 [ui]；汉字"水"韵母：又火 [ʃui]。

有时候，加点与否体现的是语法上的性范畴，加点字表示阳性，不加点字表示阴性。① 如表示基数词的原字：

表 13

	一	二	三	四	五	六	七	八	九	十
原字	毛	圣	包	毛	夭	灰	屌	至	耒	龛
加点原字	㡭	圣	包	㡭	夭	灰	屌	至	耒	龛

契丹小字文本的行款格式与汉语相同，采竖写式，行序为自右至左。但词内部的原字又采用下列一些方式排列（以一个拉丁字母代表一个原字）：

A　AB　AB　AB　AB
　　C　　CD　CD
　　　　　　　E

---

① 吴英喆：《契丹语静词语法范畴研究》，内蒙古大学出版社 2007 年版，第 137—150 页。

　　这在外形上颇类后世的朝鲜文，与契丹大字和汉字文本相比显得臃肿。实际上，契丹小字完全可以采用契丹大字式的"ABCDE"式排列，并且不影响实质，契丹小字文本本身也有少量分写式（主要出现在墓志盖、正文注释等场合）。但现有款式在客观上较易凸显词界。为了方便分析和排版，本文将其写为"ABCDE"式，并一律用空格表示词界。

　　从存世实物看，契丹小字可用于纪念碑、墓志、哀册、铜镜铭文等。

　　2. 契丹小字与回鹘文的关系

　　上文已经说明，契丹小字是受回鹘文字的启发而创制的，但学界一般认为，契丹小字只是受到了回鹘文的拼音文字这一性质的一般影响，即学习了其"数少而该贯"的特征。根据我们的研究，契丹小字实际上也继承了回鹘文的很多具体设计原则。

　　回鹘文的一个重要特征是对同部位不同发音方法的辅音不做文字区分：

表14　回鹘文字母表 [①]

词首	词中	词尾	读音	词首	词中	词尾	读音
			a				d~t
			ä				z
			ï~i				ž
			o~u				y
			ö~ü				l
			b~p				m
			w~v				n
			γ				r
			q				s
			h				š
			g~k				č

　　回鹘文中，b/p、g/k、d/t 三组辅音都各用相同的符号表示。契丹小字中

---

①　张铁山：《突厥语族文献学》，中央民族大学出版社 2005 年版，第 72 页。

也能看到类似的情况，如契丹语的 [t]、[tʰ]，在前期的文献中一般用同一个符号**今**表示：

表 15

	字形	音值	汉字音译	蒙古语对应词
第四	**今 化**-	ṭur-		ṭoroðb
人名	**今 金 公**	təmər	特末	
酉，鸡	**今 力 为**	tʰaɣa		tʰæxIa
第五	**今 币 及**-	tʰɔtɔ-	过	tʰabdUgar

在拼写汉字音时，汉语的 [t]、[tʰ] 也用同一符号**今**表示，如：

表 16

原字	端母，定母仄声	透母，定母平声
今	都德顶点帝 / 殿大袋度	通太天 / 堂

这和回鹘文的设计方式是一致的。后代文字中，同样受到回鹘文字影响而创制的回鹘式蒙文也存在同样的设计。这种设计本身是一种缺陷，但仍被契丹小字和蒙文沿袭。契丹小字文献在后期改进了这一设计，用原字**公**代表 [t]，原字**今**改为只代表 [tʰ]：

表 17

	契丹小字前期	契丹小字后期	音值
"第四"	**今 化**-	**公 化**-	ṭur-
人名	**今 金 公**	**公 金 公**	təmər
酉，鸡	**今 力 为**	**今 力 为**	tʰaɣa
第五	**今 币 及**-	**今 币 及**-	tʰɔtɔ-

这种文字改革可在文献中观察到具体过程：

表 18　契丹小字中 [t]、[tʰ] 拼写方式的变迁

	阶段 1：通用阶段	阶段 2：不严格区分阶段	阶段 3：严格区分阶段
[t]	令	仐 / 令	仐
[tʰ]		令	令
文献年代	1053—1092 年	1094—1110 年	1150—1175 年
文献名称	教；兴；仁；留；图；先；二；慈；宁；迪	智；清；奴；室；智；用；韩；贵；道；宣；署；梁；叔；宋；高	仲；镇；居

这种文字改革带有自发性，因为并非一步到位，而且不同阶段都有极少量的例外。更重要的是，不同发音部位的辅音的改革时间并不一致。[①] 一般地说，辽末到金代的契丹小字文献中，拼写法趋于完善，更能表达语言的实际特征。同时，对语音的分析也更趋于细致。

总的来看，契丹小字在设计上受到了回鹘文的关键影响，既传承了其拼音文字的优点，也接受了其设计缺陷，但契丹小字使用者对这些缺陷做了改革，这些改革在金代基本完成，但可惜的是契丹小字不久就退出了日常的使用。

3. 契丹小字的使用与传承

现有的契丹小字文献中，年代最早的文献《耶律宗教墓志》也已经距契丹小字的创制有 100 多年了[②]：

图 1　契丹小字文献的年代

契丹大字创制	契丹小字创制	耶律宗教墓志	……	皇太叔祖哀册	……	辽亡	萧居士墓志	
—△—	△	○		○		—△—△—	○	—△—
920	925	1053		1110		1125 1127	1175	1234
		辽兴宗		辽天祚帝		北宋亡	金世宗	金亡
		重熙二十二年；……		乾统十年；			大定十五年；	
		宋仁宗		宋徽宗			西辽	
		皇祐五年		大观四年			崇福十二年；	

---

① 详见傅林：《论契丹小字与回鹘文的关系及其文字改革》，《华西语文学刊》2013 年第 6 辑。

② 这里没有计入年代不明确的零散文字如壁画题字、符牌文字等。

但《耶律宗教墓志》显示出契丹语已经有较成熟的书面语和文体风格，这说明契丹小字在之前应该经过了较长时间的应用，只是考古发现还不能提供较多实物而已。

清格尔泰等指出，《辽史》、《金史》把是否通契丹文字作为人物的才能标志，而注明具有这一才能的人在于史有传的人物中只占很小的比例。[①] 这说明契丹文字只是被一些精英人物所掌握。"通契丹文字"至少意味着能够阅读和书写。就翻译汉文经典、撰写墓志哀册等文化含量较高的行为来说，能够胜任的人当更少。现有的契丹小字文献基本上是墓志、哀册。这些文献出土地点不一、年代各异，但作者很集中，其中，耶律良、耶律固、耶律司家奴三人所撰文献占总数的一半以上，这说明具有墓志撰写能力的人并不多。

就墓志、哀册的作者之间的关系来看，契丹文的传承又有家族传承特征，如"耶律庶箴、耶律蒲鲁宁、耶律固"三个作者之间，有直系血缘关系。[②] 这一家族的成员相继执掌辽朝的文书、史书业务。他们是契丹小字的主要传承人。

（三）汉字

汉字是辽代最通用的文字。只使用汉字的民族除汉族外，还有在辽兴起前就已经高度汉化的渤海民族。金代金熙宗时曾下令各民族使用各自的文字：

> 诏百官诰命，女直、契丹、汉人各用本字，渤海同汉人。[③]

这实际上是继承了前代的既有习惯。在现存的辽代墓志、碑文中，汉文

---

① 清格尔泰、刘凤翥、陈乃雄、于宝林、邢复礼：《契丹小字研究》，中国社会科学出版社 1985 年版，第 15 页。
② 耶律庶箴和耶律蒲鲁宁为父子关系，《辽史》卷八九记载明确。耶律固则自称"横帐季父房蒲鲁宁太师之孙"（《韩高十墓志》第 2 行），昭示了其出身。
③ 《金史》卷四《熙宗》，第 73 页。

占绝大多数。在有墓志的契丹人中，有或只有汉文墓志的人远多于有契丹文墓志的人。在有契丹文墓志的人中，同时也有汉文墓志的近半数。这反映了汉字和汉语的强势地位。

汉字字形是契丹大字和契丹小字的基础，但辽代汉字也吸收了一个契丹大字字形"乣"。这个字本是由汉字改造成的契丹大字，后来又随该字表示的契丹词被借入到汉字体系中，成为至今仍存的一个汉字。① 这种不成比例的相互借贷量同样昭示了汉字的绝对强势地位。

---

① 刘凤翥：《关于混入汉字中的契丹大字"乣"的读音》，《民族语文》1979 年第 4 期。

契丹小字史料中的"失（室）韦"*

吴英喆（内蒙古大学蒙古学学院）

近几年，从中国的内蒙古地区及俄罗斯发现的诸多契丹文字新资料引起了学术界的广泛关注。研究者通过新旧资料的比较研究成功地解读了更多的契丹文字，20 世纪 70 年代，能解读的词汇主要是汉语借词，例如官名、职名、人名、地名等。近几年，随着新资料的增多，契丹语固有词的解读也有了新的进展。例如：解读了 ᚷ kəl（语言）、ᚠ em（生命）、ᚤ seui~sui（出生）、ᚥ su（白）、ᚦᚧ nimgə（薄）等约 100 个固有词汇。在契丹小字史料新研究成果中，笔者认为最有趣的或许是部族和氏族名称。本文将探讨用契丹小字记载的部族名"失（室）韦"以及"蒙兀"。

一、契丹小字《贵宁太师墓志碑》

契丹小字《贵宁太师墓志碑》是 2014 年春天，在内蒙古东部地区发现，现收藏于某古玩店。墓志碑的正面和背面刻有 28 行契丹文，约 1000 个字。这个碑文的凿刻时间是辽大安二年（1086），墓主是《辽史》所载六院部的浦古只夷离堇的子孙。志主第六女之名记作"ᚠᚢ"，是已发表契丹小字《萧太山和永清公主》墓主萧太山和永清公主的次子妻 ᚷᚦ（查剌）。

---

* 本文获教育部人文社会科学基金项目"契丹文释读和契丹文字词汇研究"（13YJA 740059）和教育部哲学社会科学重大课题攻关项目"契丹、女真传世文献整理和研究"（14JZD 036）的资助。《契丹小字史料における「失（室）韋」》刊于《日本モンゴル学会紀要》（第 45 号）2015 年，第 3—8 页。

此外颇有趣的是，在《贵宁太师墓志碑》第 3 行里出现了与墓主先祖萨刺德有关的记录。在本行出现以下几个契丹字：

这几个字的抄录如下：

学者们推测：首字 是表示"用一支箭"的意思， 是表示天干的"戊"、颜色的"黄"、金属的"金"。末尾三字 可以解读为"萨刺德只里姑夷离堇"。契丹小字《耶律副部署墓志铭》第三行有与此相似的记录，是 。盖之庸等将其释作"萨刺德二夷离堇"[1]。首字 和上述 实为同一人名的音译，二者仅第三个原字 和 不同。据研究，原字 的发音是 α，原字 的发音是 γa。契丹小字的一个特点是对同一词汇的音译采用不同的原字。 和 的交替使用证明了当时契丹语的长元音正在形成。[2] 因此可推定 也是人名"萨刺德"的音译。其次 的发音是 tʃur-u[3]，应表示"萨刺德"的别名，但是还不能确认是否意味着"萨刺德二夷离堇"的"二"。笔者认为余下 为"室韦"， 有表示"征服"的可能性。这样该词组的意思是"用一支箭征服黄室韦的萨刺德只里姑夷离堇"。《辽史》里有"萨刺德向黄室韦挑战"的记录。即"肅祖生薩刺德，嘗於黄室韋挑戰，矢貫數劄，是為懿祖"[4]（肃祖生萨刺德，萨刺德曾经向黄室韦挑战，箭穿过了几层铠甲。这是懿祖）。根据这条史料，萨刺德和黄室韦有过争斗

---

① 盖之庸、齐晓光、刘凤翥：《契丹小字"耶律副部署墓志铭"考释》，《内蒙古文物考古》2008 年第 1 期。

② 吴英喆：《契丹语静词语法范畴研究》，内蒙古大学出版社 2007 年版，第 103—104 页。

③ 清格尔泰：《契丹文字研究》，见《清格尔泰文集》，内蒙古科学技术出版社 2010 年版，第 417—423 页。

④ 《辽史》卷二《太宗纪上》，中华书局 1974 年版，第 34 页。

是事实。但是很难说汉文和契丹文的内容完全一致。根据汉文的内容很难判断谁是契丹和黄室韦争斗的战胜者。据契丹文的内容，黄室韦好像是战败者。据汉文记载是萨刺德负伤，在契丹文中则避而不写萨刺德的负伤，只写了用一支箭征服了黄室韦。当然墓志铭是以赞美长辈的功绩和恩德为目的，避免写祖先的负伤，夸大功绩等的可能性很大。①

根据以上的内容，该词组中，还未解读的 _{旡用}灭火 和 _{与忄} 可以解读为"室韦"和"征服"了。

二、关于室韦

部族名"失韦"又叫"室韦"，第一次出现是在《魏书》中，隋朝以后的史书里被记载为"室韦"。虽然也有持不同见解的学者，但是很多学者都认为室韦—鞑靼人是现代蒙古人的祖先。比如，亦邻真认为"构成蒙古民族的核心部族是原蒙古人—室韦—鞑靼人。蒙古语是以室韦—鞑靼语为基础，经过突厥化过程而形成的"②。很明显，"失韦"和"室韦"是同一个部族名的不同音译。因为这个名称是用汉字记录的，所以很难复原当时的实际发音。据保罗·伯希和的研究，"室韦"和"鲜卑"的发音相同，认为是*Serbi、*Sirbi、*Sirvi。③ 本文对"失（室）韦"和"蒙古"以及"室韦"和"鲜卑"之间的关系不做深入探讨，而仅对以契丹小字出现的"室韦"这一词及其发音提出个人见解。

从构成契丹字 灭火 的原字的发音来看，旡 ʃ、用 il~ir、灭 u、火 un、忄 ən④，合起来拼读为 ʃilunən 或 ʃirunən。据李珍华、周长楫的研究，汉字"室

---

① 从另一个角度看，在这个句子的"矢贯数札"（箭穿过了几层铠甲）的"札"也许是指黄室韦人的札（铠甲）。换句话说，有可能负伤的是黄室韦人。

② 亦邻真：《中国北方民族与蒙古族源》，《内蒙古大学学报》1979 年第 3—4 期。

③ 〔法〕伯希和、烈维著，冯承钧译：《吐火罗语考》，中华书局 1957 年版，第 59 页。

④ 清格尔泰：《契丹文字研究》，见《清格尔泰文集》，第 417—423 页。

韦"的发音变化如下 [1]：

    上古音 中古音 近代音

室：ɕĭĕt ④ ɕĭĕt ④ ṣi ③

韦：rĭwəi ① rĭwəi ① ui ②

  基于汉语中古音的推定，该二字中古音为 ɕĭĕt~rĭwəi，近代音为 ṣiui。汉字 "室韦" 的中古音 ɕĭĕt 和近代音 ṣiui，保罗·伯希和复原的 *Serbi, *Sirbi, *Sirvi，以及契丹小字的 ʃilunən 或 ʃirunən 等三种发音的第一音节非常近似。当然，这些都是因为记录北方民族的语言，所以 "室韦" 的发音不能仅根据汉字的发音来推定。契丹文字与汉字不同，它是表音文字，所以应该比汉字更详细地反映了 "室韦" 当时的发音。迄今为止，契丹字灭火的发音推定为 ʃilunən 或 ʃirunən，但笔者认为用的字音比起 ir，il 的可能性更大，所以认为灭火的发音 ʃilunən 更为正确。在刘凤翥等人发现表示 "生父" 的字在契丹小字《耶律弘用墓志铭》第 2 行为，而契丹小字《耶律乌卢本》第 5 行为，认为屮和用的字音相同，两者都包含辅音 l。表示 "生" 的（《耶律弘用墓志铭》第 2 行）和（《永清公主墓志铭》第 19 行），以及表示人名 "解领" 的（《耶律副部署墓志铭》第一行）和（《耶律副部署墓志铭》第四行）等第二个原字的不同写法也与表示屮和用的发音相同或相似。而且据过去研究，屮的字音并不是 r，而是 l。所以用的发音是 il。[2]

  还有人名 "敌烈" 和 "敌辇" 的 "烈" 和 "辇" 的音译中也能使用用。汉字 "烈" 和 "辇" 发音变化如下 [3]：

    上古音 中古音 近代音

烈：lĭat   lĭɛt   liɛ

辇：lĭan   lĭɛn   lĭɛn

---

① 李珍华、周长楫：《汉字古今音表》，中华书局 1999 年版，第 190、54 页。

② 刘凤翥、丛艳双、于志新、娜仁高娃：《契丹小字 "耶律慈特、兀里 本墓志铭" 考释》，《燕京学报》2006 年新第 20 期。

③ 李珍华、周长楫：《汉字古今音表》，第 257、226 页。

　　两个字的声母都不是 r，而是 l，说明⽤的字音是 il。与蒙古文字相比，契丹小字里辅音"b"经常被省略。例如："春"在蒙古文里叫 xɑbur 和契丹文 ɤour，"鸟"在蒙古文里 sibaɤu 和 ʃaua，"冬"在蒙古文里是 ebül，而契丹文中为 u：l 等。根据这个规律，"室韦"的字音除了 ʃilunən，也不能排除可以复原为 ʃilbunən 的可能性。另外契丹小字史料里经常出现人名"释鲁"的音译。新发现的契丹小字《翰特剌郎君墓志铭》里这个人名被写为。这一记录再次证明⼩和⽤的发音相似。显然和的词干相同。从这一点能看出汉文里经常出现的人名"释鲁"和部族名"室韦"有内在联系。如果保罗·伯希和的见解正确的话，能推测《辽史》卷六三里出现的"鲜卑山"①的"鲜卑"，人名"释鲁"和部族名"室韦"拥有相同的意义。诸如此类使用同一个词表示山名、人名、部族名是符合北方民族习惯的。契丹语 ʃilbunən，ʃilunən 的语义问题很难判断。作为参考，下面给出了其他学者的见解。例如：据宝银德力根先生的推测，ʃilbunən 的词干是 ʃiləb，和蒙古语的 kiŋ gaŋ ʃiləb（胫骨）的 ʃiləb 表示大致相同的意义。

三、"征服"的推定

　　构成契丹文的各原字的发音是ㄅ，是 tor②，⼗ 是 l，⼞ 是 pen③，合起来拼读成 torlpən。《辽史·国语解》里有"夺里本，讨平也"，"夺里本"的近代音 tuɔ ② -li ③ -puən ③④ 与的字音 torlpen 极其相似，可推测的意义是"征服"和"讨平"。考察契丹文资料，得知其他资料中也有相似的

---

① 《辽史》卷六三表一，第 950 页。
② 刘凤翥、唐彩兰、青格勒：《辽上京地区出土的辽代碑刻汇辑》，社会科学文献出版社 2009 年版，第 451 页。
③ 清格尔泰：《契丹文字研究》，见《清格尔泰文集》，第 417—423 页。
④ 李珍华、周长楫：《汉字古今音表》，第 250、62、177 页。

记录。例如：《耶律副部署墓志碑》第四行有 毛 [①] 圣山化 采夂 平厽 屮圣 ，解读为"一箭征服了两个黄"[②]。根据拓片，表示"一"的 毛 是否有点无法判断。其中的

圣山化 是很显然表示"两个黄室韦"，也就是"大黄室韦"和"小黄室韦"的省略。有趣的是表示"两个"和"黄色"的 圣 和 山 两者都是阳性的。契丹语的性语法范畴里有"男性"和"男性"的和谐，由此可以推测辽代的部族名称中可能还存在"性"语法概念上的和谐。参考先前研究，末尾的契丹字字音复原为 dʒulgələd。[③] 据研究，契丹小字史料里辅音 dʒ 和 t 经常被互换。[④] 所以 采夂平厽屮圣 dʒulgələd 和 ㄣ屮 torlpən 是同义词。认为 dʒulgələd 是和蒙古语里表示"整理"、"夺取"的 ᠵᠣᠯᠪᠣᠬ tʃolbox[⑤] 可能有同源关系。从以上记载来看，对于契丹人来说，懿祖萨刺德"只用一箭征服了黄室韦"的事件是众所周知的，也是让契丹人感到自豪的事情吧。

四、关于"蒙兀"

契丹小字史料里除了表示"室韦"的字之外，还出现表示"蒙兀"的字。例如：《耶律仁先墓志铭》第 54 行有 哭夊火冇宍公。首字的发音被推测为 məŋ-u-d-ən 或 məŋ-u-d-ən。[⑥] 据李珍华、周长楫的研究，汉字"蒙兀"的发音变化如下[⑦]：

---

① 据拓本无法判断表示"一"的 毛 是否有点。
② 爱新觉罗乌拉熙春、吉木道雅虽然没有写具体契丹字，但把该词组解读为"用一箭打败了两个黄室韦"。见氏著：《新出土契丹史料的研究》，松香堂书店 2012 年版，第 147 页。
③ 清格尔泰：《契丹文字研究》，见《清格尔泰文集》，第 417—423 页。
④ 关于这个规则的先行研究参考吴英喆：《契丹语静词语法研究》，第 46 页。
⑤ 内蒙古大学蒙古学研究院蒙古语文研究所：《蒙汉词典》，内蒙古大学出版社 1999 年版，第 129 页。
⑥ 清格尔泰：《契丹文字研究》，见《清格尔泰文集》，第 417—423 页。
⑦ 李珍华、周长楫：《汉字古今音表》，第 1—195 页。

	上古音	中古音	近代音
蒙：	mɔŋ ①	muŋ ①	muŋ ②
兀：	ŋuət ④	ŋuət ④	u ④

　　基于以上汉字的中古音推测，"蒙兀"当时的发音是 muŋŋuət，据近代音推测是 muŋu。"蒙兀"当时发音 muŋŋuət，与 夹圣火丙 的发音 məŋudən 十分相似。其次契丹文 穴公 有"诸官"的意思。这词组的意义解读为"蒙兀诸官"。还有契丹小字《韩高十墓志铭》第 21 行有 夹土火丙　夹伏开伏　亜伞，首字 夹土火丙 的发音是 miŋ-ou-d-ən，应表示族名"蒙兀"。其次，夹伏开伏 的意义不明确，最后的 亜伞 已被前人释作"统领"、"管理"。这三个字合起来或表示"统领蒙兀的□"。

契丹字"春、夏、秋、冬"的释读历程

张少珊（赤峰学院历史文化学院）

"春、夏、秋、冬"指一年中的四个季节。在记录事件的时候，通常会用作表示时间的宽泛的用词，比如某年夏发生了什么事情。同时"春、夏、秋、冬"还有引申出来的含义，如表示岁月的流转或者时间的永恒。"春、夏、秋、冬"与人们的生活息息相关，中国古代人就已经深刻地知道"春、夏、秋、冬"四季的不同。

在契丹字中，"春、夏、秋、冬"经常与某年连在一起表示时间，因此也比较早的解读与被解读出来。本文梳理的契丹大小字的"春、夏、秋、冬"的释读历程，同时通过契丹大小字的对比，构拟出了几个契丹大字的读音。

一、契丹小字中的"春、夏、秋、冬"

（一）春与秋

春与秋的解读与契丹原字**夊**的读音的拟定有直接的关系，因为在于义为"春"与"秋"的契丹小字中均包含有原字**夊**。

夊的拟音经过了曲折的探索。最初的探索是从同样带有原字**夊**的**尢夊**开始的。契丹小字《辽宣懿皇后哀册》文中有词组**尢夊丰**，罗福成先生根据汉字《辽宣懿皇后哀册》文的记载，将之释读为"元年"[1]，几乎同时王静如先

---

[1] 罗福成：《辽宣懿皇后哀册释文》，《满洲学报》1933 年第 2 号。

生也将这一单词释读为"元年"①。**尤夾**为"元年"的"元"已经得以确定。
继而对**夾**的音值的探索开始了。山路广明根据**尤夾**于义为"元",将它认为
是汉语音译的契丹语词,将**夾**拟音为an,认为**夾**来源于汉字"安"。②沙夫库
诺夫根据"元"的释读,将**尤夾**译为"第一"、"起始的"之义,读**夾**为И。③
契丹文字研究小组根据带有原字**夾**的契丹小字**凡夾**释读为"国",把它认为
是契丹族语词,**凡夾**
利是带有所有格词尾**利**的"国"。同时根据《辽史·国语
解》中"收国"注音为"国阿辇",已知**凡**读[k]、**利**读[ən],**夾**的音值定为
[uɑn]以与《辽史·国语解》的记载符合。上述的几种拟音将**尤夾**、**凡夾**作为
汉语借词,并错误地理解《国语解》中"国"的记载。④但是这些读音都没
有拟对。

　　1991年5月出土于辽宁省北镇满族自治县鲍家乡高起村的辽墓中出土
了《耶律宗教墓志》及志盖,同时伴有汉字墓志同出。刘凤翥等几位先生把
《耶律宗教墓志》中的**凡夾**
夾对照汉文释为"控骨里"⑤。即实先生根据**凡夾**
夾释为
"控骨里",将**夾**的读音拟为[ur]⑥,将带有原字**夾**的契丹小字**雨夾**释为"军"⑦。
《辽史·国语解》记载"战名"读音为"炒伍俪",与**雨夾**对**夾**的拟音正好吻
合。丰田五郎先生根据**夾**在契丹小字"春"**介夾**和"秋"**公乃**
夾中都是处在最
后原字的位置,结合蒙古语"春"读"哈不儿"、"秋"读"纳木儿"的情
况,也将**夾**的音值构拟为[ur]⑧。这照顾到了蒙古语"春"、"秋"的相同语
音部分,理由充分。**夾**的音值构拟为[ur]已经可以确定。这样于义为"秋"

① 王静如:《辽道宗及宣懿皇后契丹国字哀册初释》,《"中央研究院"历史语言研究所集刊》1933年第3
　　本第4分,第476页。
② 〔日〕山路广明:《契丹語の研究》第1辑,1951年油印本,第22—23页。
③ 〔苏联〕沙夫库诺夫:《契丹——女真小字解读问题》,《东方铭刻学》1963年第15期,见刘凤翥、于宝
　　林辑译:《契丹文字问题译文汇辑》(二),1975年油印本,第9页。
④ 中国社会科学院民族研究所、内蒙古大学蒙古语文研究室契丹文字研究小组:《关于契丹小字研究》,
　　《内蒙古大学学报》(哲学社会科学版)1977年第4期。
⑤ 刘凤翥、周洪山、赵杰、朱志民:《契丹小字解读五探》,《汉学研究》1995年第2期。
⑥ 即实:《谜林问径——契丹小字解读新程》,辽宁民族出版社1996年版,第658页。
⑦ 即实:《谜林问径——契丹小字解读新程》,第451页。
⑧ 〔日〕丰田五郎:《契丹小字对四季的称呼》,《民族语文》1998年第1期。

的契丹小字【契丹字】就被解读出来。根据【契丹字】读为 [n] 和【契丹字】读为 [am][1]，那么【契丹字】的读音可以确定为 [namur]。

　　丰田五郎先生还将《故耶律氏铭石》第十三行的【契丹字……】译为"天庆五年春行宫北迁□正月十一日龄三十五"；将《辽仁懿皇后哀册》文第十一行的【契丹字……】译为"大康二丙辰年朔六日辛酉行宫春捺钵"，因此把【契丹字】译为"春"。[2] 同时丰田五郎先生根据汉字《辽宣懿皇后哀册》文第三十一行"树萧萧兮秋峦，草萋萋兮春渚。皆从来巡幸之地，尽依稀宴游之所"的记载，认为这是"秋山"和"春水"的对仗句用法。在契丹小字《辽宣懿皇后哀册》文第二十五行也有这样的对仗：【契丹字……】，译为汉语语义为"春露日□，秋□□□，四时□□，□□□□"。"春"与"秋"也是对仗的。因而将【契丹字】释读为"春"、将【契丹字】释读为"秋"。根据刘凤翥先生已经解读的【契丹字】为"千"，将契丹小字《辽宣懿皇后哀册》文第三十行的【契丹字……】译为"千春万秋"[3]。将【契丹字】释读为"春"、将【契丹字】释读为"秋"结论放在不同的地方均证明无误，这样的释读可以说明正确。根据亲属语言蒙古语"春"读"哈不儿"、"秋"读"纳木儿"，达斡尔语中"春"读为 haor、"秋"读为 namur 的情况，可以发现与契丹语有相同或者相近。再次证明契丹小字"春"和"秋"的释义正确。

（二）夏

　　于义为"夏"的契丹小字【契丹字】在契丹小字《宋魏国妃墓志铭》第五行中

① 刘凤翥、于宝麟：《契丹小字〈许王墓志〉考释》，《文物资料丛刊》1977 年第 1 期。
② 〔日〕丰田五郎：《契丹小字对四季的称呼》，《民族语文》1998 年第 1 期。
③ 〔日〕丰田五郎：《契丹小字对四季的称呼》，《民族语文》1998 年第 1 期。

出现：又 今丙 刃 包 卞 马火 译为"大康三年□"，刘凤翥先生根据在契丹小字
马火中，马的读音为[ʤ]、火的读音为 [un]，将马火释读为四季中的"夏"。同
时用契丹语的亲属语言来验证："夏天"的"夏"在蒙古语正蓝旗方言、巴
林右旗方言、喀喇沁方言、达尔汗方言、阿拉善方言和东部裕固族语方言中
均音 [ʤun]，这与契丹语的读音基本一致。① "夏"这个单词也就被释读出来。
这是在已知契丹原字读音的基础上所解读的字义。

（三）冬

契丹字和汉字对译的《大金皇弟督统经略郎君行记》第四至五行有
父 今丙 乇 玊 犮 　冬 卞 叐 叐平 乇 毛 癶，其中的叐平，王静如先生
根据契丹字和汉字在记载时间方面是相同的，对照汉字译文将叐平释读为
"冬"②。这一释读遂被各家所认同。

已知叐平为"冬"之义，并不是说明这个单词的释读已经终结，其中的
原字平的读音还有没有读出。自 20 世纪 30 年代知叐平为"冬"，一直无人问
津平的读音。1977 年，契丹文字研究小组通过分析动词附加成分，发现平在
多数情况下，与屮相对。屮多同展唇元音配伍，而平则多与圆唇元音配伍。
屮的音值已推定为 l、əl；平的音值当为 u l。按照这一拟音，则义为"冬"
的叐平读为 u+ ul 即 ul 或 u'ul，这与蒙古语表示"冬"的 [owol]、达斡尔语
表示"冬"的 [ugul]、东部裕固语表示"冬"的 [wəl] 读音相似。③ 有原因和
谐律的分析以及亲属语言的对音材料平读为 [ul] 比较可信。

这是通过字义来拟定原字音值的途径，使于义为"冬"的契丹小字叐平
在音与义上完全明了。对这一单词的延伸意义是通过契丹小字的解读探索与
契丹族相关的现在民族和历史民族。刘凤翥先生通过诸多已经解读的契丹小

---

① 刘凤翥、青格勒：《契丹小字〈宋魏国妃墓志铭〉和〈耶律弘用墓志铭〉考释》，《文史》2003 年第 4 辑。
② 王静如：《辽道宗及宣懿皇后契丹国字哀册初释》，《"中央研究院"历史语言研究所集刊》1933 年第 3
　本第 4 分。
③ 中国社会科学院民族研究所、内蒙古大学蒙古语文研究室契丹文字研究小组：《关于契丹小字研究》，
　《内蒙古大学学报》（哲学社会科学版）1977 年第 4 期。

字与现在的达斡尔族中的语言进行对比研究，揭示出达斡尔族为我国古代历史民族东胡的后裔。[①] 经过 DNA 测定达斡尔族确是契丹后裔。[②] 达斡尔族与契丹族有着最近的遗传关系和血缘关系。达斡尔语中保留着契丹语的一些痕迹。契丹语中的"羊"的发音与达斡尔语中的"山羊"发音相同、契丹语中的"马"、"狗"、"蛇"与达斡尔语中的"马"、"狗"、"蛇"读音也相近。契丹语中的 h 在达斡尔语中被有规律地代替为 g。上述的契丹语中的"冬"与达斡尔语表示"冬"的 [ugul] 读音也是相同或相近的。

另外需要说明的是：契丹语中汉语借词的"夏"是丰田五郎先生解读出来的。他根据已知读音将契丹小字《耶律仁先墓志铭》第六行的**夲及 秋亦 凡亦 杰**译为"富春郡王"、第十四行的**叐芬 秋亦**译为"今春"、第十八行的**不才 凡卖**译为"夏国"[③]。但是这两个单词并没有出现在于义为四季时间的"春"、"夏"中，这一点是应当注意区别。

二、契丹大字中的"夏、秋、冬"

（一）冬

丰田五郎先生在 1963 年发表了《契丹隶字考》，首先释出了契丹大字中的"元年冬"[④]。"冬"还出现在《耶律祺墓志铭》第二十六行，这行的**赤 派 冬**于义为"六年冬"[⑤]。

契丹大字**冬**是直接借用的汉字，其字形、字义等均同于汉字"冬"，但其读音却用契丹语来读。**冬**对应契丹小字的**叐平**，读音应为 [ul]。

契丹大字**冬**除了于义为"冬"之外，还作为音符与其他契丹大字拼成新

① 刘凤翥：《从契丹小字解读探达斡尔为东胡之裔》，《黑龙江文物丛刊》1982 年第 1 期。
② 吴东颖：《契丹古尸分子考古学研究》，《达斡尔资料集》第三集，民族出版社 2002 年版，第 1088—1149 页。
③ 〔日〕丰田五郎：《契丹小字对四季的称呼》，《民族语文》1998 年第 1 期。
④ 〔日〕丰田五郎：《契丹隶字考》，《东洋学报》1963 年第 46 卷第 1 号。
⑤ 刘凤翥：《契丹大字〈耶律祺墓志铭〉考释》，《内蒙古文物考古》2006 年第 1 期。

的单词。例如出现在《耶律祺墓志铭》第三十行的冬 𠮷 书三个契丹大字拼成一个于义为"嫁"的单词。① 契丹大字中的"嫁"在《耶律习涅墓志铭》第七行又作冬 而 禾。

于义为"嫁"的契丹小字有𠃌平荅与、尺平荅丙、荅屮伏、尺平荅与等字，其中，原字𠃌与尺的读音相近，可以互换。因此，契丹小字"嫁"的词干是𠃌平荅或尺平荅，它们等同于契丹大字冬而或冬荅。荅出现在人名𠮷荅书"习涅"中，拟音为 [nie]；而出现在人名而之"习尼里"拟音为 [ni]。② 荅和而读音很近，故可以互相置换。这也体现在盐州而之、之州荅之于义为"封"的契丹大字中。契丹大字的荅等同于契丹小字原字荅，音 [nie]③。冬则对应𠃌平或尺平音 [ul]。这正符合契丹语"冬"在契丹小字写作𠃌平。因此将契丹大字冬拟音为 [ul] 不误。

（二）夏与秋

契丹大字的夏与秋分别出现在《耶律祺墓志铭》第十三行夹丏三氺夏、第十七行交氺禾，刘凤翥先生分别译为"大康三年夏"、"九年秋"④。这是对契丹大字"夏、秋"的第一次解读。这里根据契丹大字夏（夏）对应的契丹小字马女（夏），将夏读为 [ʃun]；根据契丹大字的禾（秋）对应的契丹小字的公乃交（秋），将禾读为 [nɑmur]。

契丹大字中的"春"还没有出现，就已经解读的"夏、秋、冬"多以汉字作为基础，或者直接借用或者用最生动形象的汉字来表示，猜测契丹大字的"春"与汉字的"春"相差不远。

根据已经译读的契丹小字不才几交译为"夏国"，不才为"夏"的音译；契丹大字《耶律祺墓志铭》第二十一行的西兒氼杏也被译为"西夏国"⑤，两个词组所指的均是西北地区的党项族建立的大夏国，而且应该都是汉语借

---

① 刘凤翥：《契丹大字〈耶律祺墓志铭〉考释》，《内蒙古文物考古》2006 年第 1 期。
② 刘凤翥、王云龙：《契丹大字〈耶律昌允墓志铭〉之研究》，《燕京学报》2004 年新第 17 期。
③ 刘凤翥：《契丹大字〈耶律祺墓志铭〉考释》，《内蒙古文物考古》2006 年第 1 期。
④ 刘凤翥：《契丹大字〈耶律祺墓志铭〉考释》，《内蒙古文物考古》2006 年第 1 期。
⑤ 刘凤翥：《契丹大字〈耶律祺墓志铭〉考释》，《内蒙古文物考古》2006 年第 1 期。

词。根据契丹大小字都是用来记录契丹语，是可以互相对译的，契丹小字
不才等同于契丹大字**旯亢**。已知契丹小字原字**不**读为 [ɤa][1]，那么契丹大字
旯也应读为[ɤa]；**才**读为[a][2]，那么**亢**的读音也应该为[a]。希望在以后的契
丹大字释读中能够有更多的证明。

　　通过以上内容，爬梳了契丹大小字的"春、夏、秋、冬"释义和拟音历
史，从中受到启发，认为契丹大字**夏**音 [ʃun]、**禾**音 [nɑmur]、**冬**音 [ul]、**旯**音
[ɤa]、**亢**音 [a]。文中尚有不妥之处，请专家学者批评指正。

---

[1] 中国社会科学院民族研究所、内蒙古大学蒙古语文研究室契丹文字研究小组：《关于契丹小字研究》，
　　《内蒙古大学学报》（哲学社会科学版）1977 年第 4 期。

[2] 刘凤翥：《最近二十年来契丹文字研究概况》，《燕京学报》2001 年新第 11 期。

学术动态

刘凤翥教授的《契丹文字中的"横帐"》讨论文

〔韩〕李圣揆（檀国大学蒙古学科）

按语： 2016 年 9 月，刘凤翥先生应韩国嘉泉大学亚洲文化研究所的邀请参加了该研究室举办的"欧亚文明和阿尔泰国际学术研讨会"，在会上刘先生宣读了《契丹文字中的"横帐"》的论文。（论文于 2016 年 12 月发表在该研究室的学报上。）会议上首尔檀国大学的李圣揆先生对刘先生的论文做了总结发言。现将李圣揆先生的总结发言整理发表。

近来韩国及中国、蒙古国、日本等国对北方民族文字方面的研究变得越来越多，尤其学者们对其中还没有完全被解读的契丹文字的研究非常感兴趣。另外契丹文字的新资料也不断被发掘，一时间契丹文字的研究引起了学界的注意。

契丹文字的研究不仅对蒙古语，特别是对古代蒙古语的研究有非常重要的意义，而且对阿尔泰语言学研究，甚至从历史—考古角度出发的探索对中亚研究也是必不可少的。这般重要的契丹文字研究最近正迅速得以发展，这对研究蒙古语的学者来说也是件可喜的事情。能够亲自聆听到契丹文字研究者中数一数二的大家刘凤翥教授的论文发表并能进行讨论，作为对契丹文字感兴趣的研究者中的一员感到十分荣幸。

刘凤翥教授的《契丹文字中的"横帐"》一文中提到把契丹字"才古"分析成"兄弟"是错误的，并且举了若干例子。另外还指出通过一些例文可以推断出契丹小字"才古"的意思为"横帐"。讨论者也同刘凤翥教授一样认为契丹字"ㄓ古"应分析成"横帐"而不是"兄弟"。但如果契丹字"ㄓ古"
分析成"横帐"的话，它当时在契丹语里的实际读音又是如何呢？刘凤翥教
授对这个问题有何高见呢？

接着，刘凤翥教授指出最近因为契丹文文献的赝品泛滥，契丹文字研究
受到了影响，因此希望这个问题得到处理。讨论者也非常同意这一点，并且
会在往后的研究中时刻留意。然而，能像刘凤翥教授般登上学术最高峰的学
者寥寥无几。挖掘新的文献并把它介绍给学界，这对一名从事研究工作的学
者来说没有比这再感到光荣的事了，因此从这个观点出发，还想恳请教授再
进一步阐明一下这个问题，虽然刘凤翥教授已经多次论及过赝品的问题。

最后，自 1985 年《契丹小字研究》出版以来，契丹小字的研究得到了
很好的发展，已经可以分析到语法成分部分。然而契丹大字方面研究在刘
凤翥教授的《契丹大字耶律昌允墓志研究》之后一直没有大的进展。虽然
几年前在俄罗斯发现契丹大字的书，而且东方文献研究所的学者扎伊采夫
（Zaytsev）在进行着他的有关这方面的研究，但似乎还是进展不大。还有蒙
古国发现的契丹大字碑文的研究结果至今还未问世。因此想请教刘凤翥教授
和后辈学者们在往后的契丹文字研究中应该注重这些方面的问题。

能够在韩国聆听契丹文字研究大家刘凤翥教授的论文发表着实感到荣
幸。最后希望将来也能有幸继续听到教授精彩的论文发表，也祈望教授身体
健康。本次讨论到这里结束。

《科举与辽代社会》评议

任爱君　李浩楠（赤峰学院历史文化学院）

高福顺先生系吉林大学武玉环教授之高足。从事辽金史研究，已有十余年，发表论文 80 余篇，是当今中国辽金史学界一位很有实力的学者。2015年，由中国社会科学出版社出版的《科举与辽代社会》，是高福顺先生多年研究成果的结晶。《科举与辽代社会》一书对辽代科举制度及其与辽代社会的互动做了系统梳理，该书对辽代科举制度的发展历程，辽代科举考试运行机制，辽代科举考试规模，辽代及第进士礼遇与"进士"称谓辨析，科举与辽代教育，科举与辽代释褐群体的政治地位，科举与辽代社会儒家文化的繁荣以及辽代科举制度发展演变的基本特征，辽代科举制度发展演变的历史局限性，科举制度在辽代社会生活中的地位和影响等方面做了深入、有益、细致的探讨。《科举与辽代社会》（以下简称《科举》）总字数达四十余万字，从中可见高福顺先生用功之深。此书是辽史学界第一部研究辽代科举制度与社会互动的专著，填补了相关研究领域的空白，拓展了辽代科举史研究的深度和广度。

该书之优点，首先，穷尽史料，旁征博引。研究辽史，最大的困难是"保存下来的原始史料太少"[①]。因此，穷尽史料无疑为当务之急。有关本书的"穷尽史料"方面，有如下特点：本书对于正史《辽史》中有关科举及与本研究相关之史料的搜集，用"囊括一空"来形容，并无夸张之处；辽代科

[①] 刘浦江：《辽朝国号考释》，见刘浦江：《松漠之间——辽金契丹女真史研究》，中华书局 2008 年版，第 28 页。

举上承唐、五代，吸收宋代制度，下启金代，本书对于一些辽代科举制度的专有名词及相关制度的考辨，使用了不少唐代、五代、宋代、金代史料，如对"知贡举"的考辨，就引用了《通典》、《唐会要》等唐代史料。[①] 对"前进士"的探讨，引用了《旧五代史》等五代史料。[②] 对于进士释褐授"教书郎"官职的辨析，引用了《旧唐书》、《宋史》等史料。[③] 对于辽代科举考试内容中五经传疏版本的考证，引用了新旧《唐书》、《金史》等[④]，可谓比比皆是。重视搜集宋人、金人、元人著作中对辽代科举的记载，如《续资治通鉴长编》、《文昌杂录》、《老学庵笔记》、《宋会要辑稿》、《儒林公议》、《梦溪笔谈》、《辽东行部志》、《中州集》、《庄靖集》、《癸辛杂识》、《玉堂嘉话》、《契丹国志》及部分宋人行程录等。对于清代史学家的史料搜集、辑佚、考辨亦相当重视，如《辽史拾遗》、《辽史拾遗补》、《续通志》、《陔余丛考》等，对于清代地方志亦有引用，如（光绪）《畿辅通志》等[⑤]；高度重视石刻文献，特别是新出土的石刻文献。就本书对石刻类文献的引用来看，《全辽文》、《辽代石刻文编》、《辽代石刻文续编》、《内蒙古辽代石刻文研究》、《辽上京地区的辽代碑刻汇辑》自不待言，高福顺先生亦对新出土及整理的石刻文献非常关注，如对辽代府试存在与否的探讨，使用了新出的《高士宁墓志》[⑥]。对于辽代科举家族的探讨，使用了《鲁谷金代吕氏家族墓葬发掘报告》中的多通金代吕氏家族墓志。[⑦] 本书对于前人研究成果的搜集、吸收、利用亦不遗余力，从本书第一章"导论"和书末所附"主要参考文献"来看，本书对前人研究成果的使用有如下特点：对于前人直接研究辽代科举史的相关论著之搜集，可谓"几乎罄尽"；对于与辽代科举制度相关的辽代政治、官制、教育、石刻、文化研究以及科举学之相关论著，亦予以充分吸

---

① 高福顺：《科举与辽代社会》，中国社会科学出版社 2015 年版，第 62—63 页。
② 高福顺：《科举与辽代社会》，第 139 页。
③ 高福顺：《科举与辽代社会》，第 218 页。
④ 高福顺：《科举与辽代社会》，第 81—83 页。
⑤ 高福顺：《科举与辽代社会》，第 194 页。
⑥ 高福顺：《科举与辽代社会》，第 77 页。
⑦ 高福顺：《科举与辽代社会》，第 298—299 页。

收，如本书对辽代进士释褐授官、迁转的讨论，多处引用唐统天、王曾瑜、陈晓伟等先生对辽代官制研究的论文。本书对于中国港台地区、日韩学者的成果亦有吸收，日本学者中，比较重视高井康典行先生的相关研究，韩国学者中，比较重视金渭显先生的研究成果。高福顺先生还在注释中特别指出，金渭显先生的《契丹教育与科举制度考》一文，是玄花先生帮助翻译的。这种尊重他人劳动成果，不专美己的精神，值得钦佩。

其次，列举图表，精致细微。阅读完本书的直观印象，除了穷尽史料之外，就是本书的图表之多了。本书图表有 28 个，在辽史著作中属于较多的一种。其图表可以粗略地划分为五大类：与时间相关之图表，如图表 2-1，辽代科举取士时间（988—1013）；图表 2-2，辽代科举取士时间（1014—1118）；图表 4-1，辽代科举考试时间统计等。与进士称谓及数量相关之图表，如图表 4-2，辽代历科状元统计；图表 5-1，辽代乡贡进士题名录；图表 5-4，辽代进士辑录；图表 9-1，辽代五京籍贯进士统计等。其中图表 4-2，将作者与周春、刘海峰、周腊生、康学伟、王鸿鹏、萧锦源、毛佩琦等诸先生对辽代状元的统计，合为一表[①]，列举异同，辨析其时间、人名不同、歧义之处；辽代学校之图表，如图表 6-1，上京道州学古今地名对照；图表 6-3，中京道府州学古今地名对照等，使读者了解五京道辽代学校教育发展之成果，并与现代地名对应。辽代相关制度之图表，如图表 6-2，上京道州级行政区划分类；图表 7-3，辽代阶官序列；图表 8-1，辽代皇帝庙号、尊号和谥号统计，可使读者了解与科举制度相关的辽代行政区划、官制及儒家文化对契丹族的渗透等情况。辽代释褐进士相关之图表，如图表 7-2，辽代释褐进士初授官职；图表 7-4，辽代释褐进士迁转官职；图表 7-5，辽代释褐进士官至宰执群体；图表 7-6，辽代释褐进士担任出使及接伴、馆伴使；图表 7-7，辽代释褐进士出任朝官；图表 7-8，辽代释褐进士出任地方官职；图表 8-2，释褐进士任职史馆修撰、修国史统计等，围绕释褐进士群体的任

① 　高福顺：《科举与辽代社会》，第 112—114 页。

官及对辽代政治、交聘、史学发展所做贡献。值得注意的是，本书所做的图表绝非单一地列举及数字统计，图表之后往往有相关的考证、辨析等，如图表4-1，辽代科举考试时间统计①，作者首先通过图表得出辽代共进行52次科举考试，并统计了一年一试、二年一试、三年一试、四年一试、五年一试所占比例等。但作者并未由此止步，仅仅统计其主流或取平均数，而是将辽代科举考试年限划分为4个阶段，每一个阶段都依次列举其年限并加以分析，从而对辽代科举考试年限的变化做了动态的、微观的和科学的分析，最后得出"圣宗统和六年至圣宗统和十八年期间，仿唐朝科举制度，基本以一年一试为主；圣宗统和十八年至圣宗太平四年期间，仿宋朝科举制度，然仍于唐宋科举制度之间徘徊，多以二年一试为主；圣宗太平四年至道宗大安六年期间，形成具有自身特色之科举制度，基本以四年一试为主；道宗大安六年至天祚皇帝天庆八年期间，辽代科举制度又向宋朝科举制度回归，基本以三年一试为主"②的结论。避免了只取主流及平均数的弊端，分析细致。同时揭示出辽代科举制度对唐、宋的学习过程及其中发展的曲折、反复、徘徊等，还有辽朝自身对科举制度的实践、探索等，令人信服。类似这样的分析本书还有很多，可见作者用功之深。

最后，不拘成说，新见迭出。辽代科举制度研究之难点，除了史料相对较少之外，前人研究成果亦较为丰富，那么，是仅仅选择在前人研究成果之薄弱环节之间"见缝插针"，还是勇于面对长期以来有争议的疑难性问题，无疑是衡量学术著作水平的要点之一。本书在充分地把握前人研究成果的基础上，敢于面对一些疑难问题，即"专攻难点"。关于辽代科举考试中的府试之制是否存在，就是学术界一个非常有争议性的问题，武玉环、周怀宇、李文泽、乔卫平、宋德金、沈兼士、松田光次、金渭显诸先生认为辽代府试是存在的。而朱子方、黄凤岐、都兴智、张希清、范寿琨、袁世贵、李桂芝诸先生认为在辽代科举考试程序中，不存在府试一级。本书在充分引用、吸

---

① 高福顺：《科举与辽代社会》，第94—86页。
② 高福顺：《科举与辽代社会》，第99页。

收以上诸先生成果的同时，予以考辨并增补相关史料，作者首先在理论上，阐述辽代科举制度上承唐代的事实，然后考察了唐代的科举考试程序，作者指出唐代乡贡一般要经县一级考试，合格后再经府州一级考试，唐代乡贡与府试是相关联的，因而推定"辽代存在府试这级考试程序之可能性是极大的"①。随后又对辽代史料进行考证、分析，指出《辽史》、《王泽墓志》、《贾师训墓志》、《郑颉墓志》中有辽代府试之存在的蛛丝马迹，又引新出的《高士宁墓志》及左利君先生之考释，认为"是笔者发现有关府试之最直接证据"②。最后引用宋人言论，金初科举承袭辽制，而金朝科举考试中存在府试一级程序，认为无论从宋代史料的可信性上，还是金代科举因袭辽代的事实上，辽代科举考试中存在府试这一级程序。③ 既有理论分析，又有史料考证，环环相扣，令人信服。再如辽代存在的一系列带有修饰语的"进士"称谓，他们是否为进士，这些修饰语又有什么内涵，作者亦予以考释，并做出了科学的定义。如"'业进士'是指以参加科举考试为目的而自幼研习儒家经史，尚未取得礼部贡院科举考试资格的士人群体"，"'举进士'称谓是指获得参加礼部贡院的科举考试资格，尚未获得擢进士第的士人群体"④。"乡贡进士"指"地方州县长官依据私学养成之士人群体的乡试、府试成绩，举荐参加礼部贡院所举行之进士科考试或殿试而未能擢第者"⑤。"'前进士'当指通过礼部贡院举行科举考试及第而未释褐授官之进士称谓。'殿试进士'当指由皇帝于宫殿之内亲自主持省试合格奏名举人之活动……'殿试进士'则为其合格者之称谓。"⑥ 这些定义无疑是全面的、准确的、科学的。本书之诸多新见还见于史料考辨和切入角度转变上，如《辽史》中太平九年十一月丙寅对皇城进士张人纪、赵睦"赐第"的记载，作者通过考辨，指出此"赐第"

---

① 高福顺：《科举与辽代社会》，第75页。
② 高福顺：《科举与辽代社会》，第77页。
③ 高福顺：《科举与辽代社会》，第78页。
④ 高福顺：《科举与辽代社会》，第123页。
⑤ 高福顺：《科举与辽代社会》，第131页。
⑥ 高福顺：《科举与辽代社会》，第138页。

应释为"赐宅第"①。对于辽代限制医生参加科举，作者认为，这是"勿欲使医者分散精力、注意力，专心于医学研究"②，转换了切入角度。类似的新见，本书还有不少。

　　本书中有一些微小的错误，如西京道州学的考证，作者认为《辽史·百官志四》所记"弘州"州学和《辽史拾遗》引《宣府镇志》所记之"宏州"州学是一回事。③ 按《宣府镇志》有正德和嘉靖年编纂者。（嘉靖）《宣府镇志》载"于是有西京学，有奉圣、归化、云、德、弘、蔚、妫、儒八州学"④。《宣府镇志》所载亦为"弘州"，"宏州"当系清人避高宗讳改。瑕不掩瑜，本书是一部非常优秀的有关辽代科举制度的专著，将辽代科举及与社会互动之研究提升到了一个新的高度。

---

① 高福顺：《科举与辽代社会》，第 88 页。
② 高福顺：《科举与辽代社会》，第 50 页。
③ 高福顺：《科举与辽代社会》，第 202 页。
④ （明）孙世芳修，栾尚约辑：（嘉靖）《宣府镇志》卷十八《学校考》，嘉靖四十年刊本，见《中国方志丛书》塞北地方第 19 号，成文出版社 1970 年版，第 183 页。

辽朝农业研究综述

陆旭超（吉林大学文学院中国史系）

中国农业[①]发展有悠久的历史，"大约距今一万年左右，中国华南地区农牧业已经产生"[②]。农业是立国之本，农业的发展关系到国家的稳定，中国历代王朝都非常重视农业的发展。时至今日，农业仍是关系国家经济命脉的重要产业。有辽一代，农业地位亦如此。最早述及辽朝农业的是张柏忠《契丹人的农业》[③]和江慰庐《从"塔不烟"人名释说谈辽和西辽朝的农业生产》[④]两篇文章。此后关于辽朝农业的研究如雨后春笋般发展起来，取得了丰硕成果。对辽朝农业整体发展论述的著作，有陈述的《契丹社会经济史稿》[⑤]，从辽朝农业的开展、农业生产者和农产品三个方面论述，我们对于辽朝农业有了整体把握。程妮娜主编的《东北史》[⑥]，以东北史角度叙述辽朝东北地区农业的发展。韩茂莉的《辽金农业地理》[⑦]从历史学、地理学角度出发，尽可能地全面复原辽金时期各种农业生产部门的空间分布格局，探讨了这一历史时期内辽、金两朝疆界内大农业生产的地域差异，以及自然、社会等因素对农业生产的影响。韩茂莉《草原与田园——辽金时期西辽河流域农牧业与环

---

① 农业分为广义农业和狭义农业。本文探讨的是狭义农业，即种植业。
② 张之恒：《中国原始农业的产生和发展》，《农业考古》1984 年第 2 期。
③ 张柏忠：《契丹人的农业》，《内蒙古日报》1982 年 5 月 20 日。
④ 江慰庐：《从"塔不烟"人名释说谈辽和西辽朝的农业生产》，《社会科学辑刊》1982 年第 2 期。
⑤ 陈述：《契丹社会经济史稿》，生活·读书·新知三联书店 1978 年版，第 33—35 页。
⑥ 程妮娜主编：《东北史》，吉林大学出版社 2001 年版，第 175—176 页。
⑦ 参见韩茂莉：《辽金农业地理》，社会科学文献出版社 1999 年版。

境》①指出西辽河流域在辽金时期经历以游牧业为主向农业为主要地位的转
变，分析在这一转变过程中人类的发展活动以及对环境的影响。邓辉《从自
然景观到文化景观——燕山以北农牧交错地带人地关系演变的历史地理学
透视》②从地理学的角度出发论述辽代燕北地区的气候特点、自然景观、文化
景观，认为辽朝在燕北地区形成了历史时期中最大一次农业发展的高潮。此
外，白寿彝、李桂芝、陈述、漆侠、乔幼梅、张正明、舒焚、杨树森等学
者③对于辽朝农业发展均有记载。21世纪以降，辽朝农业地域性研究的文章
逐渐增多，以韩茂莉、肖忠纯、唐彩兰、朱蕾、佟宝山等学者④为代表。虽
是区域性的研究，但我们从中可以发现对于研究整个辽朝农业发展所具有的
重大价值。

一、辽朝农业发展原因的研究

辽朝"因俗而治"的政治政策是农业发展的重要原因。张国庆认为"辽
代统治者对汉人实施的因俗而治的政策，支持他们继续从事农业的发展，推
动了辽代农耕种植业的发展"⑤。黄吉连指出"契丹族社会的迅速发展重要因

---

① 韩茂莉：《草原与田园——辽金时期西辽河流域农牧业与环境》，生活·读书·新知三联书店2006
　年版。
② 邓辉：《从自然景观到文化景观——燕山以北农牧交错地带人地关系演变的历史地理学透视》，商务印
　书馆2005年版。
③ 白寿彝：《中国通史》第七卷"五代宋辽金夏时期"，上海人民出版社1999年版。李桂芝：《辽金简史》，
　福建人民出版社1996年版。陈述：《辽代史话》，河南人民出版社1981年版。漆侠、乔幼梅：《中国经
　济通史》（辽夏金经济卷），经济日报出版社1998年版。张正明：《契丹史略》，中华书局1979年版。舒
　焚：《辽史稿》，湖北人民出版社1984年版。杨树森：《辽史简编》，辽宁人民出版社1984年版。
④ 韩茂莉：《辽中京地区农业生产的发展》，《中国史研究》1999年第3期。肖忠纯：《辽代辽宁地区农业经
　济的兴衰演变》，《渤海大学学报（哲学社会科学版）》2013年第2期。唐彩兰：《辽代临潢地区的农业
　概况》，见朱士光、高延青等主编：《中国古都研究——中国古都学会2001年年会暨赤峰辽王朝故都历
　史文化研讨会论文集》（第十八辑上册），华文国际出版社2001年版，第396—406页。朱蕾：《辽朝时
　期阜新地区农牧结合的生产方式》，见辽宁省辽金契丹女真史研究会编：《辽金历史与考古》（第一辑），
　辽宁教育出版社2009年版，第175—182页。佟宝山：《辽代的头下州与古白狼水东的农牧经济》，《辽
　宁大学学报》（哲学社会科学版）2005年第5期。
⑤ 张国庆：《略论辽代农耕种植业的发展》，《黑河学刊》1991年第2期。

素之一就是因俗而治，这一政策使辽区的经济在以牧业为基础的情况下，农业也得到了一定的发展"①。张国庆、唐进认为"汉民在生产实践过程中，还把自己的生产经验与辽代当地的自然环境条件加以结合，因地、因时制宜地发展农业"②。颜亚玉认为"以燕云地区为例，指出因俗而治得以使先进的封建制继续在辽代推行，因此燕云地区成为辽的领地之后，继续保持之前的生产方式，保留了一大批封建经济的生产者"③。

　　除此之外，还有政治方面的因素。刘本锋认为"辽代社会环境稳定及政府重农政策的推行，政府官员的大力支持推动辽代农业发展"④。桑秋杰、黄凤岐、李柏龄、布尼阿林、张国庆、孙立梅等学者亦赞同此观点。⑤受汉文化因素的影响，桑秋杰认为"汉族知识分子对辽农业发展有巨大推动作用"⑥。张国庆认为"大批中原汉人及带来的生产技术，创造出因地制宜的耕作方法"⑦。孙立梅亦认为"汉文化的传播，促进了契丹、女真等人的农耕意识"⑧。自然环境方面的因素：李柏龄、布尼阿林认为"燕山地区较好的自然条件是辽农业发展的基础"⑨。张国庆认为"辽地幅员辽阔，有大量适于农耕的土地"⑩。滕海键认为"西辽河地区在自然条件较好的地区，气候适宜的条件下，可适度发展农业"⑪。此外，江慰庐认为"统治者重视农业的重要原因

① 黄吉连：《辽圣宗改革促进契丹农业发展和社会发展》，《中央民族学院学报》1991年第4期。
② 张国庆、唐进：《辽初"因俗而治"的政策及其对农业发展的影响》，《社会科学辑刊》1987年第6期。
③ 颜亚玉：《契丹统治下的燕云农业经济》，《中国社会经济史研究》1989年第3期。
④ 刘本锋：《辽代农业发展刍议》，《农业考古》2009年第6期。
⑤ 桑秋杰：《中国辽代农业发展的主要动因》，《沈阳农业大学学报》（社会科学版）2013年第3期。黄凤岐：《辽朝的农业政策》，《昭乌达蒙族师专学报》（社会科学版）1987年第2期。李柏龄、布尼阿林：《辽代燕山开发初探》，《内蒙古社会科学》（文史哲版）1987年第6期。张国庆：《略论辽代农耕种植业的发展》，《黑河学刊》1991年第2期。孙立梅：《辽金元时期东北地区农业发展的原因》，《吉林师范大学学报》（人文社会科学版）2010年第2期。
⑥ 桑秋杰：《中国辽代农业发展的主要动因》，《沈阳农业大学学报》（社会科学版）2013年第3期。
⑦ 张国庆：《略论辽代农耕种植业的发展》，《黑河学刊》1991年第2期。
⑧ 孙立梅：《辽金元时期东北地区农业发展的原因》，《吉林师范大学学报》（人文社会科学版）2010年第2期。
⑨ 李柏龄、布尼阿林：《辽代燕山开发初探》，《内蒙古社会科学》（文史哲版）1987年第6期。
⑩ 张国庆：《略论辽代农耕种植业的发展》，《黑河学刊》1991年第2期。
⑪ 滕海键：《论燕北西辽河地区的经济形态与地理环境的互动关系——从环境史角度考察》，《郑州大学学报》（哲学社会科学版）2014年第5期。

是因为辽朝政权财政收入的主要来源就是农业"[1]。黄凤岐认为"在辽宋的频繁交往过程中的活动，在一定程度上促进了农业的交流与发展"[2]。

二、辽朝农业与畜牧业关系的研究

纵观辽朝两百多年的历史发展过程中，辽朝的农业和畜牧业得到了迅速的发展，为辽朝巩固统治和发展经济做出了重要的贡献。那么在辽朝，农业和畜牧业居于什么样的社会地位？学界关于辽朝经济结构的研究有不同的见解。众所周知，契丹族是游牧民族，辽朝在建立前及建立初期，畜牧业经济一直占据着主导地位，这已是学界普遍达成的共识。持此观点的有王成国、郭丽萍、孟庆山、张国庆、黄凤岐等学者。[3]

众多学者关于辽朝经济结构存在不同看法。第一种观点认为，辽朝在建立后，农业的发展逐渐超过畜牧业并占据主导地位。赞同这种观点的有罗继祖，其谈道"石晋割让燕云十六州以后，辽代农业经济已经跃居首位"[4]。王成国认为："随着辽朝政治势力的不断南移，以及辽朝燕云农业区的出现，农业经济也就逐渐取代畜牧经济而成为主导地位。"[5]申友良认为："从辽朝中期开始，农业生产已经成为与畜牧业平起平坐，甚至驾乎其上的生产部门了。"[6]刘本锋认为："由于辽朝国土面积的扩大、农业人口增多、社会环境稳定和重农政策推行的多重因素作用下，辽代农业最终取代游牧业成为国民经

① 江慰庐：《从"塔不烟"人名释说谈辽和西辽朝的农业生产》，《社会科学辑刊》1982 年第 2 期。
② 黄凤岐：《辽宋的频繁交往与辽代的农业生产》，《北方文物》1987 年第 3 期。
③ 王成国：《契丹民族经济概述》，见辽宁省辽金契丹女真史研究会编：《辽金历史与考古》（第一辑），辽宁教育出版社 2009 年版，第 132—137 页。郭丽萍：《辽朝南农北牧大格局之形成考》，《学理论》2013 年第 27 期。孟庆山：《辽代的农牧政策与农牧经济发展》，《辽宁工程技术大学学报》（社会科学版）2004 年第 3 期。张国庆：《辽代牧、农经济区域的分布与变迁》，《民族研究》2004 年第 4 期。黄凤岐：《辽朝的农业政策》，《昭乌达蒙族师专学报》（社会科学版）1987 年第 2 期。
④ 罗继祖：《辽代经济状况及其赋税制度简述》，《历史教学》1962 年第 10 期。
⑤ 王成国：《从契丹族俗看辽代经济生活》，《社会科学辑刊》1987 年第 3 期。
⑥ 申友良：《辽朝对中国北方地区农业开发的贡献》，《湛江师范学院学报》1999 年第 2 期。

济主导产业。"① 桑秋杰认为:"辽代建国后,统治者的重视和汉人带来的生产技术使辽代的农业逐渐占据了主导地位。"② 此外赞成这一观点的还有张国庆、李柏龄和布尼阿林、麻玲、黄吉连、黄凤岐等学者。③

第二种观点认为,辽朝的经济发展是一种农牧并重的经济格局。陈述认为:"牧业需要草场,农业需要耕地,两者并没有形成对立,政府实行农牧并重的政策。"④ 程妮娜提出"辽朝的经济政策是畜牧业与农业并举"⑤。赖宝成认为:"辽道宗时期,农业经济成分持续增加,就整个辽朝经济来说,其比重已经超过了畜牧业。"⑥ 朱蕾认为:"以阜新地区为例,指出辽朝农牧结合的生产方式。"⑦ 陈启喆认为:"辽朝统治者实行的因俗而治的政策,使两大生产方式能够和谐相处,共同促进了辽朝经济的发展。"⑧ 邓辉认为:"辽代的农业与游牧业各安其道,共同发展,形成了独特的复合型土地利用形式。"⑨

第三种观点认为辽朝为南农北牧的经济格局。郭丽平认为:"辽朝不可能形成统一的经济基础,牧业不可能取代农业,农业也不可能取代牧业,农业牧业和谐相处与一国之内,形成了南农北牧的大格局。"⑩ 还有一部分学者指出,有辽一代,农业发展的受重视程度不断上升。其中舒焚认为"通过对辽历代统治者农业发展的状况指出,农业一直持续发展,重要性不断加

---

① 刘本锋:《辽代农业发展刍议》,《农业考古》2009 年第 6 期。

② 桑秋杰:《中国辽代农业发展的主要动因》,《沈阳农业大学学报》(社会科学版)2013 年第 3 期。

③ 张国庆:《略论辽农耕种植业的发展》,《黑河学刊》1991 年第 2 期。李柏龄、布尼阿林:《辽代燕山开发初探》,《内蒙古社会科学》(汉文版)1987 年第 6 期。麻玲:《辽金时期东北农业发展述略》,《中外企业家》2010 年第 16 期。黄吉连:《辽圣宗改革促进契丹农业发展和社会进步》,《中央民族学院学报》1991 年第 4 期。黄凤岐:《辽宋的频繁交往与辽代的农业生产》,《北方文物》1987 年第 3 期。

④ 陈述:《辽代史话》,第 30 页。

⑤ 程妮娜主编:《东北史》,第 176 页。

⑥ 赖宝成:《辽朝契丹统治集团的重农思想与成效》,《辽宁工程技术大学学报》(社会科学版)2016 年第 1 期。

⑦ 朱蕾:《辽朝时期阜新地区农牧结合的生产方式》,见辽宁省辽金契丹女真史研究会编:《辽金历史与考古》(第一辑),辽宁教育出版社 2009 年版,第 175—182 页。

⑧ 陈启喆:《论辽从游牧经济向农耕与游牧并重的转变与农牧关系的实现》,《文山学院学报》2011 年第 5 期。

⑨ 邓辉:《从自然景观到文化景观 —— 燕山以北农牧交错地带人地关系演变的历史地理学透视》,商务印书馆 2005 年版,第 180 页。

⑩ 郭丽平:《辽朝南农北牧大格局之形成考》,《学理论》2013 年第 27 期。

强"①。白寿彝"通过对五京地区农业发展的介绍，可知辽农业持续发展，提供了大量的粮食"②。

由上可知，辽朝农业发展得益于因俗而治的生产方式。辽朝农业和畜牧业的发展同样重要。燕云地区归辽之前，牧业的比重比较大。辽圣宗以后，农业的发展有了质的突破，农业比重不断上升，占据主导地位，畜牧业依然有条不紊地发展，为辽朝提供肉食产品。

三、农业人口的研究

农业的发展离不开农民的辛苦耕耘，以游牧民族为主体建立的辽朝更甚如此。通过移民，辽朝拥有大量可以进行农业生产的耕作者，同时他们还带去了先进的生产工具和生产技术，促进了辽朝农业的迅速发展。韩茂莉认为："通过对中原农业人口的迁入和渤海农业人口的迁移关系得出，农业民族的迁入与辽本土农耕区的形成有直接关系。农业人口的集中迁入期，就是辽本土内农耕区形成的最重要时期。"③同时韩茂莉进一步指出"辽金时期西辽河流域农业核心区的转移是与人口容量而产生的环境压力有重要关系，一个地区的人口容量与可开发资源达到饱和时，只能够再次移民，从而促成了另一个农业区的形成"④。彭文慧认为："辽境内农民主要是汉人和渤海人，到了辽中后期才有少量的契丹族、奚族及其他少数民族人口从事农业生产。"⑤辽朝通过大规模的人口迁移，统治者对农业发展的重视，以及农民的辛苦耕耘，为辽朝农业发展做出了重要贡献。

学界关于辽朝农业人口数量的研究，肖忠纯以辽代辽宁地区为例，认为

---

① 舒焚：《辽史稿》，第 300 页。
② 白寿彝：《中国通史》第七卷"五代辽宋金夏时期"，第 523—530 页。
③ 韩茂莉：《农业人口的迁入与辽塞外本土农耕区的形成》，《文史》1999 年第 3 辑。
④ 韩茂莉：《辽金时期西辽河流域农业开发与人口容量》，《地理研究》2004 年第 5 期。
⑤ 彭文慧：《辽朝农民阶层探究》，《辽宁工程技术大学学报》（社会科学版）2017 年第 1 期。

"外地移民多达四五十万人"①。唐彩兰认为"迁到长城以外辽河流域的汉人约三四十万人"②，邹逸麟赞同这种说法。③韩茂莉则认为"辽代西拉木伦河流域以及毗邻的农业区人口约35万人"④。赖宝成认为"自阿保机以来，前后大约20万汉人通过不同途径进入辽境，为农业开发创造了有利条件"⑤。张国庆、唐进则认为"从唐天复二年到辽建国时为止流亡到辽的汉人不下40万"⑥。

四、辽朝农业与城镇的研究

农业的发展需要大量的农业生产者，辽朝农业发展的同时，其城镇也不断兴盛。关于辽朝农业与城镇的研究，王平认为"州县城镇的设置，增加了农业和非农业人口，人们的定居观念得到加强，促进农业发展"⑦。李鹏认为"辽代农业城市的兴起主要是为了安置和控制农业区的人口，辽朝城市的兴起不遵循'农业聚落——城市'的中原模式，而是以'城市——农业聚落'模式来完成"⑧。邓辉认为"以辽代燕北地区州县为例，有些州县的设置不纯是出于农业生产的目的，弄清州县设置的目的、性质，才能根据辽朝州县空间分布情况来判断农业发展的区域特点"⑨。韩茂莉指出"由于自然原因和农业人口的来源，辽农田主要分布在州县城附近"⑩。综上所述，我们可以

① 肖忠纯：《辽代辽宁地区农业经济的兴衰演变》，《渤海大学学报》（哲学社会科学版）2013 年第 2 期。

② 唐彩兰：《辽代临潢地区的农业概况》，见朱士光、高延青等主编：《中国古都研究——中国古都学会2001 年年会暨赤峰辽王朝故都历史文化研讨会论文集》（第十八辑上册）2001 年版，第 396—406 页。

③ 邹逸麟：《辽代西辽河流域的农业开发》，见陈述主编：《辽金史论集》第二辑，书目文献出版社 1987 年版，第 6—84 页。

④ 韩茂莉：《辽代前中期西拉木伦河流域以及毗邻地区农业人口探论》，《社会科学辑刊》2001 年第 6 期。

⑤ 赖宝成：《辽朝契丹统治集团的重农思想与成效》，《辽宁工程技术大学学报》（社会科学版）2016 年第 1 期。

⑥ 张国庆、唐进：《辽初"因俗而治"的政策及其对农业发展的影响》，《社会科学辑刊》1987 年第 6 期。

⑦ 王平：《吉林西北部辽金时期农业高度发展原因初探》，《辽宁师范大学学报》2005 年第 6 期。

⑧ 李鹏：《科尔沁沙地辽代聚落与现代农业聚落的分布规律——以内蒙古通辽市二林场区域为例》，《内蒙古民族大学学报》（社会科学版）2012 年第 5 期。

⑨ 邓辉：《从自然景观到文化景观——燕山以北农牧交错地带人地关系演变的历史地理学透视》，第 180 页。

⑩ 韩茂莉：《辽金农业地理》，社会科学文献出版社 1999 年版，第 52 页。

看出大量的辽朝农业生产者置于京师和草原附近建州县，这样便于其农业生产，促进农业的发展，同时使得生产者定居下来，可以稳固统治。反过来又可以进一步促进辽州县、城镇的发展，吸引更多的农业生产者。

五、辽朝农业影响的研究

辽朝农业在历代统治者的重视下，经过两百多年的发展取得了重大发展，对社会产生了不可磨灭的影响。辽朝农业的影响是多方面的。学界主要侧重于辽朝农业对政治经济的影响。麻玲指出："农业的发展增强了人民对于手工业产品的需求量，促进了相关的纺织业、矿业、陶瓷业的发展，商业的繁荣，巩固了政权，维护了社会稳定。对于后代的重要影响，构成了东北地区的经济基本框架。"[1] 刘美云指出："农业的发展不仅带动了经济的发展，而且农业与政治军事的影响是相互的。"[2] 王冬冬指出："农业的发展促进了辽代由单一的畜牧业向多元化的经济方式的转变，改善了人民的物质生活水平，对于稳固政权和军事的扩张打下了基础，促进了辽社会的全面发展。"[3] 张国庆指出："农业发展推动了社会的发展，为金元时期农业格局奠定基础。"[4] 肖忠纯亦赞同此观点。[5]

辽朝农业对文化的影响。朱蕾认为"辽农业的发展，导致传统经济结构的转变，推动了农牧产品的交流，促进商品经济的发展，从而巩固政权，加速民族间的融合"[6]。王平认为"农业发展过程中，各民族人民共同生产生活，

[1] 麻玲：《辽金时期东北农业发展述略》，《中外企业家》2010 年第 16 期。
[2] 刘美云：《辽代农业的发展及其对政治军事的影响》，《山西财经大学学报》2004 年第 S1 期。
[3] 王冬冬：《从出土的铁制农用工具探讨辽代朝阳地区的农业经济生产状况》，见辽宁省辽金契丹女真史研究会编：《辽金历史与考古》（第五辑），辽宁教育出版社 2014 年版，第 99—102 页。
[4] 张国庆：《辽代牧、农经济区域的分布与变迁》，《民族研究》2004 年第 4 期。
[5] 肖忠纯：《辽代辽宁地区农业经济的兴衰演变》，《渤海大学学报》（哲学社会科学版）2013 年第 2 期。
[6] 朱蕾：《辽朝时期阜新地区农牧结合的生产方式》，见辽宁省辽金契丹女真史研究会编：《辽金历史与考古》（第一辑），辽宁教育出版社 2009 年版，第 175—182 页。

不仅促进了经济的发展，而且推动了中华民族多元一体的格局的形成"[1]。黄凤岐认为"促进了辽代农业生产的发展，在民族关系上，各民族互相交流，促进了民族融合"[2]。赖宝成认为"促使民族融合的进一步加快，对统一多民族国家的形成起到了积极的促进作用"[3]。刘本锋认为"拓展了农业文明的疆域，促进了城镇的发展，加强了民族团结，推动了文化融合"[4]。

不过，任何事物的发展都是相对的。辽朝农业的过度开发，对环境产生了重要影响。杨军认为"对于契丹故地的开发带来了严重的环境问题。首先是沙地面积的扩大，其次是重沙尘暴天气频繁出现，最后野生动植物资源减少"[5]。滕海键认为"农业发展密度过大，植被易被破坏，造成严重的水土流失和沙漠化及各种自然灾害"[6]。

由于史料的缺乏，学者主要通过史料、考古学等方面来考察辽朝农业。综上所述，通过对辽朝农业原因、农业与畜牧业关系、农业与人口、农业与城镇、农业影响的研究，可以看出辽朝农业发展受到自然因素和人文因素的影响。农业的稳定和发展对于一个国家命脉有重要意义，同时辽朝农业的传播与交流，有利于促进民族间的融合，加快中华民族多元一体格局的形成。此外，辽承唐参宋启金元，足以见得研究辽朝农业的重要历史意义和现实意义。

---

[1] 王平：《吉林西北部辽金时期农业高度发展原因初探》，《辽宁师范大学学报》2005年第6期。

[2] 黄凤岐：《辽朝的农业政策》，《昭乌达蒙族师专学报》（社会科学版）1987年第2期。

[3] 赖宝成：《辽朝契丹统治集团的重农思想与成效》，《辽宁工程技术大学学报》（社会科学版）2016年第1期。

[4] 刘本锋：《辽代农业发展刍议》，《农业考古》2009年第6期。

[5] 杨军：《辽代契丹故地的农牧业与自然环境》，《中国农史》2013年第1期。

[6] 滕海键：《论燕北西辽河地区的经济形态与地理环境的互动关系——从环境史角度考察》，《郑州大学学报》（哲学社会科学版）2014年第5期。

《契丹学研究》稿约

《契丹学研究》是赤峰学院契丹辽文化研究院、内蒙古自治区红山文化暨契丹辽文化研究基地联合主办的人文社会科学出版物。暂定每年一辑。

《契丹学研究》立足于契丹辽文化及其相关领域的学术研究，包括学术研究、考古文物、应用开发、名家访谈、研究述评、学术动态等具体栏目，恳切欢迎有志于契丹学研究的海内外专家学者惠赐佳作。来稿一经采用，即按每千字 200 元的标准支付稿酬。热忱希望得到各界专家学者的大力支持。

来稿要求：

1. 主题突出、资料翔实、观点明确、立论充分、文字流畅。

2. 文责自负。

3. 注释规范。文章注释方式采用脚注，具体请参见"参考体例"。

4. 来稿请附作者姓名、工作单位、通信地址、联系电话、电子邮箱。请勿一稿多投。

来稿实行匿名评审，如三个月未收到刊用通知，请自行处理。

来稿请寄至赤峰学院契丹辽文化研究院，或将稿件直接发送至电子邮箱qdxjk2016@163.com。

联系人：张少珊　索雅杰

联系电话：0476-8300307

地址：内蒙古赤峰市红山区迎宾路 1 号

邮政编码：024020

参考体例

1. 中文脚注的最基本格式为：

刘凤翥：《契丹寻踪 —— 我的拓碑之路》，商务印书馆 2016 年版，第 123 页。

2. 如果著作方式为主编、编著、编，则不可省略：

刘浦江、康鹏主编：《契丹小字词汇索引》，中华书局 2014 年版，第 123—124 页。

3. 如果是外国人著作，作者国籍加六角括号"〔〕"：

〔法〕伯希和、烈维著，冯承钧译：《吐火罗语考》，中华书局 1957 年版，第 59 页。

4. 如果引文为二次引用，要标明"转引自"：

陈元：《论人民公社时期工分制》，转引自杨勋主编：《中国农村社会经济的变迁》，山西经济出版社 1993 年版，第 365 页。

5. 如果是析出文献，即引用某文集中的某一篇论文：

《张世卿墓志》，见向南编：《辽代石刻文编》，河北教育出版社 1995 年版，第 65 页。

6. 引用杂志文章的最基本格式为（页码可省略）：

亦邻真：《中国北方民族》，《内蒙古大学学报》1979 年第 3—4 期。

7. 引用报纸文章脚注格式为：

龙军、禹爱华：《湖南新邵古墓中发现罕见北宋壁画》，《光明日报》2009 年 11 月 7 日。

8. 外文脚注：

英文脚注中，项目之间都用逗号，书名和杂志名必须用斜体，文章名不用斜体。如果有页码的起止，则用 pp.，中英文混杂的外文脚注句末用中文句号。

Natalie Davis, *The Return of Martin Guerre*, Cambridge: Harvard University Press, 1983, p. 44.

Natalie Davis, *The Return of Martin Guerre*, Cambridge: Harvard University Press, 1983, pp. 44-45.

此观点到了 20 世纪 80 年代，学术圈出现异议，参见 Natalie Davis, *The Return of Martin Guerre*, Cambridge: Harvard University Press, 1983, pp. 44-45。

9. 文中注一律改为脚注，这主要针对古文典籍。

举例："夫桃李不言而成蹊，有实存也；男子树兰而不芳，无其情也。"（刘勰《文心雕龙·情采》）

改脚注为：（南朝梁）刘勰：《文心雕龙·情采》。

古文脚注，一般作者加朝代，朝代加圆括号"（）"。但鉴于某些作者很难确定朝代，故以国家图书馆版本信息为准，也可全书脚注统一不加作者朝代。